U0916508

前 言

他是那个时代最顶尖的智者，不管是陈友谅的无敌舰队，还是元帝国的铁骑精锐，在他面前都只有下跪的份儿。即使在整个中国史的策士排行榜上，他也能轻轻松松打进四强（另外三位是姜子牙、张良、诸葛亮，都是神一样的存在）。

他是一个政治家，是大明帝国的总设计师。帝国的名字是他起的，他设计的规章制度为帝国两百多年的有效运行打下了坚实的基础。

他是一个儒生，最擅长的却是阴阳五行、风水占卜。他“掐指一算”，能知过去未来；他“夜观星象”，能晓天下大势；你若问他是不是真的神仙转世，他会一脸神秘，笑而不语。

他是一个文人，一个畅销书作家，他的书长期盘踞在明初畅销书排行榜前十位，甚至于在他过世之后依然有无数署着他名字的书出现。而这些书无一例外风靡一时，因为他的名字就是畅销的保障。

他是一个建筑师，在他的主持和统筹下，一座拥有上千年历史的名城重新焕发出帝王气象。

他更是一个传说，生前身后，留下无数靠谱或不靠谱的故事，这些故事直到今天依然在神州大地上流传。

他的名字叫刘基，字伯温，他就是本书的主人公——刘伯温。

刘伯温，这个出生于1311年的巨蟹座男人，一生跌宕起伏、浮浮沉沉，辉煌时如在云端，沉沦时摔落泥潭。虽然在民间他被视为神仙，但其实他既不逍遥，也没有超能力。他所能倚仗的仅有自己过人的智慧，几十年中小心翼翼地周旋在那个波澜横生的时代。

年轻时，刘伯温以进士学历起家，被丢进了污浊的元朝基层官场，与腐烂透顶的元朝官僚周旋。在这里，他将学会如何磨去自己的棱角，收起自己的少年心性。

然后，刘伯温以策士身份，被送上元帝国东南军区的战场。他的前方是彪悍善战的叛军，他的背后是居心叵测的政敌，而后者似乎比前者更可怕。在这里，他将面对军事和政治的双线作战。

接着，刘伯温跳槽到了新公司，新老板是朱元璋。刚刚办完入职手续，他就不得不面对那个时代最强大的对手：陈友谅。也正是在这场生死搏杀中，刘伯温把自己的谋略天赋发挥到了巅峰。

之后，刘伯温再不必亲临战场，开始以在后方运筹帷幄的方式，与那个时代最顶尖的武将通力合作，决胜于千里之外，扫清了大明公司垄断全国市场的一切障碍。

和平年代终于到来，刘伯温脱下军装，重新走进书房，为明王朝的建立出谋划策，几乎以一己之力，奠定了明王朝最基本的规章制度。

这时候的刘伯温，已经老了，但他又不得不离开书房，走上朝堂，那里是他的另一个战场。在这个战场上，对手不再是元朝腐朽的低级官吏，也不是四肢发达头脑简单的赳赳武夫，而是整个大明王朝的顶级政客，最狡猾的老狐狸以及帝国的大 Boss 朱元璋——他还能微笑着面对这些人吗?

总而言之，刘伯温的一生，就是斗争的一生，与天斗，与人斗，与武人斗，与文人斗，与政客斗，与皇帝斗。在这些你死我活的斗争中，刘伯温的智慧展现到了极致，他的心力也交瘁到了极致。

中国民间流传着刘伯温的无数传说，这些传说非常有趣、非常精彩，传说中的刘伯温永远那么机智潇洒，他的敌人永远那么愚蠢可笑。

大明第一推手

刘伯温

陆杰峰 著

吉林文史出版社
JILIN WENSHI CHUBANSHE

图书在版编目（CIP）数据

大明第一推手——刘伯温 / 陆杰峰著． —长春：
吉林文史出版社，2015.1（2024.3 重印）
ISBN 978-7-5472-2620-9

Ⅰ．①大… Ⅱ．①陆… Ⅲ．①刘基（1311 ～ 1375）—
生平事迹 Ⅳ．① K827=48

中国版本图书馆 CIP 数据核字（2015）第 018933 号

DAMING DIYITUISHOU LIUBOWEN
大明第一推手——刘伯温

著　　者　陆杰峰
责任编辑　高冰若
封面设计　曹柏光
出版发行　吉林文史出版社
社　　址　长春市福祉大路 5788 号
邮　　编　130117
经　　销　全国新华书店
印　　刷　三河市刚利印务有限公司
开　　本　710mm×1000mm　1/16
印　　张　18
版　　次　2015 年 5 月第 1 版　2024 年 3 月第 3 次印刷
字　　数　200 千字
书　　号　ISBN 978-7-5472-2620-9
定　　价　59.90 元

版权所有，侵权必究

图书若有印张错误，影响阅读，可向承印厂联系调换。

然而，真正的刘伯温绝不会那么有趣，因为只有那个时代中真正的顶尖人物，才有资格成为刘伯温的对手，在这样的对手面前，任谁也潇洒不起来。

历史永远比故事更加曲折，更加荡气回肠。相比传说，刘伯温的真实人生其实更加精彩，更加惊心动魄。

接下来，就让我们来讲述他的故事，他的时代，他的人生，他的梦想，他的智谋，他的朋友与敌人，他的失败与伟大——讲述关于刘伯温的一切。

目录

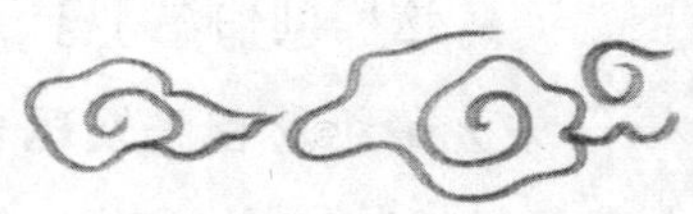

引子　刘伯温的惊世预言

中国历史上，有两本神乎其神的预言书：一本是唐代袁天罡、李淳风所著的《推背图》；而另一本，叫作《烧饼歌》，署名作者是刘伯温。

为什么要叫“烧饼歌”这么奇怪的名字呢？书中记载了这样一个故事：

1368 年的某一天，刚刚登基的洪武大帝朱元璋在自己的皇宫里啃烧饼。

乞丐出身的朱元璋早就过上了锦衣玉食的奢靡生活，烧饼随便吃，想吃甜的吃甜的，想吃咸的吃咸的，日子要多美有多美。

正吃着，刘伯温来了。

在这位大明第一智者、帝国首席策士的面前啃烧饼，毕竟影响不好，于是，朱元璋把吃了一口的烧饼扣在碗下面藏起来。

召见刘伯温的过程中，朱元璋突然顽性大发，想起刘伯温种种神机妙算的往事，决定考一考他。于是，朱元璋发问：“先生，你对阴阳术数非常精通，能不能猜出我这碗底下扣着什么？”

又玩这种无聊的游戏。刘伯温嘴角泛起一丝苦笑，却不敢违令，掐指一算，立刻吟出一句诗：“‘半似日兮半似月，曾被金龙咬一缺。’陛下，我猜这是个烧饼。”

朱元璋听罢立刻一拍大腿，“艾玛，贼拉的准！”于是，他得寸进尺，“那先生能不能帮我算算后世的事情？”

这回刘伯温不干了——这种天机泄露出来，先别管老天爷会不会震怒，朱元璋绝对首先发飙——只得随口敷衍道：“茫茫天数，陛下您注定万子万孙，有什么好问的？”

其实刘伯温还是偷偷泄露了天机，明朝最后果然亡于万历皇帝的儿子朱常洛和孙子朱由校、朱由检之手，岂不正是“万子万孙”吗？

朱元璋当然听不出这个玄机，坚持要问。刘伯温没办法，只得把丑话说在前头：“泄漏天机，我的罪责实在不轻，陛下要是实在想听我算，请先赦免我的死罪！”

朱元璋也不含糊，当下赐给刘伯温免死金牌：“你说吧，我罩着你。”

吃了定心丸的刘伯温开始推算未来，只见他像跳大神一样，算一句唱一句：

我朝大明一统世界，南方终灭北方终，
嫡裔太子是嫡裔，文星高拱日防西。

朱元璋立刻打断他：“我南京城防守如此严密，难道还用得着怕谁吗？”

“都城虽然防守严密，但恐怕燕子会飞进来。”耐心地解释完，刘伯温继续唱：

此城御驾尽亲征，一院山河永乐平，
秃顶人来文墨苑，英雄一半尽还乡。

这段顺口溜内容晦涩，令人不知所云，朱元璋听得似懂非懂。

但是，对于后人来说，刘伯温的这段歌词并非无迹可寻，读懂之后，则实在令人震惊不已。

因为在这段歌谣中，刘伯温准确预测了朱元璋身后大明王朝即将经历的历史！即燕王朱棣（年号永乐）在谋士姚广孝（秃顶人）的帮助下谋逆篡位的史实。

这些事情都发生在刘伯温去世几十年之后，连朱元璋也无缘见到，但它们确实发生了。

刘伯温的这段歌谣长达一千多字，事后被结集成册，在民间广为流传。这便是《烧饼歌》的正文部分。

如果《烧饼歌》仅仅预测了靖难之役，那或许并不足为奇，它的神奇之处在于，它甚至预测到了鸦片战争和慈禧当政。

在刘伯温唱给朱元璋的歌谣里有这样一段话：

草头人家十口女，又抱孩儿作主张。

二四八旗难遮日，思念辽阳旧家乡。

东拜斗，西拜旗。南逐鹿，北逐狮。

分南分北分东西，偶遇异人在梦乡。

草头，十口，不就是叶赫二字吗？而慈禧太后正是出自叶赫那拉氏！至于后面一句就更明显了，光绪皇帝 6 岁登基，慈禧太后垂帘听政，岂不正是“又抱孩儿作主张”？

而“东拜斗，西拜旗。南逐鹿，北逐狮”，则预言了西方列强在中国土地上大肆划分租界和势力范围。当时的中国，可不正被西方列强“分南分北分东西”吗？

连朱元璋都听得无明火起，咬牙切齿地问刘伯温：“胡人至此败亡否！”

刘伯温没有直接回答，依然不急不慢地吟唱：

手执钢刀九十九，杀尽胡人方罢手。

这一句话是否让人想到 19 世纪末的义和团运动——“神助拳，义和团，只因鬼子闹中原。……洋鬼子全杀尽，大清一统并江山”？

这样的歌词还有很多，在后来的历史中，它们都逐一应验。《烧饼歌》如同一部在历史发生前已经写就的历史书，人们唯一能做的，就是解读它，然后等着它发生。

而在这本伟大的预言书上，只有一位署名作者，那就是——刘伯温。

当然，这个故事很多人一看就知道是假的，且不说真实历史中的刘伯温敢不敢用跳大神或者唱 Rap 的形式来回答朱元璋的问话，单说《烧饼歌》的预言本身，细心的朋友也会发现，预言的时间越靠后，用词就越模糊。可以说，如果不知道那段时间发生了什么事情，或者联想能力不足够丰富的话，你是绝对猜不出这段歌谣预言了什么；相反，越接近明朝初年的预言用词就越明确，每一句都有所指的对象，绝不会产生歧义。

而事实上，这个故事也的确是编的。和后世的许多奇书一样，《烧饼歌》是后人假托刘伯温之名写成的，成书时间也绝不可能在明朝初年。

但问题是，明朝有那么多牛人，为什么偏偏要托名刘伯温，而不是李善长、王阳明、张居正、徐文长或者唐伯虎呢？

原因很简单，因为在明朝那么多牛人中，刘伯温无疑是最牛、最传奇的一位。在民间传说中，他不光神机妙算、料事如神，甚至能够呼风唤雨、撒豆成兵。因此，如果非要给神奇的《烧饼歌》找一位神奇的作者，刘伯温无疑是最佳的人选。

那么，这位传说中的《烧饼歌》作者，前知五百年、后知五百年的伟大预言家，神机妙算、料事如神的刘伯温，究竟是一个怎么样的人呢？

第一章　泰山不是堆的，神童不是吹的

拼爹游戏应该这么玩

1311 年，元帝国迎来建国四十周年，也是这一年，元武宗孛儿只斤·海山去世，他的弟弟孛儿只斤·爱育黎拔力八达取代他，成为帝国新的统治者。

四年前，海山通过惊心动魄的政变取得皇位，但他最终只过了四年皇帝瘾。这四年里，他似乎做了什么，又似乎什么都没做，元帝国只是沿着历史的轨迹，一步步走进谷底。

可以说，海山的去世对帝国造成的影响力几乎为零。一个人最大的悲哀是什么？不是人死了钱没花光，而是人死了，却跟没活过一样。

甚至没有多少人记得他，人们只记得 1311 年发生的另一件事——一个叫刘伯温的孩子降生了，无数人的命运即将改变。

1311 年七月初一，浙江处州路青田县武阳村，刚刚降生的刘伯温正圆睁着好奇的眼睛打量这个陌生的世界。几十年后，这双眼睛会像利剑一样洞穿所有敌人的内心。但是在今天，不到一岁的小刘伯温需要面对他人生中的第一项艰巨任务：吃奶。

父亲刘爚正笑盈盈地逗着肉嘟嘟的小刘伯温。这是他的第二个儿子，像所有传统的父亲一样，他希望这个孩子能够健康成长，能够出人头地，至少要超越自己。

刘爚是一名分管教育的基层公务员，清水衙门，待遇并不高，而且他的任职地是隔壁的遂昌县。遂昌县位于温岭的群山中，那里非但没有多少肥沃的耕地，还常有猛虎毒蛇堂而皇之地出来害人。在这样一个不毛之地的清水衙门上班，刘爚在当地官场混得恐怕算不上风生水起。

刘爚当时的收入情况，大概刚够让小刘伯温有饭吃，有书读。刘爚知道，这个世界从来都是一个拼爹的世界，拼爹游戏已经玩了几千年，恐怕还将继续玩下去，而自己，似乎并不是一个特别值得一拼的爹。

“父亲给不了你太多，将来的路得靠你自己走了。”刘爚慈爱地看着小刘伯温，默默说道。

其实刘爚不知道，他能给予小刘伯温的财富远远超过他的想象。是的，他没有钱，没有权，没有地位，但是，凡事不能看表面，事实上，刘伯温投了个好胎，在拼爹这场游戏中，小刘伯温并没有输在起跑线上。

为什么这么说？这里，我们首先需要讨论一下拼爹游戏的几种规则。

拼爹有好几种拼法，最常见的一种，是拼钱、拼权、拼地位。这种规则下的胜出者被称为“某二代”，古人文雅些叫作“衙内”。这类人奉行的人生准则是：我的就是我的，爹的也是我的，你的是我爹的，所以还是我的。其中最知名的“某二代”莫过于《水浒传》中的高衙内。

世人最羡慕的往往是这种，殊不知这是最落于下乘的一种拼爹模式。

第二种拼爹，是拼平台。爹决定了儿的层次，什么样的爹能给儿什么样的平台，爹的起点就是儿的起点，爹的资源就是儿的资源，这是不争的事实。你以为曹操是白手起家？曹操他爹笑而不语；你以为比尔·盖茨是技术宅的逆袭？盖茨他妈笑而不语。

这是相对上乘的拼爹规则，所谓爹妈领进门，修行靠自身。虽然也借了爹妈的势，但终归靠的是自己的努力。

刘伯温的“爹优势”体现在何处呢？肯定不是第一种。如果连基层教育官员的子女都能称“官二代”，那这“衙内”二字未免忒廉价。

也不算第二种。事实上，刘伯温的爹除了让刘伯温能吃上饭、能读上书之外，就没能为他提供更多的帮助。后来刘伯温一步一步从浙东一介书生成长为天下第一策士，靠的都是自己抓住的机遇。

那么，在这场拼爹游戏中，刘伯温的父母留给他的财富到底是什么呢？

答案是：家风。

常言道：“龙生龙，凤生凤，老鼠的儿子会打洞。”这一方面说的是遗传基因，但更重要的是家风的熏陶。成长于龙凤世家，每天听到见到的都是神仙论道，天材地宝，气质想不华贵都难；而若是不幸成长于老鼠世家，每天与泥巴腐肉为伍，耳濡目染的都是“今天厨房剩下几根鸡骨头，可别让苍蝇蚊子、特务小强他们给偷走了”之类的事情，想不“獐头鼠目”都难。

那么刘伯温从小又生活在什么样的家风之下呢？

在刘父之前，我们先来认识一下刘伯温的母亲。

和绝大多数勤劳善良的中国女性一样，这位母亲没有留下自己的名字，在嫁给刘爚之后，她就一直被称为“富氏”。说起富氏这个家族，在刘伯温的老家青田县可是无人不知无人不晓。若是往上，可以一直追溯到唐朝末年工部郎中、松州刺史，但是最有名的莫过于北宋大词人晏殊门下的富弼。当时晏殊门前有一副对联“门前桃李重欧苏，堂上葭孚推富范”，说的便是晏殊门人中数一数二的四位人物：欧阳修、苏轼、范仲淹和富弼。在北宋时期，富氏家族声名显赫，富弼的孙子甚至进入了北宋枢密院。

虽然到了刘伯温母亲的时代，富氏家族已经衰落了，但是这个家族从来不缺读书人。刘伯温的母亲就从小接受了良好教育，是个知书达理、温柔贤淑的女人，可以算是刘伯温人生中最重要的启蒙老师了。从这位身为贵族后裔的母亲身上，刘伯温学会了儒雅地为人，优雅地生活。

刘伯温的父亲刘爚不仅是个温文尔雅的读书人，还是个兢兢业业的公务员，安贫乐道，从来没有做过出格的事情。刘爚逝世后，朱元璋在《永嘉郡公诰》中这样评价刘爚：“刘爚身怀大才，却没有太大的官瘾，他只是致力于把自己的才华学问传授给他的儿子刘伯温，并教给刘伯温做人的道理，让刘伯温能够在行为上效法古人，在谋略上触类旁通，成为朝廷倚赖、百姓瞻仰的谋臣。这都是刘爚教导有方的缘故啊！（皆遗训之功，力善之征也。）”

的确，刘爚的学问可能比不上刘伯温后来的老师们，但他是一个领路人，正是他领着小刘伯温敲开了学问的大门。更重要的是，他教会刘伯温，应该以什么样的准则做人，而这一点，刘伯温一生都会铭记。

另一个时刻影响着刘伯温的人，是他的曾祖父，刘濠。

在刘濠的时代，刘氏家族还没有彻底衰落，刘濠还是个地主。我们平常说起地主，总会想到周扒皮，想到南霸天，似乎地主就没有好人，但至少刘濠是个好人，一个乐善好施的好人。后人记载，每次遇到“淫雨霏霏，连月不开”或者“千里冰封，万里雪飘”的日子，刘濠就会找个山头爬上去——不是去健身，而是看看谁家没有升起炊烟，没有炊烟的家庭估计就是没米下锅了，接着刘濠就会打开自己的粮仓，赈济这些可怜的穷人。

可见，刘濠不光是个好地主，还是个家里有余粮的好地主。

刘濠有很多乐善爱民的故事，其中最著名的，是刘濠一桩智救万人的义举。《两浙名贤录》上对这个故事有比较详细的记载。

元朝初年，一个叫林融的人起兵造反，然后毫无悬念地被扑灭了。本来这只是一次无甚亮点的造反运动，在封建王朝，这样的运动每个月总有那么两三次，可坏就坏在这次林融打的是兴复赵宋王朝的旗号！

这还得了，元帝国的统治者还清晰地记得当年自己与宋王朝鏖战四十余年，还搭上一个可汗性命的惨痛经历，往事不堪回首。

于是，元朝派了使者专门往青田调查，发誓要把林融的余党都揪出来，来个斩草除根。

余党，在中国历史上一直是个腥风血雨的词儿，所有人都知道，清洗余党正是以公徇私、公报私仇的最好机会。说你是余党，你就是余党，不是也是。不小心跟主谋说过一句话，写过一封信，对过一个眼神，甚至于，人都不认识主谋但不幸和主谋的仇人有仇——这样的人都可以扣上一顶余党的帽子，然后一刀杀掉。

特使就是拿了这么一张空白的“死亡笔记”来到青田县，一个月下来，笔记上的姓名已经写得满满当当，绝大多数都是无辜群众。

作为青田县的大地主，刘濠看到了这份名单，读完之后悲不自胜，都是乡里乡亲，怎能见死不救！

可怎么救？

一瞬间无数个念头闪过刘濠的头脑。最简单的莫过于“杀特使，抢名册”，在民风彪悍的元朝，我们一直都用它。

但是，抢了名册，刘濠还能全身而退吗？更重要的是，抢了这份名册，难道他们不能再找个特使再弄一份名册吗？

不行！一定有什么更巧妙的方法！那天夜里，刘濠与自己的孙子，也就是刘伯温的父亲刘爚商量了一整夜，终于想到一个绝妙的计策。

第二天，刘濠以尽地主之谊的名义把特使请到自己家里吃饭。刘濠是个好人，但不是个“忠厚老实”的老好人。觥筹交错之间，只见他老人家口吐莲花、左右逢源，硬是把特使们灌得酩酊大醉——而他自己却没醉。

等特使差不多醉得雷都打不醒了，刘濠翻开他们随身携带的包囊，将那份名单找出来，从中挑出两百名真正的林融余党将其名字抄录下来，随后一把火将自家的楼烧了！

这个时候的特使，还跟猪一样醉死在楼里头，刘濠带领家人“奋力”将特使从火海里救了出来。当然，包囊已被烧成灰烬。特使吓得不知所措，因为包囊里有他必须拿回去复命的名单。

看着特使手足无措的样子，刘濠心里暗爽，脸上却洋溢着同情与关切，好言安慰特使，说自己在地头上有熟人，几天之内跑一趟，将名单重新列一次应该不成问题。此时特使一点主见都没有了，只好听从刘濠的安排。所谓做戏做全套，刘濠有模有样地“等”了四天之后，才将自己事先抄录下来的名单交给特使，特使千恩万谢地离去。

就这样，刘濠救下了许多无辜乡亲的性命。

刘濠就是这样一个好人：善良，但不迂腐；出得了奇谋（既救了人还让特使欠了他的情），下得了狠手（一把火就把自己的屋子烧了）。在强大的邪恶面前，他既没有退缩妥协，也没有以卵击石，而是以自己的智慧化解危机于无形。

小刘伯温默默地记住了这个故事，他第一次知道，原来有一种力量叫作智谋，有一种机变叫作方圆。

以上，便是刘伯温的父亲、母亲和家庭留给他的宝贵财富：儒雅的气质，深厚的学养，正直的品格，四两拨千斤的谋略和外圆内方的为人准则。

刘爚把这笔家传的财富深深地埋入了刘伯温的灵魂中，这是比任何香车、别墅、支票存折都更为宝贵的财富，刘伯温一生都将因此受益匪浅。

来自宋朝的铁血基因

青田刘氏家族传到刘伯温的时代已经辉煌不再，但至少刘伯温可以很自豪地说一句：“我祖上也阔过！”相信没人会反对。

刘伯温，和他爸爸刘爚，他爷爷，乃至他爷爷的爷爷都是如假包换的文人。可是，在此之前，刘氏家族是响当当的铁血军人世家，一个个都是曾经马上征伐、醉卧疆场的战将。

刘家世代将门，长年驻扎西北，统率着北宋王朝最精锐的部队——陕西军。他们的主要对手，是来自贺兰山的党项族。在与西夏多年的死磕中，刘氏家族的成员一个个练就了一身精湛的武艺和过硬的军事素养。当然，也立下了赫赫战功，其中以刘伯温的太太太太太太爷爷（八世祖）刘延庆和太太太太爷爷（七世祖）刘光世最为显赫。

《宋书》上说刘延庆“雄豪有勇”，此人一生戎马倥偬，征方腊，伐辽国，抵御西夏入侵。在担任挪延路总管时，西夏进犯中原，刘延庆领命出击，大破西夏成德军，活捉了敌军元首，一时风光无限。

不过除了“雄豪有勇”、打起仗来不要命之外，刘延庆在谋略和统兵上似乎比较欠缺，如果以《三国志》系列游戏里的武将属性来衡量，他大概是属于武力值高，但是智力值和统率值比较低的人物，属于“猛将”一类。

一个典型的例子就是北伐辽国的时候，刘延庆带领十万大军渡白沟，军容极为混乱。当时与他一起出征的辽国降将郭药师拉住刘延庆的马缰绳进谏说:“将军，以咱们现在这种军容，如果路上遇到敌人伏兵，恐怕还没交战就要溃败了！”刘延庆不听，他轻蔑地看着郭药师，心想你个辽国降将，两姓家奴，少来指手画脚（后来郭药师又投降了金国，成了名副其实的三姓家奴）。

而事实证明，郭药师是对的。大军到良乡就遭遇了辽国大将萧干的伏兵，任是刘延庆再怎么骁勇善战，也挡不住兵败如山倒，最后只能退守营寨。

大老粗刘延庆顿时没了主意，郭药师献计道:“萧干总共才带了万把人出来，现在全力跟我们这十万人死磕，后方肯定空虚。请将军给我五千奇兵，让我去偷袭燕山，将军只要记得派遣一支轻兵做后续部队就行了。”

有了上次的教训，刘延庆对郭药师言听计从，当下便答应了。事实证明，郭药师能连续在辽宋金三个大公司之间跳槽，确实有他的不凡之处。郭药师统率着五千人把萧干的后方留守部队打得人仰马翻，但刘延庆在统率方面的“天赋”实在是让郭药师无语到极致。左等右等，眼看敌人已经组织起了有效防御，自己这五千人也快打完了，后续部队居然还没来！

最后，长叹一声“竖子不足与谋”，郭药师无奈退兵。一条完美的妙计就这样破产。

郭药师长吁短叹，刘延庆也抓耳挠腮，那边萧干更没闲着。正如演义小说中常有的情节，当天晚上，辽军便“人衔枚，马勒口”，兵分三路偷袭了刘延庆的兵营，刘延庆一败涂地，丢下所有粮草辎重，狂奔数百里，退守雄州城。

至此，一场声势浩大的讨伐战争，夭折了。

《宋史》记载："契丹知中国不能用兵，由是轻宋。"刘延庆被当成宋军战斗力差的反面典型在辽国出名了。

可见，一支军队，光有万夫莫开的猛将是不够的；当然，光有神机妙算的谋士也是不够的。

这一点，刘伯温在以后的戎马生涯中将多次体会到。

尽管刘延庆作为统帅的能力差了点，但作为一名职业军人，他是合格的。靖康之难中，刘延庆镇守开封城，城破，身死，战斗到了最后一刻。

刘延庆殉国后，他的儿子刘光世继承他的衣钵，在南宋历史舞台上大放异彩。

刘光世，字平叔，南宋名将，在《宋史》中一个人独占了整整一章的版面。

即使是在南宋初年这个牛人辈出的时代，刘光世也是独当一面的绝代名将，与岳飞、张浚、韩世忠并称为"南宋中兴四将"，风光无限。只是由于刘光世这个人打仗有点喜欢投机取巧，不太乐意打硬碰硬的恶仗；做官上又左右逢源，跟秦桧走得很近，所以后世对他的评价越来越低，最后他在"中兴四将"中只能位列老幺。

刘光世一生身经百战，年轻时随父征方腊、伐辽国；建炎南渡后，刘光世扼守镇江，英勇阻击金国大军；之后一直奋战在抗金第一线，直到1142年兵权被秦桧收走。

刘光世一生留下了许多记载，但最能体现刘光世威望和性格的，莫过于1129年平定苗刘兵变的故事。

那一年，南宋军军官苗傅和刘正彦突然发动兵变，打出"清君侧"的旗号向杭州进军。这支叛军抵御外寇不行，打起自己人来却势如破竹，没几天就攻陷了杭州并逼迫宋高宗将皇位禅让给三岁的太子赵旉，苗傅和刘正彦则顺理成章地成了辅政大臣。

胜利来得太突然，让中级军官出身的苗傅和刘正彦有点手足无措，一时不知道下一步该怎么办。毕竟只是两个小贼，一时脑热干了票大买卖，冷静下来后看着眼前烫手的赃款，存也存不了，花也花不掉，傻眼了。

但政变不是请客吃饭，容不得半点拖泥带水。就在苗傅和刘正彦犹豫的时候，各地的勤王军队已经纷纷汇集起来，那都是在抗金前线浴血奋战的王牌军，战斗力岂是苗刘的乱军所能比拟？

苗傅和刘正彦怕了。勤王的将领中，刘光世、张浚、韩世忠……哪个不是一等一的猛人，伸伸手指就能捏死他们两个。这个时候，硬扛是跟自己过不去，最好的方法是拉拢。拉拢谁呢？他们第一个想到的，便是当时南宋将领中威望最高的刘光世。

于是，正马不停蹄向杭州进军的刘光世突然收到一道敕令：他被升职为太尉了。随着升职信一起来的，还有叛军的信使。在刘光世面前，信使滔滔不绝，从三皇五帝到国家大义，说得头头是道，主题却只有一个，那就是希望能与刘光世合作。

苗傅和刘正彦并不傻，他们也不是真指望一个太尉的头衔就能收买刘光世，更不指望刘光世能够帮他们打退其他的勤王大军。他们只是想通过向刘光世示好的方式，传达一个和谈的信号，希望几位勤王将领能一起坐下来，心平气和地商量出一个双方都满意的方案，你好我好大家好，没事儿打什么仗呢。

刘光世平静地听完信使的演讲，盯着信使的眼睛，突然笑了，仿佛看到什么好笑的事情，越笑越开心，最后几乎要从马上跌下来。信使被刘光世笑得心里毛毛的，再看刘光世身边的偏将也都皮笑肉不笑地盯着自己，有点发怵。

突然，刘光世不笑了，冷冷地盯着信使，一把将敕令撕作两半摔在信使面前，扬长而去，留下目瞪口呆的信使和被撕成两半的敕令。

谈？有什么好谈的。打，给我狠狠地打！打怕了，打疼了，打服了，打死了，才是最好的结果。谈？你还没睡醒吧。

接下来的故事没有悬念，在刘光世、韩世忠、张浚这些中兴名将的夹击下，叛军像豆腐一样轻易地被打成了渣渣。

而此役过后，刘光世也被顺理成章地任命为太尉，这次是真正的朝廷任命。

这是当年刘爚最爱给小刘伯温讲的故事，也是小刘伯温最爱听的故事。

乡下娱乐活动少，每当父亲有空，小刘伯温就会搬着小凳子听父亲讲先祖的故事，讲刘延庆如何大破西夏军，又是如何镇守开封城；讲刘光世如何抗击金兵，如何平定叛乱。听着这些故事，小刘伯温觉得热血沸腾，仿佛置身于金戈铁马的沙场。是的，军人世家的铁血基因在刘伯温的身上流淌。

尽管他是一个文人，但他绝不会成为文弱的书生。

神童是怎样炼成的

在刘伯温的老家青田，至今还流传着刘伯温小时候许多智斗财主老爷的故事。在这些故事里，老财主无不是又懒又贪，小财主无不是又坏又蠢，一肚子坏水，锲而不舍地找穷孩子刘伯温的麻烦，似乎欺负刘伯温是他们一生的重要使命、人生的全部价值。当然，他们每次都被刘伯温小朋友的妙计骗得团团转，最后好人胜利坏人吃瘪，就像灰太狼和喜羊羊。

这些故事有板有眼，情节紧凑，细节丰富，而且喜感十足——唯一的问题是，它们都是瞎掰的。

事实上，当刘伯温还是小朋友的时候，在青田没有哪个财主敢欺负刘伯温。因为青田刘氏虽然到他父亲刘爚时已经中道而衰，但世族毕竟是世族，响当当的名声摆在那里。所以，当一代军师还是“刘伯温小朋友”的时候，他的日子过得还是比较逍遥的，虽然不是显赫门第，但仍是颇有些根底的小康之家。

这样的家庭出来的孩子，往往是最容易成才的。穷人家的孩子肚皮都吃不饱，还成天被坏财主欺负，哪有时间精力读书？而阔人家的孩子从小吃穿不愁，前景一片光明，哪里还有动力奋发图强？

只有类似刘伯温这样的中产阶级子女，有余力学习，也有动力学习。

况且，刘伯温还有一个别人无法比拟（至少是同村的小朋友无法比拟）的先天优势：他的父亲刘爚是主管教育的官员，同时也是一个学养根底扎实的知识分子。

因为父亲有文化，又懂教育，所以刘伯温从小就能接受高质量的家庭教育；再加上青田刘氏家学渊源，刘伯温几乎是在书堆里长大的，从小就博览群书。当其他孩子还在争论到底是王二狗的蟋蟀还是赵三牛抓的蟋蟀更厉害的时候，刘伯温已经熟读蟋蟀宰相贾似道的故事了。刘伯温九岁的时候，就已经能够有模有样地给村里的其他小朋友讲故事，小朋友们也乐意听刘伯温讲故事。于是，在武阳村常常能看到这样的景象：一群小朋友，围蹲在刘伯温面前，托着下巴入神地听着刘伯温讲述正史野史上的掌故，或者笔记小说里的鬼狐仙怪，就像小刘伯温当年听自己的父亲讲刘氏玄祖的故事。

可见，在起跑线上，刘伯温小朋友就远远地甩开了其他小朋友，想不被称为神童都难。

更何况，除了出色的家庭教育，刘伯温自身的天赋也不低，特别是他有一项特殊的才华：记性好。不仅仅是“好”，而且是“过目不忘”。

这个才华对于理科生来说可能没什么，但对于文科生刘伯温来说，简直就是上天送来的一份大礼。

比方说，1332 年，二十三岁的刘伯温到北京（北京在当时被称为大都，由于北京在历史上多次改名，为了防止混乱，下文叙述中一律沿用今天的称呼。本文中的南京、南昌等也是如此，请读者朋友见谅）参加公务员考试时，抽空去了趟书店。在书店里他看到一本好书，挺喜欢的，便站在书店里从头翻到尾看了个遍。

书店老板对这个站书店蹭书看的小伙子挺感兴趣，因为刘伯温正看得津津有味的那本书，是他们书店常年积压的库存书，别说买，连翻都很少有人翻。

反正也卖不出去，干脆做个好人。于是老板对刘伯温说：“小伙子，宝刀赠英雄，好书送才子。既然你这么喜欢这本书，我就把它送给你了，不用谢——以后有空常来我这里逛逛就行了。”

刘伯温翻完这本书，随手将书放回书柜，淡淡一笑道：“多谢老板美意，赠送就不必了，因为我已经背下来了。”

说完飘然而去，留下将信将疑的书店老板，深藏身与名。

当然，上天赋予刘伯温这样的才华，可不光光是为了给他省下买书的钱。

在这里，我们首先要给“死记硬背”四个字正名。

如果你学过文科或者见过文科生，肯定会诧异于他们巨大的背诵量。许多人对此不满，以此破口大骂中国教育是“填鸭教育”。但其实，对于文科生来说，背诵储备足够多的知识实在太重要了。不错，知识固然要活学活用，但关键是，要灵活运用首先得有知识储备才行。就像打仗，主将用兵的能力固然重要，但首先也要有很多兵可用才行。你自己有一桶水，才能随时随地都舀出一杯水，在所有文科知识全靠人脑存储的古代尤其如此。

水之积也不厚，则其负大舟也无力。风之积也不厚，则其负大翼也无力。

没有厚积，何来薄发？

除了记性好，刘伯温的悟性也好得惊人。不管什么书，只要扫一眼就能把书的精要提炼出来，看懂个七七八八（过目洞识其要）。

这还了得！一本书，看一眼就背下来了，非但背下来了，还读懂了、读透了！

到刘伯温十四岁那年，刘爚觉得自己再也没有什么能够教给儿子了，家里的藏书也被看得差不多了，于是刘爚决定送刘伯温去处州路括城的重点中学继续深造。

重点中学从来都不是那么好考的，刘伯温那个时代更是如此。没有扩招，也没有什么分校，一届只录取二十五名学生，都是从各个区县优中选优挑选出来的尖子生。要是分数进不了这前二十五，给再多择校费赞助费都是白搭。

不过，神童刘伯温以名列前茅的成绩考上了，毫无悬念地进入了这所重点中学。这是他第一次离开自己的家。

而即使在重点中学，和全省最精英的学生们相比，刘伯温依然是神童级别的人物。具体表现在，他几乎没怎么用功读书，从来没见他在课余时间诵读过什么经典。

这种吊儿郎当的学生不会太受老师的喜欢。当时教授《春秋》的老师看刘伯温整天没正形儿，没见他做笔记也没见他上自习，气不打一处来，每次抽背都会抽到刘伯温，只要刘伯温一句话背不顺溜，老先生就准备借机发飙。

但刘伯温始终没给他发飙的机会，不管哪篇课文，刘伯温都能倒背如流，最后，连老先生都服气了。

天生记性好，没办法。

就这样，在括城的重点中学里，刘伯温继续过着他的幸福生活——不费什么劲儿就能成为尖子生，能不幸福吗？

但如果仅仅如此，那么，刘伯温将来顶多也就成为一名普通的文官，在元史或者明史的角落上留下一段列传。

幸好刘伯温还有一个业余爱好：他喜欢看课外书。

喜欢看课外书的孩子总是比死读书的学生有出息些，特别是，刘伯温读的都是天文、兵法类的课外书。

兵法就先不提了，真正关键的是天文书。

在中国古代，天文学可不是一门研究什么果壳中的宇宙的学问，而是一门帝王之学。因为在古人看来，人和天是有对应关系的，所谓人法地，地法天，大到时代的气数，小到个人的命运，都能在天象上得到对应。

我们读《三国演义》经常会看到这样的场景：诸葛亮或者司马懿“夜观天象”，见谁谁的将星暗淡，主损一大将云云。这就是古人想象中对天文星象的最高级运用。

当然，光靠夜观天象就能预知未来的技能实在是太玄奥也太逆天了，估计没有几个人能真正掌握。在古代，天文学的最重要应用领域就是：天气预报。可以说，谁占据了天气预报的制高点，谁就占据了天时地利人和中的天时。

而刘伯温另一个业余爱好——兵法，则教会了他如何占据地利与人和。

由此可见，小神童刘伯温从小就不是一个老老实实的主儿，因为无论兵法还是天文，都是在乱世才能大放异彩的学问。

良师益友与重点大学

跟县里村里的学校比起来，郡里的学校（郡庠）师资力量总是要雄厚一些，所以，在郡里的重点中学读书，遇到名师的概率会大很多。

刘伯温便有幸遇到一个，一个将会给他带来重大影响的老师。这位老师的名字，叫郑复初。

可能许多人对这个名字比较陌生，也难怪，漫长的历史中能够被后人"耳熟能详"的人，要么是一等一的猛人，要么就是一等一的衰人。而在名将如云谋士如雨的元末，郑复初还稍微差了那么一点。

但在当时，郑复初的名气还是很大的，身边有一大群名儒为友，包括后来被朱元璋评价为"开国第一文臣"的宋濂。而宋濂曾评价郑复初是："精通伊洛之学，望重当世，四方从之者号为'四经师'。"

在郑复初的班里，刘伯温的表现一直很突出。经过几个月的观察，郑复初断定，眼前这个记性好、悟性好又胸怀大志的孩子将来肯定不一般。于是，在一次家长会上，郑复初满怀欣慰地对刘伯温的父亲刘爚说道："你儿子将来必定会光耀门楣啊（此子必高公之门矣）。"

心理学上有一个现象叫作"皮格马利翁效应"，说的是两个心理学家通过"坑蒙拐骗"的手段，让老师相信他班里有几个学生是天赋异禀的优等生苗子，结果几年后他们再回来调查，发现这几个当时随口指定的"苗子"真的成了优等生。原因就在于，接受暗示之后，老师真的把这几个苗子当作优等生培养，最后就真的培养出了优等生。

在刘伯温身上，“罗森塔尔效应”体现得更加明显。为了培养这个好苗子，郑复初非但在学习上对刘伯温关怀备至，还经常带着刘伯温参加自己的文人沙龙，带他出去见世面。也正是在郑复初的沙龙上，刘伯温认识了宋濂，这对他后来的仕途产生了不小的影响。

不过在当时，对于刘伯温来说，像宋濂这样举国闻名的大儒还有点高不可攀，最大的用途可能也就是拿来吹个牛，“我今天跟宋先生喝酒了”云云，在朋友面前装个相什么的。

当时真正对刘伯温产生影响的，是一个叫作吴梅涧的朋友。

吴梅涧是个道士，这个人留下的史料比郑复初还少，我们只知道他名自福，字梅涧，从小进入紫虚观出家，师傅的名字叫叶邦彦。叶邦彦羽化登仙（就是死了）后，吴梅涧成了紫虚观的掌门，而且这掌门一当就是五六十年——他活得确实够长。

刘伯温是在一次“驴行”中认识吴梅涧的。某个周末，刘伯温“驴行”至一个好去处，怎道是个好去处？有诗为证：

晚翠楼子好溪南，溪山四围开蔚蓝。
微阴草色尽平地，落日木杪生浮岚。
岩畔竹柏密先冥，池中芰荷香欲酣。
闻说仙人徐泰定，骑鸾到此每停骖。

这是刘伯温的《题紫虚道士晚翠楼》，亲笔所作，绝无代笔。从诗中描述的景象来看，这里真是个世外桃源，神仙般的去处。

这里就是少微山，吴梅涧的紫虚观便坐落于其中。

当时刘伯温还不认识吴梅涧，不过遇见道观，自然要进去看看，和道士聊聊天、论论道什么的。这是文人旅行在外的一种高雅习惯。

结果一聊之下，刘伯温就被吴梅涧的道家修养所折服，而吴梅涧也惊诧于眼前这个年轻人居然有如此学问，一来二去，两人便聊成了忘年交。

后来，刘伯温只要一有空就会去紫虚观找吴梅涧，吴梅涧便带着刘伯温在少微山上到处走走看看。每到一个地方，吴梅涧便像一个博学的导游一样，把景点的来龙去脉跟刘伯温介绍得清清楚楚。一直到日薄西山，吴梅涧便会在自己的道观炒几个小菜，温几壶素酒，两人再进行一番酣谈。

吴梅涧是个非常有道行的道士，自小便精研《道德》《黄庭》诸经，被当时的道教领袖、龙虎山道士张留孙册封为崇德清修凝妙法师，而当时的道教业内人士都称赞他是“教门高士”。可见吴梅涧在道法方面的造诣绝不会低。

后世传说中，刘伯温总是竹管道袍、飘飘然神仙之态，他身上这种仙气大概就是来自吴梅涧。在与吴梅涧交往的几年里，他多次表达了自己想修道飞升，“他日道成为列仙”的愿望。

当然，少年人要清心寡欲、心无挂碍地走上修仙道路谈何容易。事实证明，刘伯温也就是三分钟热度而已，毕竟，他本质上还是胸怀天下的有志青年，谁让他身上流着南宋大将刘延庆的血呢？

所以，刘伯温最终没有过上寻仙访道的日子，而是继续他的学业。1327年，尖子生刘伯温考上了有着近六百年历史的名牌大学：石门书院。

所谓书院，是中国古代的一类教育机构，类似于私立学校。与之相对的则是公立学校，正式名称叫“官学”（刘伯温之前就读的郡庠便是官学）。在中国历史上的书院中，最有代表性的莫过于宋代的岳麓书院和明代的东林书院（就是东林党的东林）。

书院的雏形在唐朝就已经形成，到了北宋初年，天下承平，讲学之风蔚然，文士们往往依据山林和城市，在闲暇时间讲授儒学经典。元明继承两宋的文化，书院讲学之风也非常盛行，如果一个地方出产名儒，当地的有钱人往往会出钱出米资助这些学者，并且让他们开书院讲学。

与官学相比，书院的政治课学分更少，所以学风更加自由，学生思想更加解放——东林党就是个鲜活的例子。

刘伯温考上的石门书院始建于744年，位于青田县西北瓯江南岸的石门洞，属于天下名山三十六洞天之一，也是道教福地。石门书院位于石门洞的西边，群山环抱，环境清幽，自然环境好得没话说：其地两壁双峰对峙，就像两扇大门；四周山崖环绕，又如一座城寨；往里走，青松郁郁，修篁森森，还有数十丈高的飞瀑，随风飘洒，疑似银河落九天。

试问今天有几所大学敢说自己的环境好过石门书院？

就在这个清静幽深、冬暖夏凉的校园里，刘伯温修习了五年。这五年中，刘伯温并没有留下太多的史料，估计也没有太多值得叙述的内容，每天的生活无非是起床、吃饭、读书、睡觉。因为此刻的刘伯温，正在准备他人生中最重要的一个转折点——科举考试，至少当时他自己是这么认为的。

应试教育没有扼杀人才

1332年八月的一天，太阳当空照，花儿对我笑，小鸟说，早早早，刘伯温同学背起小书包。

他要去杭州，参加三年一度的科举考试。

刘伯温心里应该是很高兴的，因为他的运气实在很好。元代一度没有科举考试，直到十九年前才举办了第一次科举，之后总共也就举行过九次，其间由于伯颜擅权，执意废科，还曾停科两次。

究其原因，在于马上得天下的蒙古统治者，对寻章摘句的儒生丝毫不感兴趣。元帝国从开国之初就是个崇尚军事的王朝，而且大量的军费开支也使元王朝面临着严重的财政短缺问题，因此，帝国的统治者更加注重实用性的人才。例如忽必烈就一向嫌恶金朝儒生崇尚诗赋之作风，他认为“汉人惟务课赋吟诗，将何用焉”，对于遴选“真儒”的科举制度十分冷淡。

直到元仁宗即位，统治者们发现，专业技术型人才在治理国家方面确实没有儒生“好用”，毕竟国家是一部精密的机器，要让这部机器有效运转，除了需要能拧螺丝钉的技术人员，更需要能从宏观上设计并操控机器的操作人员。所以，1313 年年末，元廷终于不得不重新举行科举考试，每三年举行一次，分为乡试、会试、殿试三道。

是的，“不得不”，这就注定了即使刘伯温考上功名，也不可能像唐宋明清这些朝代的举人进士们那样前途光明。

不过，此时此刻的刘伯温并不在意这些，他高高兴兴地来到杭州，参加第一轮考试：乡试。

刘伯温没有辜负神童的称号，最后的成绩：举人，名列十四。二十二岁的刘伯温第一次参加考试就在全国教育最发达的江南地区考了第十四名——估计排在他前面的十三个人中，还有不少复读生。

考中了举人，刘伯温再接再厉，一鼓作气，第二年就杀进北京参加会试。

会试可没那么简单了，刘伯温不光要面对来自全国各地的人才，还要面对元王朝的民族歧视政策。

那时候的考试，榜分左右两种：蒙古、色目人为左榜，只需要考两场。第一场考经问，第二场考策问。汉人和南人为右榜，却要加上一场古赋诏诰章表的考试（即作文），总共考三场（元朝将百姓分为四种人：蒙古、色目、汉、南，基本上按照蒙古征服的顺序排列，征服得早的地区，当地人的地位高。色目人基本上是中亚、中东人。之所以称为色目人，大致有两种解释：一说中亚、中东的民族复杂，统称为“各色名目”人；二是说这些民族多属于白人，眼珠不是黑的，所以称为“色目”人。金的灭亡比较晚，金国人也就是汉人地位比较低。最晚征服的是南宋，南宋人也就是南人地位最低）。

幸好，对于出身文人世家的刘伯温来说，考作文并不是什么难事。这次会试中，刘伯温的作文题目是《龙虎台赋》。

刘伯温拿到作文题的瞬间有点担心，首先他没去过龙虎台，其次赋这种文体从汉大赋流变而来，少不了歌功颂德的内容，而作为元朝地位最低下的“南人”知识分子，刘伯温实在找不到一件事情能让他发自肺腑地歌颂一番。

不过刘伯温的忧虑只持续了四分之一炷香的时间。

他很快就释然了，不就是让写虚情假意的歌颂文字吗？虚情假意我也能写得情真意切！不就是让写没见过的龙虎台吗？生编硬造我也能写得惟妙惟肖！刘伯温的笔，就像西门吹雪手里的剑，笔随心走，心随意动，不多久，《龙虎台赋》便已然完工。

这篇《龙虎台赋》收录于刘伯温的文集中，全文就不在此辑录了。客观地说，《龙虎台赋》并非一篇惊世奇文，但作为一篇考场作文，能写到这个地步确实已经非常了不起了，很有点汉大赋的壮阔闳衍。

不久，会试揭榜，刘伯温中第二十六名进士，汉人、南人第三甲第二十名。或许有人对这个成绩嗤之以鼻，心想：神马，才二十六名！别说状元，连个探花都不是！神童就这水平？！

要知道，不管是古代科举还是现代高考，想当状元都得靠七分实力三分运气。虽然我们在古装戏里老是看到某年轻书生进京赶考，一考便中状元，然后被招为驸马，春风得意马蹄疾。但那都是故事，是文人们的美好想象，现实中像范进那种几十年都考不上秀才的老童生不在少数，大部分举子想考中进士，都要花上不少年头一次次复读。

而那一年，刘伯温不过二十三岁，没有复读，一鼓作气便考中进士第二十六名。他可能不是那个年代成绩最好的文人，但依然不失为一名优秀的人才。

而且，年纪轻轻便中进士，对刘伯温来说最大的好处在于，他从此不用做考试的奴隶，不用再陷入圣贤书里面死啃圣贤的每一句话，他可以真正做自己喜欢做的事情，读自己喜欢读的书。

而很多复读生就没有这样的幸运了。他们可能到三十岁、四十岁，还抱着孔子孟子，抱着朱熹（元朝科举也考朱熹）逐字逐句地钻研，寻章摘句，咬文嚼字，最后获得一个光荣的称号：书呆子。

不是说孔孟之道不好，但几十年如一日地读那么一两本书，想不变傻都难。这样的人，我们可以很遗憾地耸耸肩、摊摊手，暗叹一句："应试教育的牺牲品。”

1333年，二十三岁的刘伯温很幸运地成为应试教育体制塑造出来的人才。他恰到好处地接受了应试教材（孔孟之道）中最精华的部分，但又没有被教材拐带傻，还有足够的时间汲取课外知识——主要是奇门遁甲、兵法决策、天文地理类的杂书。现在的刘伯温，已经储备了足够多、足够庞杂的理论知识，只等着一次社会实践的机会，让他大展拳脚。

第二章　到官场去，磨一磨少年心性

撑不住了，要变天了

1333年，刘伯温考中进士，之后他就回家休息去了，一休息就是整整三年。这三年刘伯温干吗去了呢？毕业旅行？当然不是，答案是，回家守阙去了。

所谓守阙，就是候补。因为官职就这么多，就算你考中了进士，没有官职空着你也没办法，只能老老实实当替补，等着场上的主力队员下场。而刘伯温的板凳，一坐就是三年。

在刘伯温优哉游哉的这三年里，天下局势风云变幻，元帝国迎来了它的送葬者——元顺帝妥懽帖睦尔。

元顺帝其实不叫元顺帝，他的庙号应该是元惠宗，只不过他不幸身为元帝国的末代皇帝（也是北元的开国皇帝）。1368年明太祖北伐的时候，元顺帝识时务者为俊杰，二话不说收拾家当就退出北京，麻溜地跑回草原去了，让明军兵不血刃地占领了北京。为了表彰元惠宗拯救大明将士于滚木礌石之下的“功勋”，明朝的史官给了他一个新的庙号——顺帝，意思是元惠宗放弃抵抗是顺应天意的行为，值得表扬。

其实说起来，元顺帝妥懽帖睦尔也是个苦命的娃儿，命途一点儿都不顺。

他本是元明宗孛儿只斤·和世瓎的长子，如果没有意外，等和世瓎一死，他就可以顺理成章地继承皇位，当上皇帝。

只可惜他生在元朝，对元朝的太子们来说，“没有意外”才是最大的意外。

1329年，元明宗和世瓎被弟弟图帖睦尔和权臣燕帖木儿谋杀，史称赫尔都政变。第二年，妥懽帖睦尔的母亲被杀害了，妥懽帖睦尔本人则被驱逐到朝鲜半岛上吃泡菜去了。没到一年，燕帖木儿连泡菜都不让他吃，又把他丢到了广西桂林——那时候的桂林，旅游资源还没有开发起来，是真正的蛮荒之地。

幸运（当然，对某些人来说很不幸）的是，赫尔都政变后的几个皇帝都不长命，短短三年里居然死了俩。1332年十一月，太皇太后卜答失里把正在广西“旅游”的妥懽帖睦尔接回了北京。

但妥懽帖睦尔不顺的命运并没有结束，燕帖木儿生怕妥懽帖睦尔追查他谋害元明宗的事情，居然拖着不让妥懽帖睦尔登基。这段时间里，燕帖木儿把持朝政，无皇帝之名而有皇帝之实。苦孩子妥懽帖睦尔一直等到六个月后燕帖木儿重病身亡，才终于登上早就应该属于他的皇位。

当皇帝当到这份上，元顺帝确实够衰的。

更衰的还在后头。

元顺帝本以为自己可以舒舒服服地过一把皇帝瘾了，谁知道老天刚收走一个燕帖木儿，又送来个伯颜，这是个比燕帖木儿更加飞扬跋扈的权臣。

据历史记载，伯颜当时的权势完全盖过了元顺帝，“诸卫精兵收为己用，府库钞帛听其出纳”，“天下之人唯知有伯颜而已”。元顺帝只能继续当孙子。

而且，也正是这个飞扬跋扈的伯颜，把蒙汉民族矛盾激化到爆发边缘。

不知出于何种原因，伯颜极度仇视汉人，之前我们提到过，元朝科举考试几次停考就是因为他。为了遏制汉文化，他还下诏，汉人、南人严禁学习蒙古及色目文字，同时规定只有蒙古人、色目人才能担任中央、地方衙门中的各级长官。为防止汉人造反，伯颜还下令汉人、南人不得执兵器，并且把他们的马也都看管了起来，连农家铁禾叉也在禁用的行列里面。

最荒唐的是，为了削减汉人的实力，伯颜居然提出要杀光张、王、刘、李、赵五姓汉人。虽然这个提议因为元顺帝坚决不同意而作罢，但委实让天下汉人捏了一把汗。

这简直没把汉人当人！

那时老百姓其实要求很低，不管坐龙廷的是姓刘还是姓赵，哪怕是姓李儿只斤，只要给他们一口饭吃、给他们一间茅屋遮风挡雨，他们就满足了。但在伯颜的淫威之下，老百姓非但吃不上饭住不上房子，还差点因为姓氏连命都保不住，这还给不给人活路了？！

你让我没有活路走，我就让你有路没命走！

官逼民反，那时候的中国大地，开始要变天了。当时的情况，监察御史苏天爵的一封奏折上说得非常清楚：

这几年来，云南当地民族起兵造反，海南的黎族也不再听中央的话，南方民工组织的叛军队伍尤为猖獗，先是在广西一带盘踞，然后又攻陷了湖南道州，祸害已经不小了。北方的日子也好过不到哪儿去：山东地区黄河水灾，人民流离失所，中央那点赈济粮根本不够分的；本来富庶的江淮地区，老百姓也开始饿肚子了；而河北更是活跃着三千多支造反队伍，剿都剿不过来。

苏天爵一口气讲了云南、海南、湖南、广西、山东、江淮、河北等地的情况，灾民、流民、饥民遍地，反贼义军蜂聚，星星之火即将发展成燎原之势。

最后，苏天爵总结道：老百姓不是走投无路了怎么会愿意造反！作为国家的统治者，怎么能够不顾老百姓的死活而自己享受奢靡生活呢？请求朝廷立刻想出一个平息叛乱的方案，同时赈济受灾的老百姓，这样国家才能长治久安啊！

但奏折石沉大海，因为这时候的元顺帝没有心情，也没有能力去管老百姓的死活，他最关心的只有一件事情：伯颜什么时候完蛋。

这个问题元顺帝整整思考了七年，直到1340年，在脱脱的支持下，他终于雄起，灭了伯颜，夺回了属于自己的权力。

当政后，元顺帝终于可以扬眉吐气，终于可以甩开膀子自己大干一把了。1341年，元顺帝正式起用脱脱，并支持脱脱改革，废除了伯颜留下的暴政，平反昭雪了一批冤狱，免除了对百姓强征的各种税收，放宽了对汉人、南人的政策。这些史称“脱脱更化”的改革措施确实在一定程度上缓和了老百姓的对立情绪。脱脱，元王朝这位最后的名臣，正尽着自己最大的努力想把帝国从悬崖边上拉回来。

然冰冻三尺非一日之寒，大厦将倾岂是一人之力能够扶持？

这个时候，离元帝国的末日只剩下二十八年，离那个“挑动黄河天下反”的独眼石人出土，只剩下十一年。

来不及了，已经来不及了。

忠臣就要比奸臣更奸

帝国高层的风云变幻对于还在浙江青田老家坐板凳的刘伯温并没有造成多大的影响。1336年，刘伯温终于得到了替补上场的机会，赴江西瑞州路高安县，担任县丞一职。

所谓县丞，可以理解为副县长，正八品。按元朝的制度，县分三等，人口六千户以上的是上等县，两千户之上的是中等县，不到两千户的就算下等县。而县丞这个职务只有上等县才有，中等县、下等县总共就没几个老百姓，有一个县长管管足够了。

高安县既然有县丞，那么应该也是个人口在六千户以上的大县。

但中国古代的县丞，虽然名义上是副县长，其实更接近于县长的文秘，所以在宋代的时候县丞干脆就由主簿（秘书）兼任了。而在元朝，县丞的权力更小，头顶上除了有个县长（县尹）之外，还有个叫作“达鲁花赤”的长官。

“达鲁花赤”是蒙语“镇守者”的音译，在成吉思汗的时代就已经有了。元朝建立以后在各级行政单位都设置达鲁花赤，一般由蒙古人担任。如果蒙古人实在不够，允许出身高贵的色目人替补，但绝对没有汉人和南人的份儿。所以，虽然达鲁花赤职位与路总管，府、州、县的令、尹相同，但实权大于这些官员，是一个地区的实际统治者。

在这样的政治体制下，连县长都没有多大的权力，更别说刘伯温这个连七品芝麻官都算不上的文秘副县长了。

对于大多数像刘伯温这样通过科举考试从基层干起的小公务员来说，跟领导拉近关系，跟同事打成一片，踏踏实实办事，老老实实熬资历才是正道。熬个十年八年，总有熬出头的那一天。

这些道理刘伯温当然懂，可是上了几天班他就发现，他和他的同僚们根本尿不到一个壶里去，因为整个瑞州路的吏治已经黑透了。

黑到什么程度？刘伯温在自己的一篇文章里这样描述：城里的无业游民、地痞流氓都披上了一身军警的外皮，跟贪官污吏们勾结起来，敲诈勒索老百姓。如果有谁敢不服气，绝对让你家破人亡；你要跟他打官司？恭喜你，绝对有人会坐牢，不过坐牢的人是你自己。偶尔碰上个有良心的官吏想管管事，必然被群起而攻之，最后被灰溜溜地赶走。总之，黑得像黑狗骑着黑马奔跑在黑夜中。

刘伯温在这篇文章里说的其实是高安县隔壁的临江县，但粪坑里哪有不吃屎的苍蝇？临江县是那样，高安县又能好到哪里去？

如果有时光机，几十年后的刘伯温肯定会对初到高安县的自己说四个字：和光同尘。挫其锐，解其纷，和其光，同其尘，是谓玄同。和光同尘是为人处世的一种智慧，在老鼠窝里谁也别装蝙蝠，在老鹰家里谁也别充猫头鹰。只有先跟敌人打成一片，才能从内部攻破敌人的壁垒。但是，世上没有时光机，1336 年的刘伯温又怎么可能懂得这个道理？他毕竟还是一个年少气盛、眼里揉不进沙子的大学应届毕业生，所以，他非但没有同流合污，而且根本就不给他眼中这些人渣同僚好脸色看。

其实不合污就够了，不同流都已经略显幼稚，更何况还要跟整个官场撕破脸。

所以高安县的官吏们对刘伯温极度不爽。管你是什么副县长，不就是一新来的，嚣张什么啊！

而更让他们不爽的事情还在后头。

在这样的吏治环境下，当官的无非两类：良心喂了狗的都去贪污腐化了；还有一丝良心未泯的，事不关己，高高挂起，把茶水喝干报纸看穿，干脆当个庸官明哲保身。

但刘伯温既不想当贪官，也不愿当庸官。他还记得父亲的身教，还记得曾祖父的言传，更记得圣人的教诲。刘伯温当官的目的，往大里说是为了造福社稷苍生，往小里说是为了实现自我价值，二十出头激素分泌旺盛的刘伯温，一心想的都是“何当扬湛洌，尽洗贪浊肠”。

于是，刘伯温作为一个异类在高安官场被树了典型。他勤奋工作，他秉公执法，他不取群众一针一线，他成了老百姓口中的青天大老爷，也成了高安县全体公务员和地痞流氓的眼中钉。

金杯银杯不如口碑，可在当时，老百姓的口碑却不如官场的口碑。

被他挡了财路的贪官和在他的领导下混不下去日子的庸官，对刘伯温无不咬牙切齿，恨不得一口吃了他。

当然刘伯温不傻，他知道自己不招人待见，但他的想法很简单：我是朝廷敕封的正八品县丞，本县的三把手。就算你们恨我，你们能把我怎么着！

要说刘伯温毕竟不是书呆子，这么多年的闲书也不是白看的，什么样的人惹得起，什么样的人惹不起，他心里还有点数。

但是，毕竟他太年轻了。

因为高安县的老油条们马上会给菜鸟刘伯温结结实实地上一课，未来的军师刘伯温将第一次真正见识到“权术”的厉害。

1339 年，他们的机会来了。当时的瑞州路下辖除了高安县和临江县，还有个地级市：新昌州。一次，新昌州发生了一起命案。像往常一样，州里的官员收了被告的钱，摇一摇笔杆，于是谋杀成了误杀，死刑成了有期，有期成了取保候审。没几天，凶手就大摇大摆地出现在大街上了。

这种事情州里的官员做起来是轻车熟路了，只不过这次比较麻烦，原告一根筋，认死理，居然一纸诉状直接告到了瑞州路。

上访嘛，本来也不是什么大事儿，不过是随便委派一个官吏，装模作样地审一下，大事化小小事化了，你好我好大家好。但高安县那些老官油子听到这个消息，却笑了——奸笑。

他们向瑞州路总管推荐了刘伯温，说此人能力出众，一定能够审好这个案子。总管也没多想就同意了，谁审不是审。

年轻的刘伯温丝毫没有意识到这是一个陷阱，他还以为是县里的同僚故意给他一个表现的机会，好让他能够升官然后滚出高安县。

他只猜对了一半。

刘伯温一到新昌州便迅速展开了调查。他发现案情其实很简单，没有任何阴谋也没有丝毫高智商犯罪的迹象，就是一个土豪草菅人命的普通刑事案件。从立案到结案三天都花不到，凶手被绳之以法，原告讨还了公道，一时间百姓交口称赞。

但刘伯温也不想想，这么简单的案子为什么要大老远地从高安县把他调过来？在这个案子结束后，除了凶手，还有一个人也受到了惩罚，那就是此案的初审官，罪名是渎职——这是免不了的，既然刘伯温立了功，那总得有人来背黑锅。

似乎正义战胜了邪恶，但刘伯温在高安县的日子也到头了。背了黑锅的初审官怒了，一直以来，他兢兢业业收黑钱，勤勤恳恳作伪证，他容易吗！现在竟然还要背黑锅，他怎么咽得下这口气？他知道，这一切都是那个不上道的刘伯温一手造成的——如果不是他对刘伯温的不上道早有耳闻，他会认为刘伯温是在故意跟他过不去。

无论如何，必须让这个愣头青付出代价。一顿咬牙切齿后，初审官找到了自己的老熟人，也是他这么多年以来的靠山：瑞州路达鲁花赤。

刘伯温捅了不该捅的马蜂窝。如今，他终于知道为什么县里会推举他来审这个案子了。倚仗着达鲁花赤的势力，初审官充分发挥了他制造冤假错案的职业特长，于是，各种告刘伯温黑状的文书像纸片一样飞到了高安县县长和瑞州路达鲁花赤的办公桌上——刘伯温前脚刚把杀人犯送进监狱，眼看着自己后脚就要跟进去了。

幸好，当时刘伯温清正廉明的名声已经传遍了整个江西官场，连江西省行省大臣都听说了刘伯温的大名。行省大臣亲自出面，这才把刘伯温"捞"了出来，让刘伯温免去了一场大祸，但刘伯温在瑞州路的仕途也算是尽毁了。

就这样，初生牛犊刘伯温输给了高安县的老油子们，刘伯温第一次见识了人性的险恶，他终于知道，做好人光有一颗善良的心是不够的。在好人与坏人的博弈中，好人永远是处于弱势的一方，因为明枪永远斗不过暗箭。而要战胜奸佞，只有先精通奸佞之术；要防止坏人算计，只有先算计坏人。那一刻，面对高安县群小的嘲笑，刘伯温想起很多年前父亲给他讲的曾祖父暗算特使，智救乡亲的故事。

但这还只是他成长历程中的第一课，将来还有更多的课程在等着他。

刘伯温应该感到幸运，因为在遇到朱元璋、陈友谅、李善长、胡惟庸这些真正的老狐狸之前，他还有好几年历练的时间。

索性辞职，去旅行

被结结实实阴了一把的刘伯温，带着郁闷的心情离开高安县，来到省会南昌，开始了他的掾史生涯。如果说县丞只是个芝麻绿豆大的小官，那么掾史简直小得跟绿豆上的小黑点一样，甚至于都不算官，只能算作吏。

但掾史的工作极为烦琐，不光要处理各种鸡毛蒜皮，而且要跟衙门里的各级部门打交道。这样一个官职小到不入流的小职员平时能有多少好脸色看？所以刘伯温在这个位子上只干了一年，就因为跟同僚吵架，一怒之下辞职，拍拍屁股回家了。

那一年，是1340年，刘伯温刚到三十而立的年纪，在江西官场上五年的沉浮（好像只有沉没有浮）让刘伯温看透了官场和人性的黑暗。

1336年，初出茅庐的刘伯温还是一个怀抱革命理想的愣头青，满脑子修身齐家治国平天下的儒家救世情怀。上任县丞的第一天，他就特地写了一篇《官箴》勉励自己：

“治民奚先，字之以慈。有顽弗迪，警之以威。振惰奖勤，拯艰息疲。疾病颠连，我扶我持。”大概意思是：恩威并施，让老百姓安居乐业，奖励勤劳，救济贫穷，我愿一步一步扶着老百姓走上康庄大道。

但1340年，被江西官场淘汰出局的刘伯温已经没有了这种天真，纯洁的少年感觉到无比委屈，“宁知乖方圆，举足辄伤趾”，意思是：我也知道我有时候不懂厚黑方圆，所以才跌了这么多跟头。

刘伯温的三观受到了前所未有的冲击。他想做个纯粹的好人，却发现纯粹的好人只会被世界抛弃。很多时候，手段和目的并不能被统一在同一套价值体系中。

“不行，我要去散散心，出去走走，好好想想将来的路怎么走。”

现在的文艺青年喜欢把旅游叫作旅行，旅行的意义不在于风景而在于寻找迷失的灵魂，与未知的自己在某个岔路口偶遇。所以当工作累了，内心疲惫了，找不到出路了，文艺青年就会给自己一个“gap year”（间隔年），辞职，去旅行。

毫无疑问，刘伯温也是文艺青年，而且文艺得十分彻底——他给自己放了整整七年的长假，用来读书，旅行。

离开南昌后，刘伯温并没有急着回家，而是绕道去了武夷山。

摆脱了乌烟瘴气的江西官场，刘伯温感到前所未有的轻松，“我行固无期，况乃尘事毕”。在这秋高气爽的八月，寒花蔓蓠、枫林乌柏的美景里，刘伯温彻底放空了自己，忘记了五年来的烦闷。

从武夷山归来，刘伯温又绕道富春江，去了桐庐一游。

桐庐是东汉著名隐士严子陵归隐的地方。刘伯温正是带着对严子陵的滔滔敬仰来到桐庐的，因为他也不是没动过归隐的心。

中国文人都是亦道亦儒，春风得意的时候就是儒家，郁郁不得志的时候就是道家。此时的刘伯温正处于人生中比较郁闷的时刻（还不是最郁闷），“归隐逃避”可能是他最直接的想法。当然，想是一回事，做是另一回事，刘伯温可不是那种愿意一辈子稳坐钓鱼台、垂钓富春江的人。

经过一段时间的旅行，在江南的青山绿水间刘伯温受伤的心逐渐淡定了下来。他已经不再为发生在江西的事情而愤怒、抓狂，而是开始反思：这个世界是不会错的，因为对错本来就是世界的一部分，所以，只有可能是我错了。

从桐庐回到家后，刘伯温开始了三年的青灯苦读生涯。他必须知道自己错在哪里，他祈求从书本中进一步寻求解决现实社会、人生的答案。

我们不知道他是否找到，因为刘伯温没有留下太多的读书笔记，更没有像前人朱熹或者后人王阳明那样建立一套属于自己的哲学理论体系。但从他后来的成长经历来看，他似乎摸着门道了。

于是，1346 年，刘伯温再一次收拾行囊，准备去旅行。这次他的路线，是一路向北。这次北上的真正目的可不仅仅是旅行，他还有一件小小的、自己都不怎么好意思说的事情要做。这件小小的、秘密的事情，可以看成是刘伯温从青涩少年一脚踏入成熟大叔行列的一个标志。

先不提这个小秘密，刘伯温旅行的第一站是南京。几十年后，刘伯温将以胜利者的身份再次来到这座城市，并且给予这座城市新的生命，但现在，他还只是一个扛着单反到处摆剪刀手的外地游客。

南京作为老牌旅游城市已经有上千年的历史了，有着深厚的文化积淀。

历史知识丰富的刘伯温在这里如鱼得水，玩得非常开心，还留下了许多诗作。具体的旅游线路这里就不记录了，大家可以参考现在的南京旅游攻略，现存的大多数人文景观在元朝末年已经存在了。

接着，刘伯温在扬州短暂停留后，跨过了长江。

古代没有秦岭淮河分界线一说，过了长江就算到了北方。与南方的富庶相比，在北方的所见所闻深深地震撼了刘伯温。

元王朝多年的政治动荡、民族歧视、贪污腐化和苛捐杂税已经榨干了北方本来就贫瘠的财富，而老天爷总喜欢落井下石——1345 年，在老百姓最艰难的时刻，黄河决堤了。

失去了束缚的母亲河瞬间变得无比狰狞，冲毁了沿途一切阻挡她的房屋和良田。一时之间，华北山东流民遍地，饿殍遍野。

刘伯温恰好目睹了这一切：

黄沙渺茫茫，白骨积荒藟。
哀哉耕食场，尽作狐兔垒。

然而，天灾固可怕，人祸却更致命。面对这场百年不遇的大灾难，朝廷的不作为让刘伯温无比愤怒。在自己的诗里，他这样控诉：

陈红太仓米，丰年所储偫。
为民备乏困，朝廷岂私此?
推余补不足，兹实王政始。
……
奈何簿书曹，暴慢蔑至理。
……

翻译过来就是：丰收的年份里储备了这么多粮食，等到现在老百姓饿肚子了，为什么迟迟不肯开仓放粮？多时储备少时补，这本来就是朝廷的义务，但那些可恶的官吏丝毫不愿履行这个义务！

天灾加人祸，灾区已经变成了一片人间地狱，正如刘伯温诗中描述：

……

去年人食人，不识弟与姊。

至今盗贼辈，啸聚如蜂蚁。

……

岂惟横山泽，已敢剽城市。

……

愤怒的种子在刘伯温的心里悄然种下，经过十几年的浇灌后终将开花结果。但此时此刻，他也只是一介草民而已，甚至连走官道的资格都没有，只能和人三五成群地走在小路上，哪里轮得到他去指点江山？

收起愤怒，继续北上。刘伯温相继参观了当时两个著名的旅游城市：河北范阳遒县（今河北涞水）和山东琅琊阳都县（今山东临沂市沂南县），这里分别是东晋大将祖逖和三国名相诸葛亮的故里。

祖逖这个名字相信大家都不陌生，“闻鸡起舞”这个成语就是他和刘琨倾情奉献的。至于诸葛亮，虽然当时《三国演义》还没有截稿，但三国故事早已妇孺皆知。

关于刘伯温此次北上，因为史料不多，所以我们无从知晓他在祖逖故里和诸葛亮故里接受了怎样的革命主义教育，思想境界是否得到了升华。不过刘伯温在当时的游记诗里以诸葛亮自比，而最后他也确实成了诸葛亮一级的人物。历数中国古代的智谋人物，刘伯温绝对能进四强（排在前面的姜子牙、张良、诸葛亮，他的确无法超越）。

游历完河北山东，刘伯温来到了他的目的地：北京。

那时候的北京作为国家政治中心的资历尚浅，现在的绝大多数国家 5A 级旅游景点当时都还不存在。不过刘伯温并不在意这些，他到北京的主要目的并不是旅游，而是为了他的那件小小的、秘密的任务。

刘伯温并没有在北京逗留多久，一个月后他就起程南下了。回去的路比来的路好走些，因为他接到了朝廷指派的任务：跟随封王使臣前往福建。

这其实就是一次普通得不能再普通的快递任务，但对于刘伯温来说有一个明显的好处：因为有公务在身，他终于有了走官道的资格。

高速公路确实比乡间小道好走多了。仅仅一个月，刘伯温就跟着使臣把快递顺利地送到了福建。接着，他转头北上。

但不是回老家青田，他的目的地是杭州。

厚黑水平还有待提高

旅游回来，刘伯温并没有直接回老家青田，而是去了杭州。或许是觉得自己的“gap year”实在太长，刘伯温又决定出来当官了，职务是江浙儒学副提举。虽然也不算什么大官，但总算是正七品，比高安县县丞的级别高，这下刘伯温可以自豪地宣布他有资格被称为七品芝麻官了。

或许有人会问，为什么刘伯温当个官这么容易。正所谓“当官不是你想当，想当就能当”，可刘伯温就是想当就能当，因为从北京旅游回来的刘伯温已经不一样了。

现在可以揭开刘伯温北上旅游的真正目的了：他是去“干谒”的。

所谓干谒，通俗地说就是拉关系走后门。在江西官场摸爬滚打，和几年的青灯苦读，刘伯温琢磨明白了一个道理：他在江西官场失败的根本原因不在于他太特立独行（当然，这是重要原因），而在于他没有足够强大的靠山。事实上，官场上不是不能耍个性，关键是看你有没有牛人罩着，有多大的背景就可以耍多大的个性，没有背景就老老实实做人。

尽管刘伯温非常看不起拉关系走后门的邪道歪路，但接近不惑之年的刘伯温已经不是当年的毛头小青年了。经过激烈的思想斗争，刘伯温终于决定：该走的关系还是要走。自己当官是为了做事，为一个正确的目的，不妨使用些不那么正确的手段。这是他从自己的曾祖父身上学到的。

在无数次审视自己的关系网后，刘伯温锁定了一个人：普达世理原理。关于这个人，史料不多，我们只知道他是蒙古人，而且是黄金家族的后裔。他跟刘伯温的关系是“同年进士”，就是说他们同一年考上了公务员。

这关系说远不远，毕竟元朝总共才那么几次科举考试，每次也才录取那么几个进士；但是说近也不算近，从刘伯温后来的经历来看，这座靠山似乎也并没有帮上刘伯温多大的忙。

与此同时，在之前的旅行中，刘伯温通过一位叫徐舫的好友认识了当时的江浙参知政事苏天爵——我们前文提到过他，就是给元顺帝上奏折说帝国快变天的那位。

就这样，现在的刘伯温不管在中央还是江浙都是“上头有人”的人了。1348年，已经三十八岁刘伯温告别了待业青年的身份，再一次成了一名光荣的国家基层公务员。

儒学副提举这个油水少、是非也少的位置倒确实挺适合刘伯温的。在任期间，刘伯温非但把江浙的教育事业办得有声有色，而且大搞希望工程，建了不少免费读书的“义学”，让更多比较穷苦的孩子得到了受教育的机会。

顶头上司苏天爵对刘伯温的政绩是比较满意的，刘伯温自己却不太满意。虽然现在头顶上有人，头顶上的顶上还有个蒙古贵族罩着，工作开展起来顺风顺水，但刘伯温的志向远远不只是办好教育那么简单。在江浙官场混的这一年多来，他再一次亲眼见证了元末官场的黑暗，他发现自己耿直不阿的行事风格与元末沆瀣一气的官场氛围格格不入。

一样，都一样。天下乌鸦一般黑，江浙的乌鸦没比江西的乌鸦白多少。联想到自己北上时看到的种种人间惨相，刘伯温对这些庸官、贪官积压着无穷的愤怒。

“这是一潭绝望的死水呵，清风吹不起半点涟漪”，但刘伯温不是清风，他是一枚丢进粪坑的定时炸弹，随时都会引爆。

没过多久，引爆的机会来了。

行省监察御史渎职的消息传到了刘伯温的耳朵里。本来嘛，渎职才多大的事儿，在乌烟瘴气的元末官场，能不勾结匪类、杀人放火、草菅人命就已经很了不起了，谁来管渎职啊？更何况，就算是个事儿，也轮不到儒学副提举、七品芝麻官刘伯温来管。

但刘伯温居然还真就管了。刘伯温当夜伏笔疾书，第二天，一封实名举报信就送到了省宪台那里。

其实，这时候的刘伯温已经不是当年那个愣头青了，摸爬滚打、起起伏伏的这十年，刘伯温成长了很多。官官相护的道理刘伯温不是不懂，江浙官场的水有多深刘伯温也不是不知道。他当然明白，就凭自己跟苏天爵还有普达世理原理那点转折子关系，说自己有后台都是侮辱了“后台”这个词儿。如果说自己这封举报信能搞死谁，那恐怕只有自己。

但刘伯温还是举报了。岂能因声音微小而不呐喊，刘伯温已经忍受不了元末官场的腐朽了，他必须反抗，虽然这是以卵击石的反抗。

结果显而易见，举报非但没有起到效果，反而让刘伯温被狠狠斥责了一顿，不追究他诬告就已经算很给面子了。

写举报信的时候刘伯温就想到了自己的下场，所以处理结果一下来，刘伯温也不多废话，就像八年前一样，潇洒地辞职，不带走一片云彩。

这时候的刘伯温已经四十岁了，但是在权谋场上，他依然不够成熟。从一年后他在战场上的表现来看，此时的刘伯温已经具备了足够的厚黑学底蕴，跟后来那个斗陈友谅、斗李善长的刘伯温相差无几了。但在江浙官场上，他还是狠狠地跌了跟头，就跟八年前在江西官场一样。

因为本质上刘伯温不是厚黑教中人，他是个有理想的人，对他来说，厚黑也好，权变也好，都仅仅是一种手段，不到万不得已，他是不愿意使用的。

一个拿厚黑当手段的人，当然玩不过一群把厚黑当目的的人。

不过幸好，在遇到那个真正的克星——厚黑教主朱元璋——之前，刘伯温的厚黑水平已经足够用了，毕竟，不管是打天下还是治国家，需要的都是真才实学。刘伯温可能不是厚黑高手，因为他真正的专长是运筹帷幄，决胜千里。

这是历史的幸运，也注定了刘伯温在官场上的不幸。

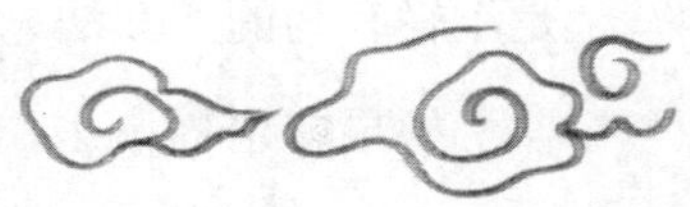

第三章 书生初掌兵，一场憋屈的胜利

出现了，前半生的宿敌

1348年，当刘伯温还在为江浙行省教育事业燃烧自己，顺便时刻准备着引爆江浙官场这个大粪坑的时候，离杭州207千米的台州市黄岩港，一个叫方国珍的私盐贩子已经打响了大规模武装反抗元王朝的第一炮。

当然，那个时候，不管是刘伯温还是方国珍都不会想到，在今后的十余年中，相隔207千米的他们会不时地出现在对方的噩梦中。

虽然官方对方国珍的评价是“农民起义领袖”，但方国珍实在和农民二字沾不上边。单从长相上来看，方国珍也绝对不是个善茬，人高马大不说，脸黑得跟李逵似的。他的力气也大得惊人，据说方国珍曾挡在一匹高速奔跑的快马面前，扼住马脖子随手往后一勒，就把马勒得死死的，跟钉在地上一样，委实比刹车还管用。

就这样凶悍的长相，外加蛮牛般的力气，随便往那儿一杵，演个强盗土匪流氓恶霸活脱脱都不带化装的。

事实上，方国珍也没有辜负自己的面相。他的主要职业是贩卖私盐，与老哥国馨、国璋，老弟国瑛、国珉五兄弟几乎垄断了台州的私盐市场，也算是年轻有为的（非法）民营企业家。

如果就这样下去，方国珍或许会成为一名优秀的私盐经销商，生意会越做越大，最后光荣退休或者在某个阴沟里翻船被官府砍掉脑袋。

可人生不如意十之八九。就在这个时候，方国珍的老乡，一个叫蔡乱头的海盗船长造反了。蔡乱头的故事略过不表，在历史长河中，他就是个死跑龙套的。但不管龙套不龙套，既然造反了，官府当然要去镇压，结果一打，发现打不过。

打不过怎么办？官老爷自然有办法。打不过蔡乱头，就随便抓几个“郭乱头”“蔡乱脚”之类的老百姓，当街砍头，把脑袋往上一送就算交了差。抓不住海贼王，还抓不了几个老百姓吗？

说干就干。现在唯一的问题是，用谁来顶替蔡乱头？几乎是在一种默契的指引下，所有人都不由自主地想到了方国珍。

前面说了，方国珍卖相极好，活脱脱一副土匪样儿，而且是蔡乱头的同乡！估计方国珍长得比蔡乱头本人还像海盗王，把这样一颗大黑脑袋呈上去，视觉效果必然是惊人的。

就这么定了，砍方国珍的头。方国珍，牺牲你一个私盐贩子，幸福百千名贪官污吏。你觉悟吧！

不过，毕竟是当地小有名气的民营企业家，方国珍很快就得到消息，说自己的脑袋被征用了。

那可不行，因为贩私盐被砍头没话可说，可要是因为给人做替罪羊，这头砍得可就太憋屈了。于是，他召集自己的家人，对大家说：“我看这个天下快要乱了（天下乱自此始），现在我被人诬陷，眼看就要丢脑袋了。不如咱们反了，逃到海里去，做海盗（不若入海为得计耳）！”一家人纷纷点头同意。

不管是砍头还是造反，都需要一个准备过程，于是，1448 年的秋天，黄岩陷入了短暂的宁静——官老爷们在商量砍方国珍人头的操作流程，方国珍在研究造反的注意事项。

直到十一月份，一个不开眼的小巡按跑到方国珍家里要债。方国珍是不是真的欠了巡警的钱已经不重要了，重要的是神经高度紧绷的方国珍一看到巡警就以为是来要他脑袋的，当下就发作了。

要说这哥们儿的力气的确不是盖的，顺手抄起手边的八仙桌当盾牌，举闩门的大木杠子当长矛，呼呼几下就把巡警拍成了肉泥。可怜的小巡警，讨个债，把小命都讨没了。

杀了巡按，方国珍一不做二不休，当机立断：下海，反了！

就这样，私盐贩子方国珍，这个从来没有想过要成为海贼王的男人，被逼下东海，从此踏上了“伟大”的航路。

这下当地官员傻眼了，没把蔡海盗的事儿解决，现在又冒出来个方海盗，这还得了。

省里也怒了，你们这帮孙子，欺上瞒下这么简单的事情都做不好，还要麻烦老子来给你们擦屁股！

1449 年，江浙行省参知政事朵儿只班亲自出征，率领三万水军围剿方国珍。

看着黑压压的朝廷舰队，方国珍有点吓蒙了，心想蔡乱头造反，你们随便找个脑袋就想糊弄过去，怎么轮到我造反你们竟派兵来打了？还一来就是三万，我那点儿兵，给你当零头都不够！

当机立断，方国珍迅速南撤，一溜烟跑到了福建五虎门。

朵儿只班哪里肯让到嘴的肥肉跑掉，虽然他这支军队也是临时凑起来的杂牌军，但三万人打三千人，这样的仗谁不乐意打？不多时，杀气腾腾的蒙古大军就堵到了方国珍舰队的门口。

方国珍彻底没辙了，眼前这上百艘大舰，不用开炮不用接舷，直接碾就能碾碎他的小渔船。看来当海贼王是没戏了，算了，保命要紧吧。

于是，方国珍下了一个绝望的命令：放火烧船。

方国珍是个粗人，想法简单，就想趁着大火自己溜之大吉。谁知道，方国珍这一招着实让朵儿只班迷惑不解：见过用火攻烧别人的，没见过一开战就把自家战船给烧了的。

“这不会是阴谋吧？”看着眼前忙里忙外放着火的方国珍，朵儿只班有点害怕了。“这一定是个阴谋！”而这支杂牌军的特征也在这个时候显现出来了。朵儿只班一害怕，他的部将就开始慌乱起来，这种不安的情绪在朵儿只班的杂牌舰队里迅速蔓延，很快，就有“方国珍要使妖法”的传言出现了。

方国珍也算个人物，正在绝望间，突然一眼望见元朝舰队的阵形混乱起来。他立刻判断出，此刻的元军已经成了战斗力低下的渣滓。虽然有点不明就里，但他还是下令，所有能动的船，甭管着没着火，全速冲击元军舰队；同时，还派出快船载着一支特种部队偷偷靠近了元军。

这支特种部队没有带刀剑，每人都只带了一把锥子一柄锤子，他们的任务很简单：凿沉元军的舰船，能凿沉几艘算几艘。当年梁山水军就是这么伺候高太尉的龙鳅大船的。

很快，元军就陷入了真正的混乱。有些军舰和方国珍的火舰撞在一起，烧沉了。有些军舰被方国珍的特种部队选中，凿沉了。当然也不排除有既没起火也没漏水的，对于这些军舰，方国珍的陆战队不是吃素的，靠近——接舷——跳帮——长矛捅、乱刀切，一气呵成，基本也没几个元军能活下来的。

这一战，方国珍以少胜多，居然把政府军打得全军覆没，俘获战船无数，还活捉了朵儿只班。

活捉了朵儿只班的方国珍得意扬扬，细细打量朵儿只班。朵儿只班心惊肉跳，很担心方国珍会杀了自己立威。不过从方国珍的眼里他没有看到杀气，却看到了一丝生意人的狡黠。

方国珍的眼里放着金光，嘴里流着哈喇子。这当然不是要吃了朵儿只班。私盐贩子出身的方国珍毕竟不改商人本色，在朵儿只班身上，方国珍看到了一个巨大的商机。他明白，自己飞黄腾达的机会可能来了。

于是，打了大胜仗的方国珍果断地集结大军，剑指江浙，雄赳赳气昂昂地出现在朝廷守军面前，然后——他投降了。

是的，他投降了。方国珍虽然没有读过《水浒传》，但他也明白，失败者没有投降的资格，只有展示了实力的胜利者，才有资格投降，当然是有条件的投降。

方国珍的条件倒是不苛刻：别杀他，再封他个官就行了。

朵儿只班这时候派上了用场，他负责把方国珍的投降条件传达给元政府，并说服政府接受方国珍的投降。在这件事上，朵儿只班自然是尽了全力的，因为只要投降的事儿谈成了，这次剿匪就算他的功劳；要是谈崩了，那可就是败军之将，丧权辱国了。

在朵儿只班的努力下，元政府接受了方国珍的投降，给了他一个定海县定海尉的职务。

一开始，方国珍还挺满意的，毕竟连科举都不用考，几乎轻轻松松就从一个私盐贩子变身为国家干部，他还是很满足的。可没到一年，他就开始算计了：这官忒小！一个定海尉，每天风里来雨里去的，待遇差，油水少，眼瞅着自己抓来的海盗、走私犯一个个都比自己有钱，精明的生意人方国珍不乐意了。

方国珍倒挺实在，既然当官不如当海盗，那就反了，继续回去当海盗。1350 年，这位已经爱上海贼生活的男人又反了，离他接受招安还不到一年。

朝廷火了，想来就来想走就走，当我泱泱大国是公共厕所吗！不揍你个小崽子满大海找牙我就不姓孛儿只斤！于是，第二支围剿方国珍的大军出发了，由行省左丞孛罗帖木儿亲自率领。

事实证明，纵横欧亚的蒙古大军在海上基本白给，省长来了都没用。在与朵儿只班的海战中积累了经验的方国珍，这次没花多大力气，就把一大半蒙古海军丢进海里喂了鱼，孛罗帖木儿也步了朵儿只班的后尘，光荣被俘。

又是个漂亮的胜仗，照例，方国珍又提出了投降。元政府倒也配合，派来了大司农达识帖睦迩来跟方国珍谈论“收购”事宜。京官出马就是比地方官靠谱，谈判在友好和谐的气氛中胜利闭幕，朝廷接受方国珍投降，交换条件是方国珍兄弟几个通通做了大官。

原来投降也可以这么嚣张，方国珍算是尝到甜头了。他发现升官竟然是件这么容易的事情，不用拼政绩，不用熬资历，甚至不用走后门拍马屁，只要去海上玩几天漂流，杀几个官兵，一张升职令就下来了。

方国珍为找到了一条新的升官路子兴奋不已。

两年后，有点玩腻的方国珍决定再给自己升个官，于是，他又反了。这次，他决定玩一票大的，他兴致勃勃地指着江浙行省最重要的几个海防城市——台州、温州、宁波（当时称庆元）。“就打这里！”他转头对身后的哥哥弟弟们说。

玩得越大，升官越狠。这是方国珍的逻辑。

但这一次，他差点就玩砸了。

天才策士的第一次表演

1353年，方国珍再次造反，第一个就拿台州黄岩港开刀。

这一年，刘伯温已经从杭州辞职回家，此刻正老老实实地在青田老家蹲着。方国珍的大名早已传遍了整个江浙行省，自然也传进了刘伯温的耳朵里。但比起其他把这场战事当闲聊谈资的青田百姓，刘伯温显然对方国珍给予了更多的关注，因为他的好朋友，伯牙吾台·泰不华此刻正在方国珍兵锋所指的台州，而且他恰好是台州的最高长官：达鲁花赤。

跟朝廷其他官员不一样，泰不华是不折不扣的“鹰派”，坚信对待敌人要像冬天一样冷酷，一板砖抡翻再踩上一脚让他永世不得翻身，尤其是方国珍这种老油条，绝无姑息之理。他不光是这么主张的，事实上也是这么干的。

1351年方国珍第二次投降的时候，泰不华曾怀揣利刃，打算在受降仪式上一刀捅死他，来个一了百了，可惜被前来招降的使者死死拦住，没有成功。这次得知自己能和方国珍大战三百回合，泰不华兴奋得嗷嗷叫。

然而兴奋归兴奋，此刻的方国珍已经拥有一支庞大的舰队了，台州的守军根本不是他的对手。既然硬碰硬打不过，那就智取吧，好歹也是刘伯温的好朋友，泰不华算是个智谋爱好者，很快就想出了一条妙计：诱捕。

具体操作流程是这样的：首先送书给方国珍，表达朝廷招安的意愿，并且承诺给方国珍更大的官做。等方国珍动心了，就在招降仪式上埋下五百刀斧手，以掷杯为号，刀斧手一拥而上，将方国珍剁为肉酱。

泰不华倒确实看准了方国珍的需求，可惜他看低了方国珍的智商。

其实方国珍的智商本身不算高，但当年泰不华企图捅死自己的事迹他还是略有耳闻的；更何况一个著名的鹰派军官，一枪未发就要招安自己，实在有些蹊跷，所以，方国珍不太相信。

但招安的机会是不能错过的，本着宁可信其有不可信其无的态度，方国珍派出亲信陈仲达先来找泰不华探探口风。

相比之下，陈仲达就缺少方国珍的科学探索精神，经过泰不华一番忽悠，陈仲达告诉方国珍，投降这事儿，可以有。

虽然还是将信将疑，但方国珍最终同意招安了。

选了个天气晴朗万里无云的日子，方国珍只带着两百艘小船来投降了。泰不华很高兴，带着陈仲达举着受降旗赶来迎接方国珍。他当然不是真的来受降的，当着陈仲达的面，泰不华调兵遣将，安排好了伏兵，得意扬扬地看着陈仲达：中计了吧，傻眼了吧，这下你们完蛋了吧！

陈仲达这才知道自己上当了，但已经来不及了，一边是泰不华用刀牢牢抵住了自己的后背，一边是方国珍的舰队已经进入了他的视线。

事实证明，陈仲达人是单纯了点，但端的是条铁骨铮铮的好汉，眼看着方国珍就要进入伏击圈，陈仲达猛然大吼一声：“不要过来！官军有埋伏！”泰不华知道要坏事，一刀结果了陈仲达之后，令旗一挥，伏兵尽数杀出。

可惜方国珍本来就对招降将信将疑，所以有备而来，再加上还没有全部进入伏击圈，当下和泰不华的伏兵大战起来，居然打得胜负难分。

毕竟算是一场半成功的伏击战，本来只要再熬一会儿方国珍就撑不住了，可泰不华实在是命苦不能怨政府，在这要命的时刻，他所在的旗舰居然开上了一片浅滩，搁浅了！

送上门的肥肉岂有不要之理。方国珍的小船本来速度就快，嗖嗖几下便把旗舰包围了，方国珍的士兵跳上旗舰，想要生擒活捉泰不华。

史载泰不华是哈萨克族人，天生骁勇，虽然要诡计比较失败，但要大刀确实虎虎生风，一挥起来连着砍死了好几人。方国珍的士兵发现自己根本接近不了他，更别说生擒活捉了。

接近不了，那就不要活捉了。方国珍大手一挥，枪队向前，举起长矛不要钱一样地往泰不华身上一阵捅。泰不华再怎么彪悍，短刀干不过长矛，被活活捅死在自己的旗舰上。

而失去了主帅的元军，立刻兵败如山倒。方国珍非但全身而退，还趁机杀进台州尽致淋漓地劫掠了一番。

这一下，朝廷彻底愤怒了。但是怒有什么用，当年方国珍小打小闹的时候都拿他没辙，现在人家翅膀硬了，你能怎么办？

这时候，有人想到了刘伯温。

刘伯温虽然在官场上处处不招人待见，但大家对他的才能还是比较认可的，都知道这是个足智多谋的人才，主修兵法、天文和奇门遁甲，虽然不会“来事儿”，但极能办事。于是，刘伯温被重新起用，被任命为浙东元帅府都事。

此刻的刘伯温正沉浸在悲伤之中。收到泰不华死讯后，刘伯温悲痛欲绝，连夜写下了《吊泰不华元帅赋》，在表达对泰不华因公殉职的悲痛之余，还猛烈抨击了朝廷养虎遗患的招安政策。

朝廷的委任状正中刘伯温的下怀，他连行李都不收拾，就直接奔赴宁波上任去了。

事实证明，刘伯温没有辜负大家对他的期望。这是刘伯温第一次上战场，但他丝毫不紧张，只有一丝小小的兴奋：这么多年读了这么多兵法书，终于可以到战场上去检验一下了。

而刘伯温对于自己初出茅庐的第一仗也比较有信心，因为从听说方国珍起事的那一刻起，他就摸清了这类海上流寇的死穴：补给。要知道，海盗跟陆地上的流寇不一样，流寇可以一路抢一路跑，跑到哪儿抢到哪儿；但是海盗必须时不时地上岸补给，就算他愿意天天吃生鱼片，也得上岸补充淡水和维生素。

打蛇打七寸，只要抓住这个死穴，方国珍就是死路一条。所以上任伊始，刘伯温就告诉元帅那邻哈喇：方国珍之所以那么嚣张，就是因为我们总想着在大海上消灭他。可是我们手头那些水军军爷战斗力你也不是不知道，怎么可能比得过方国珍手下这批老牌海盗、亡命之徒？既然如此，我们何必以己之短攻敌之长呢？当今之计，是死守住方国珍上岸的通道，没城墙的地方造城墙，有城墙的地方就把城墙加固、加高，不让他登陆。然后把所有方国珍能找到的补给全部迁入城内，就不信饿不死他！到时候我们去收尸就行了。

总而言之就是四个字：坚壁清野。

那邻哈喇一听，恍然大悟。刘伯温这条计策其实算不上多高深，要论技术含量可能还不如泰不华的诱捕计划。但真正管用的策略并不一定要华丽到让人眼花缭乱，能够抓住事物的核心，从根本上解决问题，就是好策略。而之前的元军之所以惨败，就是陷入了“你在海上嚣张，我就在海上把你干掉”的思维误区。

果然，这样一来，方国珍悲剧了。虽然论实力，他的舰队现在已经可以在东海横着走，可元军不跟他玩了，他自己一个人在海上玩多没意思。他渴望元军能够再派几支舰队出来让他打个痛快，顺便为下次投降积累点资本，但元军就是不理他。

不陪我玩，我自己玩。方国珍准备上岸弄点好吃的好玩的，反正沿途温州、台州、宁波……哪个不是富得流油的地方？可是每到一处，迎接他的都是高高的城墙，他的海船又不是飞船，根本过不去。

方国珍傻眼了。没人陪他玩是小事，这要饿死了，渴死了，或者吃不上新鲜水果蔬菜得败血症死了，那还得了？几个月下来，他急了。

这种时候，面子、位子都不重要了，方国珍放出风去，表示自己有投降的意愿了，这一次是真心的，即使朝廷的待遇低点他也不会有太大的意见。

朝廷自然开心，觉得自己终于把方国珍收拾服帖了，倍儿有面子——有面子，这就够了。于是招安计划再一次提上议事日程，具体事宜，由当时的江浙行省副省长帖里帖木儿负责。

和谈代替打仗升格为第一要务，于是，刘伯温从浙东元帅府都事被调任为江浙行省都事，协助帖里帖木儿统筹招降事宜。

刘伯温一听招降二字，火冒三丈。

眼瞅着方国珍就要完蛋了，到时候直接去收尸就行了，为什么要招降！？这种反复无常的小人，难道朝廷吃他的亏还不够吗！？这次投降了，难道你敢保证下次他不会又造反吗？对于这种人，最好的安抚手段就是往死里打，打服了，打死了，他就消停了。

刘伯温对方国珍恨得牙痒痒，泰不华的死固然是重要的原因，但方国珍降而复叛，叛而复降，一而再再而三，哪一次不是老百姓遭殃？为了自己的蝇头小利，却要江浙沿海老百姓流离失所甚至浮尸大海——方国珍，你不死我睡不着！

不知道帖里帖木儿是不是被刘伯温的慷慨陈词打动了，他最终决定拒绝招降，并向朝廷递交了由刘伯温起草的议剿奏书，建议继续对方国珍“剿而杀之”。

这下轮到方国珍对刘伯温咬牙切齿了——没招你没惹你，为什么要跟我过不去！刘伯温，我记住你了！

帝国的囚笼只属于胜利者

发狠归发狠，方国珍暂时还奈何不了刘伯温。打不过就拉拢，于是，方国珍托人带了一批财物送给刘伯温，意思就是：老哥你别折腾了，我服了，放我一马行不？

刘伯温的回答很干脆：不行！对于方国珍这种人，没有什么好商量的。刘伯温不松口，帖里帖木儿那里自然也没戏。

方国珍暴怒，他决定使用最后一招：既然刘伯温软硬不吃，那我就绕开刘伯温，直接跟中央的大官去勾兑。这一招是必杀的，方国珍之所以一直没用，主要是成本实在太大。这是当然的，贿赂京官和贿赂地方官，那能是一个价吗？

但这次方国珍被逼急了，他砸锅卖铁，凑齐了一大笔钱，走海路带到北京，上下活动打点，钱花光了，事儿也差不多办成了。1353 年十月，朝廷再次下令，接受方国珍投降，方氏兄弟全部被封了官。

方国珍终于得意扬扬地登上了海岸线，刘伯温一手修筑的坚固海防线挡住了他的舰队，却挡不住他的银弹。这下轮到刘伯温傻眼了，前不久自己还猫在城墙上居高临下望着方国珍，时不时朝他打几发石炮，丢几桶垃圾，说不定还撒几泡尿，谁知道风水轮流转，一转眼方国珍就站到自己头上撒尿来了。

辛辛苦苦一两年，一夜回到解放前。眼瞅着自己的心血就这样成了摆设，自己的战略就这样功亏一篑，刘伯温心如刀绞。不是我军无能，也不是方国珍太狡猾，实在是这个混蛋的朝廷……太混蛋！

方国珍自然不会放过几乎把自己逼上绝路的刘伯温。几天之后，作为和方国珍的一笔政治交易，朝廷再一次下诏，主张力剿的刘伯温和帖里帖木儿通通被免职，罪名是“擅作威福，伤朝廷好生之仁”。那意思就是，上天有好生之德，我们本来也不想打你方国珍，但就是这两个战争贩子自作主张，把你打得惨兮兮，实在过分，现在把他俩免职了，咱们的误会也算澄清了。

无耻！无耻到了极致！堂堂大元朝在一群宵小之辈的把持下，居然沦落到了向反贼卑躬屈膝的地步，蒙古帝国开国之初的霸气早已荡然无存。

而刘伯温无疑成了这笔肮脏交易的牺牲品，最后的结果是帖里帖木儿被罢职，而刘伯温非但被免官，还被送到绍兴软禁（羁管）了起来。

在战场上，刘伯温赢了；但在官场上，他再一次输得干干净净。战争是政治的延续，是用牙齿来解决舌头解决不了的问题。刘伯温有一口好牙，却输在了舌头上。

无语凝噎，刘伯温怎么都想不通，都说成败论英雄，自己明明打赢了仗，怎么就反而成了囚犯；方国珍明明输得一塌糊涂，反而加官晋爵，八面威风！

刘伯温的脑袋再一次短路了。这一诡异的处理结果让刘伯温几乎对世界绝望，他放声大哭，哭到伤心处大口大口吐血（血呕数升）。刘伯温越哭越伤心，越哭越激昂，最后居然找了根裤腰带，要自挂东南枝。

幸亏家人发现得早，死死拦住，刘伯温的门人密里沙死死抱住刘伯温的大腿喊道：“老师！现在您被人冤枉，颠倒黑白，这个时候如果自杀，岂不是等于跟方国珍这个孙子妥协吗！”一想到方国珍那张欠揍的脸，刘伯温握裤腰带的手开始松动了，密里沙再乘胜追击道：“况且，您就这么走了，您的母亲谁来照顾！”

终于，刘伯温被说服了，扔下裤腰带，大哭一场，而这件事情也让他留下了“痰气疾”，也就是中风的后遗症。

或许有人会说，刘伯温不是神机妙算吗？不是古往今来智慧第一人吗？为什么到了四十岁还是天天吃瘪，在哪儿都混不开，居然还到了一哭二闹三上吊的地步？

他的潇洒呢？他的逍遥呢？他的嬉笑怒骂呢？他的料事如神呢？

在这里，我们负责任地告诉大家——没有。四十岁之前，刘伯温的人生可以用两个字来形容：困苦。

但这不是因为他头脑不够聪明，而是他处世不够圆滑。在刘伯温的传说里，我们无数次看到他用自己的智慧化解一个又一个危机，戏弄一个又一个财主，但那是传说。在真实的世界，聪明解决不了所有问题。

若是单论权谋智略，同时代确实没有人能出刘伯温之右，但刘伯温能谋天下却不能谋己身，因为他的性格始终还是太耿直，太理想主义。

自杀事件可以看成是刘伯温强硬性格的集中体现。当理想主义的世界和现实主义的人生发生碰撞，理想主义者首先想到的是改变现实，而不是顺应现实。但现实是无法改变的，所以，在失败之后，他们会选择退出游戏：有按程序退出的，归隐深山，不问世事，比如陶渊明；也有性格刚烈的人选择启动任务管理器强制退出，那就是自杀，比如屈原，比如海子，比如刘伯温。

无论如何，打了败仗的方国珍因为无耻的品行和圆滑的处世加官晋爵了；而打了胜仗的刘伯温却因为高洁的情操和耿直的性格成了阶下囚，还差点自杀。性格决定命运，这是刘伯温性格的悲剧。

也是元王朝的悲剧。杀人放火金腰带，修桥铺路无尸骸。恶徒妖孽坐朝堂，忠烈之士下囚笼。国家到了这个份上，离灭亡就真的不远了。

一生中最后的悠闲时光

1353 年，刘伯温来到绍兴，开始了三年的羁管生活。

绍兴古称会稽、山阴，经济繁华，风景秀美，素有“仙都”之称。东晋王献之曾感慨：“从山阴道上行，山川自相映发，使人应接不暇。”此亦成为千古名句。

刘伯温最开始却不太喜欢绍兴，因为他听朋友说，绍兴的官吏很不咋地（越之从政者鄙，且左右多凶人），很可能镇不住场子，万一发生战乱，那可咋整（恐不能和其民，万一变生肘腋，子将安之）？毕竟他也确实不想再跟匪类打交道了。直到听说一位叫迈里古思的贤人赶赴绍兴担任达鲁花赤，刘伯温才松了一口气。

虽然从政者不行，但绍兴的景色确实没话说，美到爆。刘伯温曾经这样盛赞过绍兴之美：

语东南山水之美者，莫不曰会稽。岂其他无山水哉？多于山则深沈杳绝，使人憯凄而寂寥；多于水则旷漾浩瀚，使人望洋而靡漫。独会稽为得其中，虽有层峦复冈，而无梯磴攀陟之劳；大湖长溪，而无激冲漂覆之虞。于是适意游赏者，莫不乐往而忘疲焉。

翻译过来就是绍兴堪称东南最美的地方，为什么这么说呢？因为绍兴的山水搭配十分协调，山多了就成了穷乡僻壤，水多了就成了汪洋泽国。只有绍兴，虽然有山，却不十分陡峻；虽然有水，却鲜有水患，真是让人流连忘返。

正是在这样一座美丽的江南水乡，刘伯温度过了人生中最闲适的三年。

刘伯温在绍兴写的《遣兴》六首，很能反映他当时的闲适心情，比如其中有这么一首：

积雨兼数旬，天气凉有余。
青苔交户庭，始觉人迹疏。
地主多闲园，可以种我蔬。
儿童四五人，蔓草相与锄。
既倦则归休，卧阅床上书。
无事且为乐，何者为名誉。

梅雨季节，天气微凉，种种蔬菜，读读书，每日无事，当真是悠然自得。

绍兴历来都是文士辈出的地方，像刘伯温这样的名士，自然很快就打入了绍兴的文人圈子，结交了一大批朋友。其中最有名的莫过于著名的王冕——我们小学时候学过一篇叫《王冕学画》的课文，就是根据这位同学童年的故事改编的。

刘伯温在来绍兴前便听人说起过王冕，恨不能相识，两人正式见面则是在至正十四年（1354 年）。虽然两人从三观上来讲不是一路人：王冕是个真正的处士，而刘伯温却对忠君报国念念不忘，但两人毕竟有一个共同语言，那就是对书画的爱好。而且在被羁管绍兴后，流连于山水的刘伯温对官场的那份热情也渐渐淡了下来，这两人最后成了莫逆之交。

羁管毕竟不同于囚禁，只要不离开绍兴或者离绍兴别太远，刘伯温的行动并未受到太多的限制。于是，这三年里他又捡起了当年的旅行装备，足迹几乎踏遍了整个绍兴已开发或者未开发的旅游景区。而且多次做中短途旅行，前往萧山、杭州，游活水源、灵峰寺，登松风阁，总之小日子过得要多安逸有多安逸。

值得一提的是，刘伯温尤其喜欢和僧人打交道。一方面是因为他此时的心境与万法皆空的佛义比较契合；另一方面，当然也是因为佛寺古刹往往坐落在风景独胜之处，去旅游总少不了这种地方。

也正是在这三年，刘伯温写作灵感大爆发，写下了许多优秀的文章诗篇。就文而言，无论是堪与柳宗元《小石城山记》媲美的《出越城至平山记》，还是被评价为“读之神骨俱冷”的《活水源记》以及设喻神奇、辞章华美的《松风阁记》，都堪称文苑精品；就诗而论，既有诗韵工稳、格律熨帖的唱和诗，又有即景抒情、富有浓郁的悲凉情调的即兴之作。所谓“官场失意文场得意”，好的文学作品似乎总是眷顾政治失意人，这三年的羁管生活，反而给刘伯温的诗文创作提供了难得的心境、物境，形成了仕途得意之时无法企及的创作高峰。

当然，这种没事儿旅旅游、写写诗、晒晒太阳、睡睡觉的悠闲生活并不是刘伯温真正想要的。他真正期盼的生活，还是建功立业，报国杀贼。所以，在旅行者刘伯温的旅行日记里，我们可以找到许多触景生情、借物抒情的诗文。

比如刘伯温曾经游览过兰亭，那里是王羲之曾经游览过，并写下《兰亭集序》的地方。刘伯温来到此地，感慨万千，写下了这样一段话：

王右军抱济世之才而不用，观其与桓温戒谢万之语，可知其人矣。放浪山水，抑岂其本心哉！临文感痛，良有以也。而独以能书称于后世，悲夫！

大概的意思就是：王羲之其实是个非常有才华有抱负的人，因为实在受不到重用才隐居起来放浪形骸啊，像这样的人才，最后却只有凭借书法让世人记住，实在是悲剧啊。

王羲之是不是真的有济世之才还真不好说，而刘伯温这番话，其实也就是借王羲之的酒杯浇自己的块垒——虽然表面上每天吃吃喝喝玩玩乐乐挺开心的，但这岂是刘伯温的本心哉！

所以，玩得越开心、越热闹，当宾主两散复归宁静之后，刘伯温就会越觉得悲凉，孤独。于是他提笔写下一些感怀的诗，抒发自己无处安放的凄凉。

比如这首七律《忧怀》：

群盗纵横半九州，干戈满目几时休。
官曹各有营身计，将帅何曾为国谋。
猛虎封狼安荐食，农夫田父困诛求。
抑强扶弱须天讨，可惭无人借箸筹。

在这首诗里，刘伯温把自己比作张良，感叹自己没有遇到刘邦这样的明主。这不是刘伯温第一次以张良自比，当年在诸葛亮故里旅游的时候他也曾把自己比喻成诸葛亮和张良。应该说，文人普遍爱吹牛，中国历史上敢把自己比作张良的人数都数不过来。但在这些人中，真正名副其实的，恐怕只有一个刘伯温，一个诸葛亮而已。

可现在的刘伯温只不过是一个阶下囚，谈什么抑强扶弱、安邦定国呢？这就是为什么刘伯温努力让自己纵情于山水之间，因为他的情怀越深，失落就越大，他甚至在这样的心境中写下了《薤露歌》：

人生无百岁，百岁复如何。谁能将两手，挽彼东逝波。
古来英雄士，俱已归山阿。有酒且尽欢，听我薤露歌。

《薤露歌》是古乐府的曲名，是一首哀乐，顾名思义，就是说人的生命像露水一样短暂。古代的诗词都是自带曲子可以直接唱的，这首《薤露歌》如果唱出来，就是哀乐的调调。而在这首诗中，刘伯温所要抒发的，也正是人生苦短，壮志未酬的悲哀。

算了，不想那么多了，想得越多心越凌乱。日薄西山，华灯初放，刘伯温长叹一口气，换了一副笑脸，投入文人们的狂欢中去了。

平乱是一门技术活

在大元朝打工的最后几年中，刘伯温的命运几乎跟方国珍绑在了一起。当朝廷要重用方国珍的时候，刘伯温就会被打压；而当方国珍不那么听话的时候，刘伯温的日子就会好过些。

而方国珍每年总有那么几天不怎么听话。在接受招降之后，方国珍没有放弃自己的枪杆子，一边在朝廷当官，一边也没放下打劫的老本行，算是半官半匪。于是朝廷有点不爽了，这时便会想起刘伯温，而当时整个江浙的局势也逼得朝廷不得不重用刘伯温。

早在方国珍起事之前，整个江浙地区其实就已经盗贼蜂起了，随便几个人拉上一支队伍就敢占山为王。对于这些队伍，有些称之为“贼寇”“山匪”，也有说他们是“农民起义军”。其实客观地讲，这些人中确实有很大一部分是被官府逼到走投无路的农民，但也有不少是怀着政治野心的地主豪强，当然也有纯粹为了造反而造反的流氓人士。为了叙述方便，以下我们就用一个中立的词语来统一称呼他们：“反政府武装”，简称反军。

到了 1356 年，在红巾起义的精神鼓舞下，江浙人民的造反事业达到了最高潮，元政府眼瞅着就顶不住了。这个时候，什么政治交易、种族歧视、官场纠葛都不重要了，谁能保住帝国的饭碗谁就是帝国的大救星。

刘伯温就是时人眼中公认的“帝国饭碗镇守者”。于是，那一年刘伯温再次被起用，官至江浙行省都事，他的主要任务是前往处州镇压叛乱。

在处州还有一位名将在等着刘伯温，他的名字叫石抹宜孙。此人是契丹人，却一直镇守东南沿海，战功卓著，也算是元帝国最后一批名将之一了。

在刘伯温出山之前，石抹宜孙已经苦苦支撑了五年，但局势越来越不可挽回，当时处州七县几乎每县都有“山寇”作乱，且各县“山寇”一旦有急，即互相声援。尤其是吴成七部，其地盘已与温州方国珍的势力范围连成一片；又有青田潘惟贤、华仲贤等翻山越岭，一度攻占龙泉县城，实力不可小觑；丽水硫碎、青田庐茨的“山寇”均号称有数万之众。这倒不是石抹宜孙无能，实在是元朝气数已尽——直到刘伯温的到来。

刘伯温跟石抹宜孙并没有深交，至少1356年之前没有，但两人相互慕名已久，刘伯温能够复出并且被派往处州，也和石抹宜孙的大力推举分不开。

到达处州后，石抹宜孙热情接待了刘伯温，并神秘兮兮地告诉他，他的三个老朋友也被自己请到了军营里。哪三人？他们分别是：章溢、胡深、叶琛。

章溢，字三益，是龙泉人，善谋大局，是个不错的战略型人才。胡深，字仲渊，也是龙泉人，办事精细，精通军事行政，典型的参谋型人才。叶琛，字景渊，处州本地人，擅长排兵布阵，优秀的指挥型人才。

再加上不世出的策略型人才刘伯温，石抹宜孙麾下聚集了当时全天下最豪华的文武班底。在和朱元璋、徐达、李善长结成“文武铁四角”之前，这是刘伯温遇到的最强大的阵容了。

领导班子搭起来了，现在要解决军队的问题了。元朝的兵养了几十年，早就锐气全无，断然不能用了，要守卫家乡，还是自己招募的本地义兵最靠谱。所以，石抹宜孙命令几位得力手下开始招募义兵。其中当然包括刘伯温，于是，刘伯温第一次掌握了兵权，拥有了自己的武装力量。

此刻的刘伯温，一扫羁管绍兴时的颓唐放浪，取而代之的是跃马扬鞭，雄姿英发。上马击狂胡，下马草军书，这不正是每个文人的梦想吗？

石抹宜孙异常兴奋，班子有了，军队有了，咱们开打吧！但刘伯温一把拉住了石抹宜孙。

不急。平乱不是两军对垒。两军对垒，你仗着优势兵力冲上去，把敌军主力部队全部杀光，仗就算打赢了。平乱不是这样的。在平乱中，反军打散了就是老百姓，老百姓聚集起来就是反军。反军真正赖以和政府军对抗的不是强大的军事实力，而是人心。你不仅要跟反军打好仗，也要跟反军的力量之源——老百姓搞好关系。

《兵法》云："上兵伐谋，其次伐交，其次伐兵，其下攻城。"正所谓"百战百胜，非善之善也；不战而屈人之兵，善之善者也"。刘伯温清楚地知道，光靠剿是不够的，野火烧不尽，春风吹又生，当务之急是先把人心拉拢过来。

于是，刘伯温写下了那篇著名的《谕瓯括父老文》。

看标题就知道，这是一篇"官样文章"，无非是打几句官腔，走个开战前的形式。难道还能写出花儿来？

答案是：在刘伯温手里，还真能写出花儿来。

在写作这篇文章的时候，刘伯温的指导思想十分鲜明，即对组织造反的"首恶"（比如方国珍）须严惩不贷，而对胁从者则认为须从轻发落。因为刘伯温明白：不管反军本身是什么性质，大多数反军的基层官兵都是在无衣无食、左右俱死的情况下，才铤而走险落草为"寇"的，根子还在官府本身和"贼首"的忽悠。因此，文告措辞既要堂堂正正，又要动之以情，晓之以理，做到威而不怒，仁而不柔。

首先，在文章开头，刘伯温先总结了元王朝建国八十余年来是如何努力建设和谐社会的——主要是为了告诉群众，皇帝是个好皇帝，政府不是黑社会。那么为什么社会变成现在这样子呢？那当然是贪官污吏的错（政教不化，政听壅滞），坏人把皇帝都蒙蔽了。所以，你们的矛头指错了，你们不该造朝廷的反啊，你们该去杀贪官！

当然，你们确实是这么干的。不过，现在欺负你们的贪官被你们杀得差不多了，够本了，该收手了吧。只要你们收手，皇帝就不会追究，你们继续回去当良民。毕竟皇帝和大家一样，都是被贪官欺负的人，但你们要是还不依不饶，那皇帝可就不客气了！

有情，有理，有利诱，有威胁。这份告示写得确实很有水平，虽然要说这告示一出反军即做鸟兽散，那是不可能的，但也确实瓦解了一大批反军士兵，同时也分化了那些支持同情反军的老百姓。造反不就是为了混口饭吃吗，既然皇帝说了以前的事情不追究，贪官也确实被我们杀掉了，那就回家做良民吧，就算每天吃得半饱不饱的，总比被砍掉脑袋要好。

这样一来，造反队伍中只剩下了两种人：罪大恶极没有回头路的匪首和确实苦大仇深与元王朝不死不休的穷人。前一种人，死不足惜；后一种人……各为其主，也只能对不住了。

当然，批判的武器不能代替武器的批判，笔杆子可以影响局势，但只有枪杆子能够决定局势。这点刘伯温很明白，因而发告示的同时也在着手剿匪战略的部署。

1357年，刘伯温再次升官，任职于行省枢密院。这一年石抹宜孙和刘伯温带领着自己组建的武装队伍，一路强攻智取，捷报连连。

在整个平定处州农民起义的过程中，刘伯温一直没有放松他“首恶必究，从犯不论”的对于反军将领的惩处。刘伯温的尺度掌握得很好，他的这一举措也进一步安抚了民心，于是，政府军的群众基础越来越广（相对而言），反军越打越孤立，政府军短时间内就剿灭了处州地区的绝大部分反军。

现在，只剩下最强大的那股农民起义力量了——吴成七。

阴谋诡计，这个我懂

吴成七，江浙行省文成县人，跟方国珍一样，也是个私盐贩子出身，不过是兼职的，主业还是种地。此人拥有一身的好功夫，据说幼年时曾经拜水云寺的武僧为师，十八般兵器样样精通，公平条件下基本上已经可以以一当十了。而且吴成七为人刚勇仗义，好打抱不平，广交四方豪杰，在民间很有威望。

俗话说“穷文富武”，从吴成七的兼职工作和兴趣爱好来看，他绝不会是个贫苦农民出身。那他为什么也反了呢？

说来话倒不长。1353 年的某一天，吴成七去邻县的码头卖私盐，不知道因为什么事情跟当地的盐霸发生了冲突，然后就打起来了。吴成七的武功真不白给，三两拳就活活打死了盐霸。其他盐霸一看打不过他，就跑到官府把他给告了：怕打死人的罪名不够重，还额外附赠了一个超值罪名大礼包：谋反。

杀人是个要命的罪名，但谋反可是能要了你全家命的罪名。吴成七一看形势不对，拔腿就跑，跑回家越想越怕，心一横，你说我是反贼，我还真就反给你看！于是，吴成七真的反了！

可见那时的处州，造反真的跟请客吃饭一样寻常。

因为平时人缘好，吴成七振臂一呼便有不少人响应，很快就凑出一支比较有战斗力的部队。然后，他分别在北边建了高羊寨、马羊寨，扼控通入黄坦的咽喉大道；在西南向构筑天高、水牯、水盆、龙须等屏障寨，于东向建立白羊、牛头等前哨寨，把自己的大本营守得铁桶金城般。一时之间，受压迫的百姓纷纷响应，队伍很快发展到数万人。

在吴成七的造反班底里，能摆上台面的有三个人，分别是民间武师宋茂四、落第穷儒支云龙、善研兵法的周一公。从他们的职业就能看出他们的分工：一个打前锋，一个搞后勤，一个做军师，吴成七统领全军。

应该说，元末的江浙确实藏龙卧虎，就这样一支草台班底，造反初期居然势如破竹。

到 1354 年，吴成七的造反生意越做越大，和他的前辈们一样，他想过一把皇帝瘾了。称帝自然是不敢的，但称王可以有，于是吴成七自封为吴王，同年秋，又觉得现在的地盘太挤，便主动出击，攻打青田县城。

这下朝廷震怒了，在你的小渔村闹腾一下也就算了，在我眼皮子底下称王称霸不说，居然还敢出兵攻打县城！不想混了吧！于是，朝廷连忙派出大军剿伐，大军的司令姓王，但具体叫啥不太清楚。

连个名字都没在史书里留下，可见王司令这一仗打得是非常窝囊。事实的确如此：既没有大胜，也没有大败，因为这位王司令的所谓大军根本不敢接近吴成七的据点，到青田旅游了一圈，就回去了。

官军是指望不上了，青田人只好自己保卫自己，于是当地的地主徐伯龙、季珍等主动请缨，要求指挥当地民兵去抵挡吴成七。

可别小看民兵，至少那时候民兵的战斗力绝对比官兵强，但跟吴成七和他的“三巨头”还不在一个级别上。于是，张坳一战，徐伯龙战死；船寮一战，季珍战死，青田县城沦陷。

占据了青田的吴成七眼看着自己的“王国疆土”从一个乡变成了一个县，一下子信心爆棚。第二年便拜周一公为军师、宋茂四为大将、支云龙为谋臣，甚至还有模有样地开科取士，选拔文官武将，建立三省六部，并点封朱君达、李夹等数十名战将，以黄坦为中心四向出击，把势力范围扩大到处州、温州、婺州、金华及福建北部一带，形成首尾相连百余寨，跟方国珍的地盘连成了一片。

面对吴成七这样的悍匪，元朝打不过也不乐意打，能想到的最好解决途径自然是招安。可惜吴成七不是方国珍，革命意志异常坚定，每次都毫不犹豫地拒绝朝廷的招安。

这就是吴成七，江浙头号悍匪（不算半官半匪的方国珍），本人骁勇善战，手下人才济济，革命意志坚定，又拥有广泛的群众基础。

这个人让刘伯温非常头痛。不能拔掉吴成七这枚硬钉子，就没法给处州剿匪画上一个完美的句号。

为了配合石抹宜孙的军事行动，刘伯温以探亲的名义回了一趟家。此刻的青田县已经被吴成七攻克，到处都是吴成七的军事基地。刘伯温花了个把月的时间实地勘测了当地的地形交通情况，掌握了大量一手情报，当地甚至还传说刘伯温假装算命先生亲自拜访了吴成七。

因此，当刘伯温回到石抹宜孙身边的时候，他带回了大量有价值的情报。1358年秋，石抹宜孙命令叶琛率军剿讨吴成七，刘伯温作为军师随军。

悍匪就是悍匪，得知消息的吴成七非但不逃跑，反而在金山寨建了连环七营，集结主力要与叶琛决一死战。金山寨居高临下，易守难攻，叶琛带领官兵只能发起非常不利于进攻的仰攻。结果可想而知，打了几天也没打下来。

叶琛急得像热锅上的蚂蚁团团转。就在这个时候，刘伯温来了。其实这几天刘伯温也很着急，一直在想计策，联想到自己在青田县搜集到的情报，此刻他终于想到了一个办法，用演义小说的话说就是“心生一计”。

叶琛一见刘伯温，知道他肯定是带着主意来的，忙问：“先生计将安出？”

刘伯温也不卖关子，将自己的计划和盘托出：“请派一队士兵到金山寨对面的黄呈羊山岭，趁黑夜每人肩挑悬挂有二十多盏灯笼的长竹竿，从山岭头挑到龚宅，吹熄后再返回黄呈羊岭头，点燃灯笼向龚宅行进。如此往返，每夜以一二百名官兵轮流进行。”

叶琛一头雾水，本来带的兵就不多，你还专门拉出一两百人去搞彩灯游行，想跟吴成七联欢不成？“先生这是逗我玩儿的吧？”叶琛小心翼翼地询问道。

刘伯温高深莫测地一笑，俯身到叶琛耳边，把这个计划的精髓告诉了叶琛：“这是为了营造一种我军增援正在源源不断赶来的假象。所谓‘弱则示之强，强则示之弱’，吴成七色厉内荏，欺软怕硬，他的军队也是良莠不齐，看到我们大军压境，军心自然就动摇了。”

“原来如此！”叶琛开心地望着眼前这个人：以前只知道你是个聪明人，但从来没想到你还有这么狡猾的一面。

这话说得没错，刘伯温征战半生，奇谋百出，但这种阴谋诡计确实用得不多。原因很简单，在刘伯温的对手当中，不管是方国珍、陈友谅还是张士诚以及后来的王保保，都是重量级的高手，这种程度的阴谋诡计怎么可能骗得过他们？但面对吴成七这种人就不一样了，从刘伯温自己收集的情报来看，不管是吴成七本人，还是所谓周一公，都不过是三流货色而已。

阴谋诡计，这个我懂，之所以不用，是没碰上档次足够低的人。

果然，吴成七部队看到不断有人排成队列点着灯笼灌进叶琛的军营里，顿时就不淡定了，当初就地决战的霸气彻底没了，再加上粮草日减，水源被切断，吴成七部队的军心开始动摇。虽然吴成七革命意志坚定，但队伍扩大后难免把关不严，混进了不少只为混口饭吃的兵油子，一时之间，恐慌情绪传遍全军，个别觉悟差的早就偷偷开溜了。

趁你病要你命，等的就是这个时候。一看敌人阵脚已乱，叶琛也抓住了机会，部将陈仲琛统精兵三千，从后山偷偷进攻，自己的大军则从正面发起总攻，一举歼灭了吴成七的军队，吴成七与手下大将宋茂四死于乱军之中。

主力被歼，主帅被杀，吴成七的军队立刻土崩瓦解，轰轰烈烈的吴成七起义（这还是可以被称为起义的）就这样被扑灭了。

处州太平了。尽管天下已经越来越乱，但至少处州太平了，而和平的缔造者，正是刘伯温。

四十年的沉寂，终于等来了这一天，“试借君王玉马鞭，指挥戎虏坐琼筵。南风一扫胡尘静，西入长安到日边”。刘伯温的上半生，可以无悔了。

1358 年，刘伯温擢升江浙行省郎中，从五品。等了好久终于等到今天，梦了好久终于把梦实现！志得意满的刘伯温已经做好了准备，要放开手脚大干一场，力挽狂澜，舍我其谁！

刘伯温是这么想的，可惜的是有人不这么想，比如方国珍。很快，方国珍就将用实际行动告诉刘伯温：白日做梦！

帝国最终失去了刘伯温

仗打赢了，刘伯温兴高采烈地等待着朝廷的封赏，可首先等到的竟是一个天大的坏消息：方国珍升官了。

这方国珍，虽然打仗不行但混官场真算得上是一等一的高手。他一面维持着自己的割据势力，一面又不得罪元政府，跟坐了直升机似的年年升官。如今，他居然坐上了江浙行省参知政事的位子。

元代的行省往往会设置1～4名参知政事，本书叙述中就已经出现过好几位了，比如苏天爵、朵儿只班、帖里帖木儿。他们都有一个共同的特点：是刘伯温的顶头上司。

刘伯温的好日子算是到头了。方国珍再怎么贵人多忘事，也忘不了自己被刘伯温困在台州海面上差点喂鱼的经历，忘不了刘伯温那封要把自己赶尽杀绝的奏折。

小样儿，不整死你就不错了，还想升官，门儿都没有！

刘伯温也很窝火。方国珍有多恨他，他就有多恨方国珍，这对宿敌眼神相撞都能撞出暴雨雷电来，刘伯温怎么甘心在方国珍的手下当差。尤其是一想到自己出生入死立下不世奇功才换来一个从五品官，而方国珍除了造反啥正事儿没干居然成了从二品官。天理何在！

没天理的事儿多了去了。

事实上，根本就不用方国珍动手，这些年来从江浙到中央，哪个官儿没收过方国珍的好处？这些人心里都门儿清。眼瞅着方国珍如日中天，哪能让他的死敌刘伯温有打翻身仗的机会呢？于是，没过多久“封赏”下来了，刘伯温被调任为处州路军分区担任总管府判——非但没有升官，反而降职了。

这是赤裸裸的、毫无遮掩的打压，借口理由都懒得找。刘伯温连愤怒的心情都没有了，取而代之的是绝望。从 1336 年走上官场直到今天，二十二年过去了，如果说官场有什么变化，那就只是越变越黑。真的彻底干不下去了，刘伯温收拾包袱，辞官回家。

这不是刘伯温第一次辞官，也不是最后一次，但的确是最特别的一次，因为刘伯温决定，从今以后，再也不在元朝的官场上做事了。为了表明自己的心意，刘伯温取出元世祖忽必烈的牌位，沐浴焚香更衣后，向着北面朝拜道：“世祖皇帝在上，臣刘伯温不敢辜负您的在天之灵，只是今日臣刘伯温实在没有能力再为朝廷出力了。”

从今天起，我刘伯温就和大元集团有限责任公司再没有任何关系了。

这的确是刘伯温最后一次给元王朝打工了。不过，当时的刘伯温还没想过要跳槽到起义军阵营，打了半辈子反军，突然让他投身反军他还真有点接受不了。刘伯温想的只是回去归隐田园，过简单的日子。毕竟，这时候的刘伯温已经五十岁了。

辞官归去的不止刘伯温一个人，处州剿匪时的麾下旧部当中很多人也跟着刘伯温一起到青田县归隐去了。而刘伯温的老战友章溢也为刘伯温的处境感到悲哀，对官场丧失了信心，心灰意冷的他拒绝接受浙东元帅府佥事一职，也回家了。

从 1333 年中进士，直至 1358 年辞官，刘伯温已经替元王朝打了二十五年工了。这二十五年中，刘伯温起起落落，旋即辞去，旋即复用，他对朝廷的忠心从来没有变过。但 1358 年的这次贬官，彻底颠覆了刘伯温的世界观、价值观、人生观。二十五年竭忠尽智，到头来却不如反骨仔方国珍混得有声有色。这样的公司，这样的老板，能有什么前途，不如归去。

刘伯温终于放手了，与元朝的缘，尽于此时此地。归去来兮，悟以往之不谏，知来者之可追。实迷途其未远，觉今是而昨非。

就这样，刘伯温离开自己奋斗了二十五年的元朝官场，当他再一次出现在元王朝视线中的时候，他已经坐在敌人的中军大帐中了。

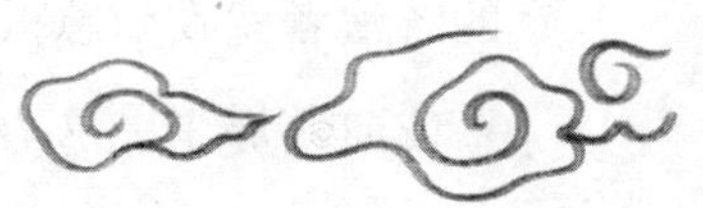

第四章　如果选择不对，努力白费

帝国到了崩溃的前夜

帝国终于失去了刘伯温。但此时此刻，帝国的统治者根本没有兴趣去关心一个小小五品官的去留，他们正在为一件更大的事情焦头烂额——红巾起义。

当刘伯温还在处州“镇压农民起义”的时候，这场令帝国统治者焦头烂额的农民起义早已席卷全国。而这一切的始作俑者，正是刘伯温最崇拜的一个偶像。

刘伯温有好几个偶像，诸葛亮算一个，张良算一个，严子陵也能算一个，但这些都是死人。在活人当中，刘伯温只崇拜一个人：当朝太师——脱脱。

“太师祇园英，聪明实神启。”这是刘伯温对脱脱崇拜之情的真实写照。在刘伯温眼里，脱脱简直就如同神庙里的神一样，英明神武，无所不能。

脱脱倒的确当得起刘伯温的崇敬，作为元朝最后一个名臣，为了挽救日薄西山的元帝国，脱脱确实也已经鞠躬尽瘁了。但也正是他，在无意间点燃了整个中国的火药桶。

故事要从1344年说起。那一年夏天，大雨下了整整二十多天。很快，北京的统治者就收到急报：黄河决堤了！这个时候，刘伯温正要准备北上旅游。

黄河决堤了怎么办？脱脱的主张是修。不要误会，脱脱主张修倒不见得是为了老百姓的生命财产安全，而是因为黄河一决堤，一方面各地的漕运就断了，影响中央的财政收入，另一方面灾区的流民也将影响整个华北地区的和谐稳定。

当然也有人主张不修，这批人倒也并不全是草菅人命之徒，他们的理由也很伟光正：把一大批失去了家园的无业游民集中到一起干活，无异于埋下一颗定时炸弹。

两派一直争论了七年，直到1351年，脱脱才拍板，决定修河堤。

事实证明，“不修派”是明智的，因为一修就修出问题来了。

早在黄河决堤之前，一个庞大的秘密社团就已经在帝国的土地上生根发芽了，它的名字叫——白莲教。

白莲教是从佛教分支白莲宗演化而来，在发展过程中逐步吸收了摩尼教（就是《倚天屠龙记》里的明教）、道教以及其他民间信仰，发展成为一个庞大的秘密结社组织，流行于元、明、清三代。

白莲教尊崇弥勒佛，其教义认为世界上存在着光明与黑暗两种互相斗争的势力，弥勒佛降世后，光明将最终战胜黑暗。而现在，虽然黑暗势力占优势，但弥勒佛最后一定会降生，光明最后一定会战胜黑暗。

白莲教的教义主张打破现状，鼓励人斗争。这一点吸引了大量贫苦百姓，使他们得到启发和鼓舞。再加上教主平日发功治病的种种“神迹”，白莲教拥有众多来自下层社会的信徒。在白莲教内部，实行家长制统治，尊卑有序，等级森严，成为很多农民起义的组织形式。

到14世纪40年代末，白莲教已经拥有了几十万教众，而且拥有严密的组织体系和成熟的组织纲领，俨然已经成了江湖上的第一大门派。

当时的白莲教教主是韩山童，他和教友刘福通等人已经经营这个社团很多年了，现在，他们的实力已经足够强，只需要等待一个机会。

现在机会来了。

几十万民夫被集中在黄河边上，吃住工作都在一起，行事起来方便多了。很快，一句原来只在小范围内传播的顺口溜传遍了整个工地：石人一只眼，挑动黄河天下反。

就像现在的悬念广告一样，几十万人纷纷在猜测，什么是“石人一只眼”？与此同时，许多来历不明的人也在积极地活动着，他们出入各大工地、工棚，组织秘密集会，讲的都是弥勒佛、黑暗与光明之类玄之又玄的东西。也正是这些玄乎的理念，把整个黄河工地上的数十万民夫拧成了一股绳，结成了一块铁板。原来浑浑噩噩的众人终于找到了信仰，找到了精神依托——弥勒佛，而各自为政的白莲教教众终于找到了组织，串联到了一起。

监工的官员不会知道，他们眼前来自华北各地看似松散的民夫，其实已经成了一个严密的军事化组织。

韩山童和刘福通觉得时机已经成熟了。某个夜晚，趁着工友们已经睡下，韩山童以常人无法察觉的幅度向刘福通点点头，刘福通立刻会意，等到夜深人静，他带着几个人，扛着一堆挖掘工具和一个石人雕塑走了。

第二天上午工地就炸锅了，因为有人挖出了一只独眼石人。这不正是传说中挑动黄河天下反的“石人一只眼”吗！消息传出，大河南北一片沸腾，反抗的火焰一点即燃，没有任何挽回的余地。韩山童、刘福通振臂一呼，从者云集，几乎是一瞬间，起义席卷北中国。由于韩山童、刘福通的义军都戴着红色头巾，所以义军被称为红巾军，而这次起义被称为红巾起义。

从1351年挖出石人到1355年，只花了5年时间，红巾军就完成了从被四面围剿到主动出击的转变。1355年2月，红巾军建立了自己的政权，定都安徽亳州，国号“大宋”（史称韩宋政权），立韩山童之子韩林儿为小明王（韩山童在起义初期就牺牲了），刘福通为丞相。然后，红巾军分三路出击，分别攻打辽东、华北和西北、西南省份，一时间，元军兵败如山倒。到1358年红巾军攻克河南，迁都汴京后，红巾起义达到了鼎盛时期。

但是好景不长，连续抱头鼠窜了8年之后，蒙古人血液里的彪悍基因终于被唤醒，跨上马背的蒙古大军记起了祖先的荣光，他们开始发起反击，急不可耐地要向天下人证明谁才是最伟大的战士。1358 年之后，蒙古大将察罕帖木儿和孛罗帖木儿（就是被方国珍捉住的那位）率领两支大军开始从南向北步步紧逼红巾军。第二年，汴京沦陷，刘福通保护韩林儿拼死跑到安丰，但红巾军的余部依然在北方地区和蒙古军队持续不间断地斗争着。

直到 1363 年，张士诚攻陷安丰，刘福通战死，韩宋政权灭亡，轰轰烈烈的红巾军大起义才算是落下帷幕。

但对于元帝国来说，这不是黎明，而是黑夜的开始。因为当红巾军在北方吸引元军主力的时候，在南方，有三个枭雄正在崛起，他们的名字分别是张士诚、陈友谅和朱元璋。而元帝国真正的终结者，将在这三人中角逐产生。

朱八八升职记

1352 年，刘伯温刚刚复出担任浙东元帅府都事，登上了他在大元集团公司职业生涯的最顶峰。与此同时，一个名叫朱重八的年轻人来到了濠州城义军元帅郭子兴的帅府前，踏出了他职业生涯的第一步。

朱重八之所以会走上这条路，要从 1344 年说起。

1344 年，对于刘伯温来说是一个重要的年份，这一年他正在北上旅行的途中，他的目标是北京城里一位有权势的朋友——普达世理原理，他希望普达世理原理能够看在同年进士的分上拉他一把。但刘伯温不会知道，京里这位朋友其实帮不了他多大的忙，真正能够改变他命运的，是远在安徽凤阳的一个十六岁的孩子。此时此刻，这个孩子正伏在父母的尸体上号啕大哭。

这个孩子就是朱重八，几十年后他还会有一个名字，叫朱元璋。

1343 年，淮河流域遭遇了几十年不遇的大旱灾，旱灾过后是蝗灾。整个淮河地区几乎颗粒未收，很快，就有人被饿死。1344 年春天，厄运降临到了当时十六岁的朱重八头上。五月到六月短短三个礼拜的时间里，朱重八的父亲饿死了；然后，他的母亲饿死了；然后，他的长兄饿死了。

都是被活活饿死的。

朱重八和他幸存的哥哥伏在父母的尸体上号啕大哭，除了哭，他现在无能为力，甚至连让父母入土为安都做不到。可叹两位老人一生劳苦，生无立足之地，死无葬身之处。最后还是好心人送了朱重八一小块地，让他得以安葬父母。这块地就是后来的凤阳皇陵。

两位老人在这里安详地躺了两百年，两百年后，这两个被饿死的苦命人又会被另一群饿得活不下去的苦命人从皇陵里拖出来。当然，这些都是后话。

死者已逝，但生者还要继续活下去。当年十月，朱重八被人送到了洛阳皇觉寺当和尚，至少能有口饭吃。但乱世之下，这些和尚也没有个慈眉善目的，他们把朱重八当作下人一样使唤，朱重八干的是最脏最累的活儿，吃的却是残羹冷炙。

但老天爷连这样的日子都不让朱重八过。同样是那一年，黄河决堤，连皇觉寺也断粮了。朱重八被迫端起饭碗，出去以讨饭为生。因为到处都受了灾，所以朱重八也只能像个盲流一样到处流窜，听说哪里年景好，就去哪里要饭。他从濠州向南到了合肥，然后折向西进入河南，到了固始、信阳，又往北走到汝州、陈州等地，东经鹿邑、亳州，于 1348 年回到了皇觉寺。

那时，刘伯温正好北上到达河南山东地区，他正在思考国家的前途、百姓的命运。而朱重八在思考自己能不能吃上下一顿饭。

对于朱重八来说，这段经历其实是一笔巨大的财富。在乞讨的这三年里，他遍观淮西地区的山川地理形势，认识了无数英雄豪杰，也拓宽了自己的见识。这段艰苦卓绝的生活，铸就了朱重八坚毅果敢的性格，当然，乞讨路上的卑微也让这个十几岁的孩子变得敏感、多疑、残忍。

回到皇觉寺后，朱重八继续着原来的生活，尽管当时起义的洪流已经席卷了全中国，但朱重八的生活依然是扫地、敲钟、吃饭、睡觉，他从来没想过要造反，更没想过自己有一天会成为义军的领袖。毕竟对于他来说，有饭吃就已经很不错了。既然已经吃上饭了，何必再冒着杀头的危险去造反？

然而——用演义小说的话说就是——大元朝气数已尽。当时的元军有一个不好的习惯：打不过义军，却喜欢杀老百姓去领功劳。如果你还记得，方国珍就差点被当作海盗头子给杀了。

朱重八也时刻面临着这样的危险。1352 年，一封来自儿时玩伴汤和的信彻底把朱重八推到了两难的境地上。在信里，汤和告诉朱重八自己已经参加了郭子兴的义军队伍，现在混得还不错，真诚邀请朱重八入伙。

前面说了，朱重八对造反兴趣不大，可是元军对抓反贼的兴趣很大。就在朱重八收到信的时候，他的一个师兄已经把这件事情密告给了当地元军。

朱重八进退两难，留下吧，必然被当成义军同党杀头；造反吧，估计也九死一生。牙一咬，心一横，既然如此，干脆反了。于是，在二十五岁那年，朱重八投奔汤和，加入了郭子兴的义军队伍，从此踏上了革命造反的道路。

以上是朱重八同志悲惨到极致的上半生。幸好，他的悲惨到二十五岁那年就终结了。

当时天下义军蜂起，元帅遍地走，将军多如狗，郭子兴部只能算是个创业型的小公司。小公司的招聘流程总是相对简单些，所以，前来应聘的朱重八获得了一次由郭子兴亲自面试的机会。

在面试中，朱重八使郭子兴产生了深刻的印象。事实上，从看到朱重八的第一眼起，郭子兴就对这个小伙子留下了深刻的印象：小伙子长得太丑了。

看过朱重八画像的人基本可以知道他的长相——额头高，下巴翘，眼睛鼻子嘴巴埋进平面以内，就像一轮弯弯的新月。这综合了猪腰子和鞋拔子全部特征的奇异脸形，堪称万众挑一。在军队里，这叫“生有异相”，是一种威猛的长相，在战场上起到的威慑作用远远超过小白脸。

凭借“出色”的外形，朱重八顺利地通过面试，并被分配到了一个有前途的部门——郭子兴的亲兵卫队。

当然，朱重八也不全是“靠脸吃饭”的。他有自己的核心优势，那就是精明能干，有智谋，懂思虑。这在员工普遍低学历的义军队伍里是很少见的。

而且，朱重八虽然聪明，却从不抖机灵，打仗勇敢，奋勇当先。立下几次战功之后，朱重八第一次升职，被郭子兴提拔为九夫长，成了一名基层班组长。

升职之后的朱重八再接再厉，打仗时更加卖力，身先士卒，获得的战利品全部上交郭子兴元帅，得了赏赐，又说功劳是大家的，就把赏赐分给大家。不久，朱重八在部队中的好名声传播开来。郭子兴也越来越器重他，把他视作心腹知己，有重要事情总是和朱重八商量。

事业让男人魅力无限。蒸蒸日上的朱重八在收获了事业的同时，也收获了一个姑娘的芳心：元帅郭子兴的义女马氏——也就是后来母仪天下的马皇后。在郭子兴亲自牵线下，朱重八与马氏的革命爱情顺利开花结果，结成了一对革命伉俪。

从此，朱重八的身份就是郭子兴集团公司的驸马爷了，职位也从一名班组长升级为总管。因此，当时军中上下都敬称他为朱公子，这个名字听上去委实是风度翩翩。唯一与公子风度不符的，是朱重八这个土得掉渣的名字。在当时，这个名字和张狗蛋、赵阿牛是一个性质的。于是，正如汉高祖刘三儿功成名就后改名叫刘邦一样，朱重八也拥有了一个威风凛凛的大名：朱元璋。

长相有了，名声有了，地位有了，老婆有了，领导的信任有了，连名字都有了。朱元璋这时候已经俨然成了郭子兴公司风生水起的中层领导干部。

而朱元璋的职业生涯也遇到了瓶颈。这倒不是朱元璋的问题，而是整个红巾军集团公司的问题。

站在中层的位置上，朱元璋看到了许多在普通士兵的位置上看不到的东西，也看清了高层的混乱与堕落。

当时的濠州城，红巾军集团的分公司不止郭子兴一家，几路义军相互不服气，明争暗斗。其中最不爽郭子兴的，是孙德崖，这两人一直矛盾重重。这一年九月，徐州红巾军主将“芝麻李”被元军杀害，其部将彭大和赵均用率兵到了濠州，郭子兴觉得彭大这个人很有智谋，所以与彭大走得很近。孙德崖不太乐意了，趁机跟赵均用挑拨说：“郭子兴眼里只有彭大，根本没把你当回事儿啊。”赵均用是个粗人，一听这话立刻暴跳如雷。他的解决方式也很符合粗人本性：偷偷地把郭子兴抓了起来一顿暴打，然后将其关到了孙德崖家里。

堂堂大帅就这么被绑票，这还得了？！可是虽然全世界人都知道这是孙德崖指使的，但他们没有任何证据。而且就这么翻脸的话，群龙无首的郭部也根本不是孙部的对手，所以，郭子兴两个不成器的儿子急得团团转却一点办法都没有。正好朱元璋从外面带兵回来，一听到这事儿，大惊失色，心知一旦郭子兴有个三长两短，那整个郭部很有可能被孙德崖吞并。

于是，朱元璋立刻找到孙德崖，要求他放人。孙德崖肩膀一耸，手一摊，“不关我事，我根本没见过你家郭子兴。”但脸上的表情分明就写着：“人就是老子抓的，想怎么着？”一看到孙德崖嚣张到连演戏都懒得跟他演，朱元璋猪腰子形状的脸瞬间气成了猪肝色。

但没有孙德崖亲口承认，朱元璋一点办法都没有。当时的郭部失去了首领，已经是一盘散沙，唯一可以依靠的是彭大。朱元璋当机立断，带着郭子兴的两个儿子就找到了彭大，向彭大分析了整个濠州城现在的格局，说服了彭大出兵包围孙府。朱元璋则亲自带着剑盾冲进孙府地牢里，一剑劈开大门背出了奄奄一息的郭子兴。

孙德崖人赃俱获，无话可说，可是，也没有人敢进一步制裁孙德崖。最后几位大帅发挥和稀泥的绝技，这样一件事情居然不了了之。

这是朱元璋入职以来遇到的最大危机，虽然顺利地解决了问题，却让朱元璋感到万分失望。一个小小的濠州城就能斗得乌烟瘴气，这样鼠目寸光的队伍怎么可能求生存求发展？留在濠州城，跟着郭子兴这批人混是不会有前途的。

于是，朱元璋决定要拉队伍自己发展。

1353 年六月，朱元璋回到自己的家乡，招募了一支七百多人的队伍，虽然朱元璋以后拥有了上百万的大军，但对他来说都不如这七百人重要。倒不是因为这是他的“第一桶金”，而是因为这七百人当中有一个人，一个让敌人闻风丧胆、立下不世战功的人：徐达。

凭空多出七百人来，郭子兴当然高兴，于是又给朱元璋升了职，升他为镇抚。

就这样，仅仅用了一年时间，朱元璋从普通工人升为班组长，再成为部门经理，到现在终于有了一支自己嫡系的团队。金麟岂是池中物，一遇风云便化龙。现在朱元璋再也不满足于小小的濠州城，不满足于跟眼前这些没有档次的“大帅”们厮混。他要出去开一家自己的分公司，自己做总经理！

朱元璋的野蛮生长

1353 年，朱元璋打定了主意要带着自己的团队离开濠州闯荡一番。朱元璋此时的嫡系部队有七百多人，但这七百多人在濠州这个大染缸里毕竟也待了一段时间，多多少少染上了些暮气。另一方面，带着这么多人出去自立山头，郭子兴也不是很放心。

所以，朱元璋做了一个惊人的决定：他不要这七百人的部队，只带走二十四人。郭子兴一看名单：徐达、汤和、周祖德……都是些籍籍无名的小辈。他放心了，这么几个人能掀起多大的风浪来？甩甩手就放行了。

他没看到朱元璋嘴角的一丝浅笑。如果郭子兴还能再活二十年，他就会知道朱元璋带走的，是一批怎样的精英。

不过精英归精英，打仗还是得靠人数堆，一骑当千那都是游戏里才有的场景。所以，朱元璋离开濠州城之后做的第一件事情就是募兵。说是募兵，其实很有可能是拉壮丁，最后拉起了一支一千人的队伍。

不管队伍是怎么来的，现在朱元璋手里有兵有将，说话分量都不一样了，于是开始四处收购经营不善的小公司。他第一个盯上的是附近张家堡的驴牌寨。驴牌寨听上去威风凛凛，其实就是一群穷哈哈的土匪。一听说朱元璋来收购他们了，他们挺开心，吃饭是免不了的，饭局上觥筹交错，两边都聊得挺开心。

事实证明，这是一顿和谐的饭局、团结的饭局，却不是胜利的饭局。也就一顿饭的时间，驴牌寨寨主把朱元璋的老底摸清楚了——二十四个中层干部外加一千个刚刚拼凑起来的大头兵。

就这德行还想收购我们？驴牌寨寨主不乐意了，饭局一散就变卦了，再也没提收购的事儿。朱元璋也不生气，第二天又把寨主喊到自己的军营里吃饭。寨主收到请帖二话不说，抱着“既然合作不成就要把昨天的饭吃回去”的心态屁颠屁颠就去赴宴了。

他没想到，迎接他的不是美酒而是猎枪。朱元璋根本没打算请他吃饭，一见面就把寨主捆成了粽子，然后以寨主的名义，吞并了驴牌寨的几千军马。

此时，朱元璋的饭不是那么好吃的，驴牌寨寨主是第一个明白这个道理的人，可惜他不是最后一个。

解决了驴牌寨，朱元璋把目光移到了横涧山。横涧山上屯驻着两万名士兵，首领一个叫廖大亨一个叫张知远。张知远不足为虑，廖大亨不好对付，这个人治兵有方，带兵宽厚，非常得军心。

可惜在朱元璋面前，他依然是路人甲的档次。当夜，朱元璋趁夜色直接进攻横涧山，廖大亨几乎没怎么抵抗就一败涂地，老老实实投降了。

就这样，朱元璋的队伍像滚雪球一样越滚越大，一年下来，已经成了淮西地区不可小视的一支武装力量。

朱元璋不再满足于占据几个小山寨流寇一样东一榔头西一棒槌地干了，在谋士的建议下，朱元璋决定南下占据滁州作为自己的根据地。

滁州地势险要，欧阳修《醉翁亭记》一开篇便是“环滁皆山也”的议论，可见此地确实易守难攻。不过，滁州城的防守力量并不是非常强大，所以朱元璋没有如临大敌的感觉，只是派花云带着一个骑兵小分队在前头开路。

花云是朱元璋手下的一员虎将，别看人名字秀气，其实长得五大三粗，脸黑得跟煤炭一样，凶神恶煞。花云在前面开着路，突然就遇到了数千敌军，花云根本没想过回去找援兵的事儿，拔剑跃马直冲敌阵。敌军大惊，“这个黑将军非常勇猛，不可当其锋”，一瞬间便被冲得七零八落。朱元璋的大军跟在后面没花什么力气，就把滁州守军给消灭了。

终于有自己的根据地了，朱元璋小小地松了一口气。这段时间，他的队伍继续扩大，相继有冯国用、冯国胜（就是后来的冯胜）、李善长、朱文正、李文忠、沐英等人加盟，朱元璋麾下猛将如云，谋士如雨。

就在朱元璋风生水起的时候，他的母公司老板郭子兴的日子越过越不顺心。

本来郭子兴还能跟孙德崖分庭抗礼，可是经过上次囚禁事件后，赵均用和孙德崖越走越近，两人先合力搞彭大，彭大玩不过他们，气闷不过，居然被活活气死了。接下来就轮到郭子兴了。孙德崖虽然忌惮朱元璋在滁州的几万兵马不敢直接下手，但还是把郭子兴赶出了濠州城，让他哪儿凉快哪儿待着去。

郭子兴想来想去，也就朱元璋那儿比较凉快，于是觍着脸来找朱元璋混饭吃。

这个时候的朱元璋还是非常仗义的，一听说老泰山来了，立刻打开城门迎接他。朱元璋的态度让郭子兴非常感动，觉得这个女婿真没白招。更让他没想到的是，朱元璋居然把这三万军队的兵权也让给了郭子兴。

滁州的粮食本来就不多，现在郭子兴又带了几万张嘴过来，就更加不够吃了。为了不让老泰山饿着，朱元璋发兵打下了和州，然后自己搬到和州去住了。

这时候的濠州，粮食也不够吃了。孙德崖听说朱元璋打下了产粮地和州，便强行要求来和州混饭吃。他手下的人也不客气，拖家带口地跑到和州城，吃起了霸王餐。

郭子兴不高兴了，我的饭怎么能随便给孙德崖吃！？他气哼哼地质问朱元璋。朱元璋一脸委屈：明明是孙德崖来吃霸王餐，我一个小服务员，哪里赶得走？郭子兴不相信，带着军队驻扎在滁州城边上，死死盯住自己的饭碗。

谁吃饭的时候乐意被人盯着看啊。孙德崖心里毛毛的，当天早上便来找朱元璋说：“你岳父来了，这饭我吃不舒坦了，要不我先走人吧。”朱元璋当然乐意啊，倒不是舍不得那几碗饭，实在是小小的和州城装不下这两个火药桶。为了防止撤退途中两军发生摩擦，他建议孙德崖亲自殿后，让部队先走。为了让孙军撤得安心，他亲自送出城去。

这件事情上，朱元璋只做对了一半，他只知道留下孙德崖可以防止孙军找郭军的麻烦，却忘了自己的老岳父郭子兴也不是个省油的灯。郭子兴一听孙德崖要走，顿时暴跳如雷，去饭馆里吃顿霸王餐还要挨顿揍呢，来我和州吃饱喝足了抹抹嘴巴就想走？没门儿！

这边，朱元璋正把孙德崖的部队送出城，眼瞅着就要把瘟神送走，后方突然传来一个晴天霹雳般的消息：孙德崖被郭子兴扣下了！

朱元璋到底是朱元璋，反应不是一般的快，别人都还没反应过来呢，他就当机立断：跑啊！等孙部的军士反应过来的时候，朱元璋已经跑出老远了。孙军反应是慢了点，可是反应过来后一点不含糊，策马急追，什么投枪弓箭通通朝着朱元璋招呼过去，幸亏朱元璋穿着几层重甲，否则就给射成刺猬了。饶是如此，几十里狂奔下来，马累得够呛，朱元璋终于还是给孙军活捉了。

郭子兴一听朱元璋被活捉了，顿时没了主意。滁州城精锐都是朱元璋的嫡系，虽说指挥权送给了自己，可要是真害死了朱元璋，这帮人说不定会活剥了他。思来想去，一咬牙一跺脚，郭子兴同意拿孙德崖去换朱元璋。

可是，两家谁都不愿先放人。这倒不是说两人气量小，说到底还是个诚信问题。郭子兴和孙德崖相互之间尔虞我诈也不是一次两次了，那时候也没个第三方支付软件什么的，交换顿时陷入了僵局。

幸好，徐达提出了一个创造性的解决方案，具体来说是这样的：郭子兴先把徐达支付给孙德崖部，然后孙德崖部把朱元璋支付给郭子兴。确认收货后，郭子兴把孙德崖交付给孙德崖部，最后，孙德崖把徐达归还给郭子兴。

头晕吧？就这条理清晰的大脑，徐达就算没成为军事家也会成为优秀的企业家。军校的战术指挥专业都只招理科生是有一定道理的。

经过一系列复杂的支付流程，朱元璋终于安全地回到了滁州城。这件事情他倒没怎么往心里去，但郭子兴就不一样了。一想到到手的孙德崖就这样飞走了，郭子兴越想越气越想越气，但又不知道该往哪里撒气，最后，居然把自己给活活气死了！

一代豪杰，就这样被自己活活憋屈死，真是生得伟大死得光荣。

对于朱元璋来说，这无疑是件好事，经过数年的奋斗，他终于可以甩开郭子兴，放开手自己干了，去干出一番属于自己的事业来。

不影响历史的擦身而过

1355年，郭子兴病逝，朱元璋终于顺理成章地接管了郭子兴的军队和地盘，以枭雄的身份光荣地加入逐鹿天下的队伍中。此时的朱元璋拥兵十万，声势大振，但是朱元璋没时间庆祝，因为这只是表面光鲜而已。实际上，每次看地图朱元璋都会无比头痛，因为他的处境可以说是四面受敌：东有张士诚，西有徐寿辉，虎视眈眈地看着他，而南面、北面全是元朝的实际控制区域，相互之间都苦大仇深的，朱元璋夹在中间，连缩头乌龟都当不成。唯一让朱元璋欣慰的是，他和北方元军之间还夹着小明王、刘福通的红巾军主力，只要元军不使出隔山打牛的太极神功，至少北方暂时是靠得住的。

为了在这团包子馅儿一样的夹缝中生存下去，朱元璋听从了谋士朱升提出的九字方针："高筑城，广积粮，缓称王。"高筑城，这个容易，反正身边都是惹不起的主儿，不如龟缩在自家院里修城墙。缓称王这条更容易，唯一比较难办的是广积粮——想广积，你也得有粮啊。

于是，朱元璋把目光投向了长江的对岸。江南向来是产粮之地，所谓"苏湖熟，天下足"，只要占据了江浙地区，至少粮食问题是不用发愁了。当然，促使朱元璋决定首先拿江浙开刀的原因还有一个：这里还是元朝的地盘，而且比起北方精锐的蒙古骑兵，这里的守军好对付得多。

说干就干，当年，朱元璋就率军渡江，攻克了太平（安徽当涂），占据了巢湖平原的产粮区。第二年，朱元璋再接再厉，攻下了南京（当时叫集庆），并把集庆改名为应天（和北京一样，南京在历史上多次改名，本文为了叙述方便一律沿用今称）。有了南京这样一个稳固的军事基地，到1357年，朱元璋已经基本控制了江苏西部和安徽南部的大部分地区。

当然，这几仗对朱元璋来说都不是太轻松，特别是南京城，打下它来可是费了老劲儿的，之所以一笔带过，是因为对于刘伯温来说，这些都不是重点。因为此时此刻，正在青田隐居的刘伯温真正关心的是朱元璋兵锋所指的浙东平原——这片他战斗过生活过的地方。

他知道，朱元璋迟早会来吃下江浙这块肥肉。这倒不是说刘伯温的战略眼光有多独特，因为当时就连隔壁邻居家的阿姨都知道朱元璋的下一个目标了。

果然，1368年，朱元璋派部将胡大海南下，十二月，大军攻克兰溪，直指婺州，婺州背后，就是处州。

这场战斗在朱元璋的史传里几乎不被提起，即便是总指挥官胡大海的传记中都只是寥寥数笔，原因很简单：这仗打得没有任何难度，轻描淡写就略过了。但是对于刘伯温来说，却是一件比较重要的事情，而在刘伯温的老朋友石抹宜孙的眼里，这是一件天大的事。

历史就是如此，它在每个人眼中都是不一样的，我们所能看到的，其实只是少数几个人眼中的历史而已。

石抹宜孙的天都要塌了，一方面，他是处州的守将；而另一方面，他的母亲还在婺州。面对朱元璋的大军，石抹宜孙最好的选择是投降，连南京都被攻下了，一个小小的处州如何守得住？即便不投降，他也应该放弃婺州，集中优势兵力固守处州。经过多年的剿匪战斗，处州城的军事设施和士兵素质都相对较高，比起婺州，这里才是最佳的决战地点。

石抹宜孙当然知道这一点，但他要抵抗到底，并且分兵救援婺州。他明知这样做是在自寻死路，但他对部将说了一句话：“做人的大义不过‘君亲’二字，守土而不抗战，这是对不起君王，母亲有难而不救，是对不起亲情。无亲无君，我还怎么在天地间立足！？”值得一说的是，史书记载，石抹宜孙是哭着说这句话的（泣曰）。他知道自己在以卵击石，他也知道自己是负隅顽抗，终将被历史的巨轮碾得粉碎，但他义无反顾。我们可以说他不识时务，逆历史潮流而动，但他尽到了作为臣子和儿子的本分。

石抹宜孙派胡深带领一万民兵前往婺州，自己率精锐殿后。这个胡深大家可能还记得，是当年剿匪之战石抹宜孙黄金班底的一员，但是后来刘伯温走了，章溢也走了，只有叶琛和胡深硕果仅存。

这场战斗连给石抹宜孙做传的史官都懒得写，只有两个字——“败绩”。一败涂地的石抹宜孙退回处州，但胡大海没有给他任何喘息的机会，1359年，胡大海的军队出现在了处州境内。

石抹宜孙依然抱定死战到底的决心，派遣叶琛、胡深等人构筑防线，摆出一副人在城在、城破人亡的拼命架势。一开始胡大海还真被唬住了，俗话说横的怕愣的，愣的怕不要命的，有文化的说法叫困兽犹斗。胡大海打仗比较愣，但石抹宜孙这次不要命了，所以胡大海有点犹豫。

关键时刻，当年黄金班底的成员胡深却做出了一个决定，一个不知道是该评价为可耻还是顺应潮流的决定——他叛变了。胡深找到胡大海，告诉胡大海处州是纸老虎，石抹宜孙早就是强弩之末了。顺道，他还把处州的布防情况耐心细致地传授给了胡大海。胡大海很高兴，立刻与另一路将领耿再成合兵一处攻打处州城。

没怎么费劲儿，处州城破，石抹宜孙只带十余骑便逃了出来，一路狂奔来到福建边境。但你要以为石抹宜孙是贪生怕死逃之夭夭，就太小看他了。到了福建，石抹宜孙没有忘记自己的职责，继续整编残兵，打算收复处州。遗憾的是，前线传来的消息一个比一个坏，朱元璋的军队像潮水一样席卷了江浙，元军毫无抵抗之力。更可怕的是，朱元璋的军队所到之处，与民秋毫无犯，老百姓像迎接家人一样迎接他们。有人还向他转述了胡大海常挂在嘴边的一句话：“吾武人不知书，惟知三事，不杀人，不掠妇女，不焚毁庐舍。”一听到这句话，石抹宜孙就知道大势已去，自己必然被历史抛弃了。

他绝望地感叹：“处州，吾所守者也。今吾势已穷，无所于往，不如还处州境，死亦为处州鬼耳！”于是，他回到处州，在处州下辖的庆元县被乱兵所杀。

对元帝国来说，这是又一颗将星的陨落；对朱元璋来说，这只是南征路上的小小插曲；对刘伯温来说，他失去了一个好朋友、好战友。

石抹宜孙可能不是刘伯温最好的朋友，却是他最好的战友，但除了眼睁睁地看着处州沦陷石抹宜孙败走，刘伯温无能为力，因为这个时候刘伯温已经不为元王朝打工了。

很可惜，刘伯温就这样和朱元璋擦肩而过。只是因为晚了一年，那个时代最牛的谋士与最强统帅之间没能擦出火花，这实在是一件可惜的事情。有人感慨地说石抹宜孙之所以战败是因为缺少了刘伯温的辅佐，这种说法基本不靠谱。很多时候，一个伟大的统帅、猛将或者谋臣可以逆转战争局势，但这是在实力相差无几的情况下。而当时石抹宜孙的军队实力与占尽了天时地利人和的胡大海军根本不在一个层次上面，只有大罗神仙才救得了石抹宜孙。在绝对的优势面前，所有策略都毫无价值了。

所以即便当时刘伯温全程参与了处州防守战，历史的轨迹也不会发生任何变化。

故事大王刘伯温

辞官之后，刘伯温回到青田老家，一度心灰意懒，想要闲云野鹤终此一生。但刘伯温毕竟是儒生，很难真的像道家一样超脱世外。想过去，忆往昔，他此起彼伏，于是乎，他想写本书。

这本书的名字叫《郁离子》。书名比较令人费解，有必要解释一下，所谓“郁”，就是有文采的样子；所谓“离”，就是八卦中的“离卦”，代表火；所以郁离，就是文明的意思，书名的含义就是如果后世能按我书里说的做，必可抵“文明之治”。

那么，这究竟是一本什么样的书呢？答案是，这是一本故事书。确切地说，是一本寓言集，全书共十八篇，一百九十五个小寓言，或长或短，无不反映了刘伯温治国、治军的观点、主张。

借寓言说理，这种模式是庄子首创的，事实上，连“寓言”这个词儿都是庄子发明的，但是把这种文体玩到登峰造极的人，是刘伯温。在这本书中，刘伯温用一个个生动有趣的小故事表达自己的思想观点。不管后人如何评价《郁离子》的思想性，对于这本书的文学成就，没有人会有异议——这是一本好看的书。

在《郁离子》中，刘伯温拐弯抹角地揭露了元朝的民族歧视政策，统治者的昏聩、腐败以及对老百姓搜刮掠夺等弊政。从这个角度来看，这本书有点像一本杂文集。

比如，《郁离子》中有这样一个故事：

郁离子的马产了一匹幼驹，人们说：“这是千里马呵，一定得送它到皇帝的御马房去。”郁离子大为高兴，遵从人们所说，把这匹千里马送到了首都。皇帝派太仆去察看后才献上，太仆说：“这马倒真是一匹难得的好马，但它不是河北出产的呵！”于是竟把这匹千里马安置在皇宫外的牧地里。

很明显，这是在讽刺元王朝把人按地域分成三六九等。刘伯温在元王朝郁郁不得志，和他“南人”的出身也有着不小的关系。在这个故事中，刘伯温用马做比喻：不是河北出产的马，再能跑也只能哪儿凉快哪歇着去，不是蒙古人色目人，再能干也只能沉沦下僚。这就是刘伯温面对的社会现实。

《郁离子》中有非常多这样的故事，有趣，辛辣，对社会的黑暗进行了鞭辟入里的讽刺，堪称开了讽刺小说的先河。但如果只是这样一些发牢骚的讽刺故事，这本书不过就是小愤青自费出版的杂文集而已。事实上，《郁离子》中还有许多更有深度的政论文章，其意义远远超过了文人的牢骚。

比如这个狙公的故事：

楚国有个养猴的人，楚国人叫他“猴先生”（狙公）。每天早上，他一定在庭院中分派猕猴工作，教老猴率领小猴子上山去摘取草木的果实，抽十分之一的税来供养自己。有的猴子采回来的果实数量不足，就用鞭子抽他们。猴子们很害怕他，却不敢违背。

直到有一天，有只小猴子问大家：“山上的果树是猴先生种的吗？”大家说：“不是啊！是天生的。”又问：“没有猴先生我们就不能去采吗？”大家说：“不是啊！谁都能去采。”又问：“那么我们为什么要仰赖他，还要被他奴役呢？”话还没说完，猴子们全懂了。当晚，猴子们在狙公睡着后，打破兽栏，拿走存粮，一块儿跑进森林，不再回来了。狙公最后被活活饿死。

在这个故事中，刘伯温借助主人公郁离子的口说：“在这个世界上，那种卖弄权术奴役人民而不依正道来规范事物的人，就像猴先生吧！他们之所以能够得逞是因为人民昏昧尚未觉醒，一旦有人开启民智，那他的权术就穷尽了。”

这样的言论，真如当头棒喝。不可否认，刘伯温曾经做过元王朝镇压农民起义的急先锋，但他对农民起义有着复杂的感情：一方面，他同情贫苦的农民；另一方面，他又不能容忍武装起义，必须除之而后快。但是，经历了这些年的冷静思考，至少当他写下这个故事的时候，我们可以知道，刘伯温对农民起义的态度已经改变了，这为他将来投入朱元璋的起义军麾下扫清了思想上的障碍。

而《郁离子》中另外一个故事就更有意思了。

一个赵国人忧虑老鼠为害，就到中山国去求猫。中山国的人给了他一只猫，这猫很会捉老鼠和鸡。过了一个多月，老鼠被捉光了，可是他的鸡也都被猫咬死了。他的儿子对此深感忧虑，便对父亲说：“何不把猫赶走呢？”他的父亲说：“这个道理不是你所能知道的呵。我的忧虑在于鼠，而不在于没有鸡。有了老鼠就偷吃我的食物，毁坏我的衣服，打穿我的墙壁，损坏我的器具，我将因此受饥受寒，这不比没有鸡更有害吗？没有鸡，不吃鸡就罢了，离饥寒还远，怎可赶走那猫呢？”

多么富有辩证意识的思维方法啊，一下子就抓住了事物的本质，抓大放小，从根本上解决问题。这个故事，也可以看成是刘伯温政治军事智慧的浓缩。

这些形形色色的故事构成了《郁离子》这本书，每一个有趣的故事背后都蕴含了刘伯温这些年来的思索。刘伯温身后留下了许多以他的名字署名的书，比如算命教材《滴天髓》、实战派兵法《百战奇略》、兵器知识读物《火龙神器阵法》以及鼎鼎大名的预言书《烧饼歌》。但遗憾的是，这些书多是托名刘伯温，相比之下，《郁离子》就没有这么神奇了，只是一本有些趣味性又有些思想性的传统读物而已。但它可以确定是刘伯温亲笔写就，是刘伯温上半生沉浮几十年所获得的智慧沉淀而成的。

也许我一开始就错了

在青田老家隐居的岁月里，除了著书立说、针砭时弊之外，刘伯温基本上没怎么走动。世道乱了，他不可能像1336年那样出去旅行了，因为全天下都在打仗，兵荒马乱的，不是旅游的黄金季节。而且经过这几年剿匪，刘伯温手上也沾了不少人的血，难说没有恨他恨到牙痒痒的人，还是留在自己家里安全些。

在老家，刘伯温手头还有些可调用的兵马。这些都是他在处州剿匪时训练的民兵。刘伯温辞官后，很多人因为害怕方国珍打击报复，都跟着刘伯温到了青田县安顿下来。这些人表面上是良民，其实跟刘伯温的私兵差不多，只听他一个人的。

刘伯温本人对此没什么想法，但有人动起了刘伯温的想法。

这人没留下名字，只知道是刘伯温的一位门客。有一次这位门客牛哄哄地跑来跟刘伯温说：“大人，您这样一直蹲在青田县不觉得憋屈吗？以您的才干，完全可以干一番更大的事业。”说完，做腹藏百万雄兵状。刘伯温一看他撅的这屁股就知道他要拉什么屎，却不说话，只是让他说下去。这人一看更来劲儿了，比比画画地指点着江山：“我们可以这么整：先占据括苍（丽水），然后吞并金华，然后就能不费吹灰之力攻下绍兴，这样一来，方国珍就只有躲到海上去了。然后我们倚靠长江天险割据一方，至少能做个越王勾践吧。”说到得意处，这家伙还摸摸胡子，颇有当年诸葛隆中对的气势。

刘伯温差点被他气乐了。刘伯温当然知道自己手里这点兵有几斤几两，更重要的是，他镇压了半辈子反军，怎么可能自己去造反呢？于是，他义正词严地驳斥道：“我这辈子最恨的就是方国珍、张士诚这种人，今天我要是听你的，那我和他们有什么区别！况且你看着吧，江浙的地盘已经有主人了。”没过多久，朱元璋攻克了括苍、金华，刘伯温专门找来这位门客，说：“你看我说得没错吧。”

其实，那个门客估计也没经过深思熟虑的谋划，毕竟那个年代造反跟吃饭一样随意，随便有几杆枪就敢出来当草头王，过几天瘾，然后被另一个草头王干掉。所以他也想怂恿刘伯温去赶赶潮流，也就一个随便说说一个随便听听。

但这段对话里有一个地方很值得我们注意，那就是即便在和元王朝决裂之后，刘伯温对于方国珍和张士诚的态度仍是不太友好的，在他心中这些人依然是叛军，而不是义军。

对于后来的史官，包括现在的许多历史学家来说，这似乎是刘伯温永远洗不掉的污点。人们无法接受刘伯温的革命觉悟如此低下，如此热衷于给大元政府做狗腿子，丧心病狂地用武力镇压革命群众。在人民心目中，身为大明王朝“渡江第一策士，开国第一文臣”的刘伯温就该是个苗红根正、意志坚定的革命志士才对。

明朝的史官很为难，只能小心翼翼地处理这段史料，比如有学者考证，刘伯温很可能是参加了处州攻防战的，只是被作为不良记录偷偷抹掉了。

刘伯温的后人也很为难，只能捏造出一些刘伯温其实早就对朱元璋心驰神往的故事，比如著名的“西湖望气”（我们以后会讲到）。

而后来把朱元璋团伙作为偶像的反清义士们就更加为难了，只能想方设法给刘伯温辩护。比如章太炎就认为，刘伯温之所以镇压反军，是为了保卫家园，而不是维护元朝的社稷（公之起则为乡邑保障，不为元行省干城）。

其实真没必要。我们没有必要太苛责刘伯温，他只是做了他应该做的事情。刘伯温确实对元王朝忠心耿耿，并且写过许多诗表示他的忠心。学成文武艺，货与帝王家，不正是中国文人的传统价值观吗？而刘伯温时代的帝王家，不就是元朝廷吗？作为元朝的子民，元朝的进士，他为自己的老板竭忠尽智有什么不对？难道那些贪官污吏，不遗余力搞垮元王朝的蛀虫们才值得表扬吗？

屁股决定脑袋，坐什么位置做什么事情，这无可厚非。如果说刘伯温做错了什么，那就是太投入于自己的角色，而忘了自己竭力辅佐的元王朝其实早已走到了历史的对立面。

有个成语叫南辕北辙。如果走错了方向，跑得越奋力，错得就越离谱。我们只能惋惜刘伯温在最开始做错了选择，却不能责怪他做出选择之后的所作所为。

在青田隐居的刘伯温隐隐约约也感觉到了。他回顾自己这几十年的经历，总感觉自己做错了什么，但又好像什么都没有做错，毕竟每一件事情他都尽力做得漂亮，每一个岗位上他都兢兢业业，没渎过职，没犯过错，更没做过伤天害理的事情，但他经世济民的理想不但没有实现，反而现在一无所有了。

“或许我一开始就错了。”刘伯温自言自语道，“我真正想要的不是做官，而是能够为国家为老百姓做点事情，而大元王朝，根本就不是一个能实现我梦想的舞台。”

于是，刘伯温开始反省自己。

我们不知道他究竟反省了多久，更不知道他经过了怎样的思想斗争，但是没过多久，他就想通了。一方面，从他当时的作品《郁离子》中，我们看到了许多同情农民起义、抨击元王朝的寓言；另一方面他开始考察当时的局势，看看哪一家新公司才是自己未来的归宿。

话是这么说，但让刘伯温现在就主动跳槽到红巾军或者其他义军（比如张士诚）的队伍里，他心理上不一定能接受，所以，刘伯温继续淡定地在家隐居。

当时隐居在浙东的名士中，和刘伯温名声相当的还有几位，比如他的好朋友宋濂。宋濂没有刘伯温那么大的心理负担，所以一心希望出山辅佐明主，“今之入山著书，岂得已哉”？相比之下，刘伯温出山辅佐新主的意愿就没有这么强烈了——不是不想，但也不是特别想。毕竟年纪大了，刘伯温有点心灰意懒。

这就意味着，刘伯温是可以争取到义军的队伍里来的，但是想要请刘伯温出山，恐怕要费一番大工夫。

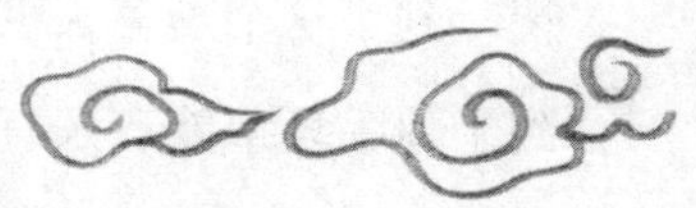

第五章　三分天下诸葛亮，一统江山刘伯温

不要迷恋孔明，他只是个传说

1358 年，朱元璋手下猛人扎堆，什么徐达，什么常遇春，什么花云，什么朱文正，捧着花名册朱元璋都能笑出声了。

但没过多久朱元璋就笑不出来了，因为他发现手下人才偏科太严重，清一色武将，这帮人砍起人个顶个地玩命，杀人见血那是真没话说，但这些人脑子也是真心不太好使。随着产业越滚越大，朱元璋已经过了随便拉几千人就敢上阵群殴的创业阶段。现在，他除了需要能砍人的蓝领工人（红领似乎更形象些）之外，还需要一些能运筹的白领文人。

朱元璋手下倒也不是没有文化人，打下滁州的时候，有个儒生打扮的人跑来投奔朱元璋，这个人的名字叫李善长。那时候的朱元璋还把砍人当作人生第一大事，没怎么把文人当回事，就随便指派了一个后勤工作让李善长去做。

李善长啥也没说就去办了入职手续，几个月后，不管多么鸡零狗碎的事情，到了这个李善长手里都能被处理得井井有条；不管多么千头万绪的账务，到了他手里都能有条有理。于是朱元璋慢慢地开始重用李善长。

有一次，朱元璋跟李善长聊天。本来朱元璋跟李善长之类的文人是没有什么共同语言的，不过这几年朱元璋自学了不少科学文化知识，感觉跟文人能说上话了，他很嘚瑟。

于是他对李善长谈古论今，不知怎么就说到当今局势上去，朱元璋问："先生，你觉得我们下一步该怎么走比较好呢？"

对于这个问题李善长心里有点打鼓。心想术业有专攻，我一个搞后勤的，你拿这种问题来问我，还不如去问徐达来得对口呢！但领导问话总要回答，于是他决定避实就虚："元帅你的背景跟汉高祖刘邦差不多啊，我看可以学习一下刘邦。"

朱元璋来劲儿了，这两年书终于没有白读——他恰好知道刘邦是谁！还知道刘邦在做皇帝前也就是个到处蹭饭吃的混混，地位跟他朱元璋差不了多少。

"请先生教我，刘邦是怎么夺得天下的！"朱元璋身子前倾，一脸急迫。

李善长出了口气，幸亏朱元璋没读过《史纪·高祖本纪》，否则还真不好糊弄。于是，他搬出了刘邦自己总结的成功之道："因为刘邦手下的'蜀中三杰'，也就是三个一等一的牛人：韩信，张良，萧何。"

朱元璋扳扳手指："韩信会打仗，我有个徐达，不比韩信差吧。张良是个文人，上知天文下知地理，运筹帷幄鬼谋百出，我看先生就当我的张良吧……"

"不不不！"李善长差点从炕上跌下来，"运筹帷幄这种事情我不专业啊，帮元帅搞好后勤，让元帅在外面打仗没有后顾之忧，才是我的专长啊。"

朱元璋想想也是，点头道："那先生就是我的萧何。但谁是我的张良呢？"朱元璋思来想去，过筛子一样把自己手下的猛人过了一遍，始终没找到一个能当得起"张良第二"的谋士。

看到朱元璋皱着眉头，李善长马上就明白了，于是对朱元璋拱拱手道："元帅不是刚刚打下了浙东吗，浙东多名士，说不定能找到个'张良'，我听说那儿有个叫宋濂的……”（宋濂位列浙东四学士之首，李善长第一个想到他也很正常。）

一听到宋濂的名字，朱元璋突然想起另一个人来，兴奋得一个激灵，打断李善长说：“我想起来了，我听不少人给我推荐过，浙东隐居着一个不得志的儒生，叫刘伯温。说这人算无遗策，用兵如神！我立刻让人去把他请过来。”说完，就跳下炕啪嗒啪嗒地跑去下命令了，留下憋着半句话吐又吐不出，咽又咽不下的李善长。

这一艰巨任务当仁不让地落到当时的红巾军江浙军分区司令胡大海身上。

胡大海是个粗人，比朱元璋还粗的那种人。不过刘伯温倒不在乎这个，他在军队里摸爬滚打了那么久，什么样的粗人没见过？所以看到胡大海拿着聘书傻愣愣地冲进来，刘伯温也只是一笑置之。

真正让刘伯温头痛的不是胡大海，而是胡大海手里的聘书。事实上，一看到胡大海，刘伯温的脑子里就开始嗡嗡响了，两个小人坐在刘伯温的脑子里展开了一场辩论。

辩论的主题是要不要出山辅佐朱元璋，正方辩手刘伯温，反方辩手还是刘伯温。

正方发言：当然要出山。元王朝腐朽至极，奸人当道，妖孽横行，正直的人反倒没有立足之地，连当朝太师脱脱这样忠贞不贰的人，居然也落得个身死异乡的下场。这样的王朝，连老天都要抛弃它了。

反方陈词：不能出山。咱毕竟是吃过大元朝俸禄的人，虽然元朝有负于咱，那也只是职位薪水方面的纠纷，到底不是什么血海深仇。现在说反水就反水，实在有点对不起天地良心，对不起忠义二字。

正方反驳：说到这个“义”字，本朝立朝之初就不把老百姓当人看，横征暴敛，草菅人命，黄河决堤淹死多少人，淮西大旱饿死多少人！此独夫民贼耳，你助纣为虐才是不仁不义吧！

反方观点：对方辩友说得很好，但是毫无意义。天下乌鸦一般黑，难道所谓义军就是什么好东西？你瞅瞅方国珍……还有难道你忘了，我们前不久杀了多少义军！

正方发言：对方辩友不要以偏概全，朱元璋是什么人你不知道吗？朱元璋的队伍是什么样的队伍你不知道吗？胡大海的大军打进浙西这么久了，你见过他们杀人放火、纵兵劫掠吗？当今天下，除了朱元璋，还有谁能当得起英雄二字？！

反方：……

正方继续发言：良禽择木而栖，良臣择主而事。你青灯苦读十余载，难道不想有一番作为吗？难道不想为天下黎明苍生做点什么吗？你满腹才学，难道就甘心躲在这个小山村里面一事无成孤老终生吗？！

反方：可是……我好歹曾是元朝的官吏，好歹镇压过处州的义军。现在朱元璋让我去我就去，岂不是很没面子！

正方：……

于是，刘伯温拒绝了胡大海，对胡大海说："我本是乡间小民，闲散惯了，逐鹿天下这种事情我不想再参与了。将军请回吧。"胡大海眼瞅着刘伯温在边上沉吟半晌，只冒出这么句话来，正要开口说些什么，刘伯温已经背过身进屋去了。

胡大海就这样郁闷地回去了，把结果报告给了朱元璋。朱元璋的思维很简单，胡大海请不来，就找个级别更高的人去请。于是他想到了处州太守孙炎。

从军以来颇读了几本书的朱元璋不是不知道刘备三顾茅庐的典故，但一方面朱元璋现在的日子比刘备好过，可谓一帆风顺；另一方面，朱元璋的军务也比当时刘备繁忙多了，东有张士诚西有陈友谅，都虎视眈眈的，实在是走不开啊。于是他决定让孙炎去，也算是给足刘伯温面子了。

接到命令的孙炎二话不说就跑去青田县，接替胡大海第二次探访刘伯温。

刘伯温内心依然很挣扎。他知道朱元璋是百年不遇的明主，自己如果再不出山，可能永远都没机会干一番事业了。可是一想到自己曾经为大元王朝竭忠尽智，特别是想到自己的好朋友石抹宜孙就是间接死在朱元璋手里，刘伯温心里的结就解不开。

再等等吧。刘伯温心想，看看朱元璋的诚意如何，如果他是真心诚意请我出山，那我就勉为其难地辅佐明主吧。当年刘玄德三顾茅庐才请得诸葛亮出山，更何况我与反军一直是对头，怎能说出山就出山呢？

于是，刘伯温拒绝了孙炎，就像当初拒绝胡大海一样。

然而孙炎不是省油的灯，一个劲儿地说自己任务在身，刘伯温不出山，他不好跟朱元璋交代，反正回去也没好果子吃，索性就赖在这儿了。

这耍流氓似的行径让刘伯温很是光火，说不出山就不出山，我刘伯温在浙东官场和江西官场上都是出了名的一根筋二愣子，还能让你胁迫！逼急了，刘伯温干脆拿出一柄宝剑啪的塞给孙炎：“你把这玩意儿拿走吧，就当我精神上支持你们的造反工作了。”

孙炎也恼了。前面说了，朱元璋的饭不是那么好吃的。他在朱元璋的大灶里吃饭，就得替朱元璋把活儿干好，现在连个小小的刘伯温都请不回去，以后还怎么混！

于是他放了一句狠话：“宝剑当献天子，斩不顺命者。我人臣，岂敢私受？”

听着孙炎咬牙切齿的声音，刘伯温心里一咯噔，“斩不顺命者”，谁是不顺命者？那不就是我吗？刘伯温是读过书的，知道奸雄曹操的处世法则：不为我用者，杀！他知道，朱元璋跟曹操也差不到哪儿去。

不过刘伯温也是见过大风大浪的，岂能让孙炎恐吓，于是扭头就进了屋子，把门摔得山响。

孙炎没辙，只好带着宝剑回到处州城，给朱元璋写了封信说明情况。朱元璋脸上也有点挂不住，因为除了刘伯温，他还请了宋濂、章溢、叶琛，这仨老哥都乐呵呵地来了，唯独你刘伯温，怎么请都请不过来！

但朱元璋到底是朱元璋，情商高没的说，摇摇头就把火气带过去了，既然刘伯温派头这么大，那就不妨再请他一次。要朱元璋离开南京亲自去青田不太现实，但朱元璋还是写了一封情真意切的亲笔信交给孙炎，让孙炎带给刘伯温。

收到朱元璋亲笔信的刘伯温也算满足了，虽然朱元璋没有亲自三顾茅庐，但好歹人家也耐着性子请了他三回。内心深处刘伯温也有点遗憾，差一点就能享受到诸葛亮级的待遇了。

不过想想也没有太多好遗憾的，毕竟三顾茅庐的故事有很多杜撰的成分。刘伯温不一定读过当时新出版的《三国演义》，但一定读过《三国志》，他知道，诸葛家族是河东望族，跟刘表都能称兄道弟，而当时的刘备只不过是个寄人篱下的小老板。再对比一下自己，虽然是浙东名士，但离豪门望族还有些距离，而朱元璋此时俨然已经是大军阀了，想要复制诸葛亮的传说，有点难。

于是，刘伯温收拾行装，跟着孙炎踏上了前往南京的道路。离去之前，他还不忘把义兵指挥权交给自己的弟弟刘陛，告诫他一定要死死防备方国珍（善守境土，毋为方氏所得也）。

1358 年，刘伯温走进了朱元璋的军营。那一年，元帝国失去了忠贞的策士，朱元璋得到了优秀的军师，他终于拥有了属于自己的“蜀中三杰”。

刘伯温版《隆中对 2.0》

决定出山的刘伯温离开青田，先到金华报到，跟早已等在那里的宋濂、章溢和叶琛会合，然后由胡大海同志带团，北上南京。

听说浙东四先生集体出现了，朱元璋乐得屁颠屁颠的。这四个人一来立刻就把朱元璋整个部队的文化水平拉上去了，于是早早准备好了一桌丰盛的酒宴，接待刘伯温一行。

饭桌上其乐融融，朱元璋发现跟文人吃饭真是别有一番雅致。平日里跟徐达、常遇春吃饭吆五喝六，喝酒如牛饮水，嘴里说的都是些今天剁了几个脑袋割了几只耳朵之类（那时候靠首级和耳朵记军功）的话题。今天几位先生在，席间文质彬彬，小口慢咽，说的都是青山绿水，诗词歌赋，实在是让一桌子菜都变得雅致起来。

朱元璋也受到感染，想雅致一把，顺便也想试试刘伯温是不是真的那么有才。

于是，他放下筷子对刘伯温说：“伯温，你会作诗吗？”在朱元璋眼里，有才的人大抵都是会作诗的。

刘伯温露出了孔乙己听别人问他是不是真的读过书的表情。朱元璋也不恼，继续说：“那你来做首诗吧。”作个什么诗呢，朱元璋随手指了指桌上的筷子，说：“就把这双筷子给你，你想首诗吧。”

对于从小接受诗文教育的刘伯温来说，这事儿简直太容易了，他略一沉吟，开口便道：“一对湘江玉并看，二妃曾洒泪痕斑。”

朱元璋皱皱眉头，觉得牙齿有点酸溜溜的，有点不满道：“秀才气太重。”用现在的话说就是太小资太矫情。的确，又是玉又是泪痕的，小家子气。

刘伯温捋捋胡子，微微一笑，道：“别急嘛，还有下半句。”接着，他吟出了下半句：“汉家四百年天下，尽在留侯一借间。”

这句诗一般人还真听不懂，因为用到了一个典故：借箸筹。这个典故说的是西汉的张良。有一次张良陪刘邦吃饭，两人聊起天下大势，张良就向刘邦借了一双筷子（箸）当算筹，给刘邦比画当前的局势，定下了全局的战略。

在这里，刘伯温明显是把朱元璋比作刘邦，把自己比作了张良，这和朱元璋之前的想法倒是不谋而合。

不过也是刘伯温运气好，因为前不久李善长让朱元璋学习刘邦之后，他找人恶补了很多秦汉史的知识，这才能够听出刘伯温的弦外之音。若刘伯温用个姜子牙、诸葛亮的典故，那大老粗朱元璋还真不见得能听懂，那时候的场面必然非常尴尬。

朱元璋对刘伯温的这首诗很满意，终于相信刘伯温确实是个有才的人。不过刘伯温接下来做的一件事情，让朱元璋真正知道了“有才”二字怎么写。

刘伯温在诗里把自己比作张良把朱元璋比作刘邦，这话题一开就刹不住了，大家纷纷就争夺天下的议题踊跃发言，表达自己的看法。轮到刘伯温的时候，他捋着胡须道："三位先生说的都是治国之本，见地非凡，我已经没有什么可以说的了。这样吧，我在青田隐居的时候就曾纵览天下大事，出发来南京之前为主公写下了十八条逐鹿天下的建议，谓之《时务十八策》，请主公过目。"说完，刘伯温把随身带来的《时务十八策》递呈给了朱元璋。

读完这十八条建议后，朱元璋的表现是：大喜！那么，这让朱元璋大喜的十八条建议究竟是什么呢？

很遗憾，我们不可能知道了，《时务十八策》已经失传了。

这么重要的文献怎么可能失传呢？据说是因为这十八策对时局的预测实在是太准了。朱元璋读到《时务十八策》的第一时间立即发现，这十八条建议的价值远远超过这一桌子的名士，所以决定对底稿"留中不发"。

后来，朱明王朝建国，当朱元璋把《时务十八策》翻出来再看的时候几乎汗流浃背，因为从1358年起，朱元璋的每一个重要政策都没有偏离过《时务十八策》的轨迹。那时候的朱元璋已经读过不少历史书，知道一千多年前诸葛亮的《隆中对》几乎掩盖了刘备的全部光芒，导致后人一说起蜀汉的功业，首先想到的是诸葛亮而不是刘备。因此，如果让《时务十八策》像《隆中对》一样流传开去，他朱元璋又会被置于何地呢？为了巩固自己和子孙后代的地位，即使对于李善长、蓝玉这样的功臣，朱元璋也说杀就杀了，又怎么会在意当时还没有被写进民法的著作权？

于是，朱元璋销毁了《时务十八策》的底稿。

可惜，可惜。

无论如何，除了朱元璋收起《时务十八策》时的眼神有点怪之外，当时大家还是其乐融融，而朱元璋对刘伯温也刮目相看。最后，饭局在团结友好的气氛中胜利闭幕。

饭局过后，朱元璋又单独留下了刘伯温，就时局的一些问题跟刘伯温进行了深入的探讨。

当时，朱元璋周围还有三大割据政权：北方的韩宋政权，东方张士诚的周政权，和西方徐寿辉的天完政权（已经被陈友谅控制）。这三大势力中，韩林儿是朱元璋抵御北方元王朝的屏障，也是他名义上的君主，算是盟友关系。张士诚占据苏南、浙北等广大富裕地区，与朱元璋虽也争城夺地，小战不断，却满足于安富尊荣，不会有所作为。而陈友谅跟随徐寿辉起兵以来，野心勃勃，先后杀了倪文俊、赵普胜等，掌握了天完的实权，成为起义诸部中最强悍的一支，是朱元璋的最大威胁。

在这样的夹缝中，如何选择战略成了朱元璋眼下最重要的大事。

对于这种问题，刘伯温早已胸有成竹，分析道："方今天下大乱，元失其鹿，天下共逐之。主公崛起于草莽之间，披荆斩棘，以有寸土，如今虽是强敌环伺，但也不是没有制胜的方法。东方张士诚，气势虽盛，却仅有边海之地，南不过会稽，北不过淮扬，如窜伏之鼠，才疏器小。西方徐寿辉，包有饶、信，地跨荆、襄，几乎占了天下之半，但天完的权柄都在陈友谅手中。陈友谅这个人，挟持其君而又威胁其下属，下属心怀怨恨；而且他本人做事不计后果，穷兵黩武，数战以后，劳民伤财，民怨很大，人心涣散，所以，他也不是不可击败的敌人。所谓猎兽就要猎猛兽，擒贼就要擒强贼。今日之计，莫若先消灭陈友谅，若得其地，则取天下之势便自然形成了。"

刘伯温的这段议论，堪比诸葛亮未出茅庐先定天下三分的隆中对策，对时局分析、把握得十分准确，讲得又如此透彻，使朱元璋一下子看准了战略方向：如攻陈友谅，张士诚很可能按兵不动；如攻张士诚，陈友谅必会乘虚而入。所以，战局的关键在于能否击败陈友谅。

就像当年诸葛亮的隆中对奠定了刘备先取荆州后取西川的战略思路一样，刘伯温的这番议论，奠定了朱元璋先陈后张，然后北向中原、统一中国的基本战略方针。

经过这番问对，朱元璋对刘伯温的才华已经有了深刻的认识，但他还是要最后确认一下。于是，朱元璋找到了手下的谋士陶安。

"先生，你觉得刚从浙东请来的这四个人怎么样啊？"

"都是牛人，嗷嗷的。"陶安给了个等于什么都没说的答案。

朱元璋不乐意听虚的，便进一步问：“那跟你比起来怎么样？”

这个问题太难回答了，逼得陶安只能把自己的分析和盘托出：“在这四个人当中，论学问我比不上宋濂，论行政能力我比不上章溢、叶琛，论谋略我比不上刘伯温。”

看上去陶安似乎把四个人都夸了个遍，但我们要知道，陶安也是因为谋略受到朱元璋重视的，而他本人正是朱元璋参谋班底的一员，也就是说陶安承认自己的学问不如宋濂，行政能力不如章溢、叶琛都很正常，但是他肯承认自己的谋略不如刘伯温，说明刘伯温的能力确实已经让陶安佩服得五体投地。

于是，朱元璋彻底放心了，觉得自己的力气没白花。一封亲笔信，胡大海、孙炎三次跑腿换来个张良再世，值了。

没过多久，朱元璋任命宋濂为江西儒学提举司提举，又任命章溢、叶琛为营田司佥事，唯独把刘伯温留在自己的中枢指挥系统，参谋机密要事。

就这样，刘伯温完成了一生中最重要的跳槽，站在南京城墙北望北京，刘伯温的心像石头城下的潮水一样澎湃。他一心想做大元王朝的忠臣，元王朝却亲手把他推上了对立的阵营。

“从今天起，我们就是敌人了。”刘伯温面向北方轻声感叹。

不过，元王朝暂时没必要太伤悲，因为第一个吃到刘伯温苦头的人不是他们，而是西边的陈友谅。

陈友谅的野望

陈友谅比朱元璋大八岁，湖北沔阳人，出生于一个渔民家庭。

虽然文人笔下的渔民生活非常浪漫，比如韩愈的《渔翁》：“渔翁夜傍西岩宿，晓汲清湘燃楚竹。烟消日出不见人，欸乃一声山水绿。”但艺术终归是艺术，是高于现实的。从这首诗美轮美奂的艺术描写中，我们其实可以看到这样的社会现实：普通渔民一般都是被主流社会排除在外的，过着离群索居的生活。

陈友谅从小就在远离人群的渔船上长大，他从不觉得“渔翁夜傍西岩宿，晓汲清湘燃楚竹”是件多么美好的事情，也没有“回看天际下中流，岩上无心云相逐”的艺术细胞。他在意的只有每次上岸去乡镇赶集时候别人轻视的目光，和身上永远挥之不去的鱼腥味。

陈友谅不是个自甘平庸的人，他不想一辈子过这种生活，他早就暗暗下定决心，无论如何都要改变自己的命运。陈友谅的父亲陈普才也是这么想的，所以，他拿出自己的全部积蓄请了先生教陈友谅读书。

应该说，陈友谅的日子比朱元璋好多了，毕竟他没有挨饿，父母健在，而且，家里还有余钱供他读书。但陈友谅童年的幸福指数远远低于朱元璋，因为当时朱元璋的需求层次还停留在相对容易满足的温饱上，而陈友谅的需求金字塔已经上升到尊严层次了。

因此，陈友谅所受的挫败注定比朱元璋更多，这也就解释了为什么陈友谅的性格比朱元璋更加偏执，更加极端，也更加不择手段。

这样的性格是把双刃剑。在一开始，这是陈友谅成功的巨大动力。

极度渴望改变命运的陈友谅拼命读书，他读的是孔孟，但他从来没有相信过孔孟这一套。他读书的唯一目的，就是离开脚下这条臭烘烘的小渔船。

陈友谅的努力得到了回报，数年苦读后，他终于取得了分配指标，进县城当了一名小吏。

吃上皇粮的陈友谅得意扬扬，以为自己这下咸鱼翻身了。但没干几天他就发现，自己依然是社会最底层的那条死鱼。在官大一级压死人的官场上，没有地位，没有背景，身上还一股子鱼腥味的陈友谅还像从前一样被人看不起，就像同时期在皇觉寺当和尚的朱元璋一样，挨欺负是难免的。

这时候的朱元璋正在饿肚子，没有时间东想西想，而吃饱了肚子的陈友谅却有大把的时间胡思乱想。在这样的情况下，想不心理变态都难。那时候的陈友谅，心里只剩下一个信念：往上爬，我要往上爬，只要爬到权力的巅峰，我就能得到我想要的一切：金钱、权势、地位，还有——尊严。

所以，当红巾军席卷沔阳时，陈友谅毅然“弃暗投明”，他的想法很明确：创业型公司的上升通道总比没落臃肿的大元集团要多些。

在所有著名的义军将领中，陈友谅是动机最不纯正的一个。

陈友谅的新老板名叫徐寿辉，是这支红巾军力量的统帅。对于这个人，陈友谅的评价是两个字：草包。

徐寿辉本来是个卖布的小商人，但布匹生意只是个幌子，徐寿辉的真实身份是当地白莲教的党魁。1351 年，红巾军起义爆发以后，当地白莲教组织的另外两名高管彭莹玉（就是《倚天屠龙记》里那个明教五散人之一）和邹普胜共同起兵响应，顺便也拉上了徐寿辉。

为什么要拉上徐寿辉呢？原因让人啼笑皆非：因为徐寿辉长得帅。彭莹玉和邹普胜大概是觉得自己的长相镇不住场子，所以非但拉来帅哥徐寿辉入伙，还推举他当了领导。

两人也不傻，头衔可以给你，但实权不能给你，因此，义军的实际控制权一直牢牢掌握在彭莹玉和邹普胜手里。

在一位帅哥和两位牛人的英明领导之下，起义军形势不是小好，而是一片大好，打败元朝威顺王宽彻普化大军，连陷饶州、信州以及湖广、江西诸郡县，没多久又破昱岭关，攻克杭州。九月份，徐寿辉圻水称帝，并且起了一个非常富有想象力的国号：天完。

为什么叫天完呢？这其实是个文字游戏，我们把天字去掉顶上一横，把完字去掉头上宝盖，就成了“大元”，所以，天完就是盖过大元的意思。在国号上都要占个便宜，这也只有做小生意出身的徐寿辉才能想得出来。

天完天完，天要你完蛋，横看竖看都不像是很吉利的字眼。果然，天完的好日子没过多久，1353 年，大元调集数省人马集中围剿天完，天完军节节败退，一年前打下来的城市又一个个地被元军打了回去，最后连“国都”都被打了下来，彭莹玉也在这一系列混战中战死。

彭莹玉死了，邹普胜孤掌难鸣，徐寿辉终于成了名副其实的一把手。可是，毕竟个人能力放在那里，面对似乎不可逆转的颓势，徐寿辉丝毫没了主意，手足无措。

幸亏老天暂时还没有让天完国完蛋的意思，1354 年，元王朝分兵北上围剿刘福通、韩林儿，给了天完国喘息的机会。天完国元帅倪文俊趁机率军接连攻克沔阳、襄阳、中兴（江陵）、武昌、汉阳、蕲水等地，吃进去又吐出来的城池，最终又吃了回去。

由于功勋卓著，倪文俊在这一战后被升级为丞相，并把控了天完国的政权——徐寿辉悲剧地再一次沦为花瓶。

陈友谅就是在这个时候加入天完军的，在倪文俊手下做了个文书。陈友谅非常重视这次机会，拼命表现，进步很快，而倪文俊也非常赏识他，一再提拔他。没过几年，陈友谅就跟朱元璋一样，自己带兵外出发展，拥有了一支不小的武装力量。

但陈友谅并不满足于此，他苦苦思索，怎么样才能继续壮大自己的实力。1357 年，机会来了——陈友谅的顶头上司倪文俊打算杀掉徐寿辉。

倪文俊不爽徐寿辉不是一天两天了，陈友谅不是不知道这一点，但没想到倪文俊说动手就动手了。陈友谅表示十分震惊。

他的震惊还没表示完，倪文俊的谋反计划就以迅雷不及掩耳之势失败了。倪文俊只好跑路，思来想去，还是去黄州投奔陈友谅吧，毕竟陈友谅是自己一手提拔起来的亲信。

陈友谅果然够义气，他恭恭敬敬地把倪文俊请进城，摆上一席丰盛的酒宴，说着同仇敌忾的话，做出义愤填膺的样子。

倪文俊感动得眼泪哗哗的，觉得自己真没看错人。悲愤与感动之下的倪文俊一杯一杯地喝着陈友谅为他斟上的酒，直到喝得酩酊大醉。

醒来以后，倪文俊发现自己的脑袋不见了，更科学的说法是，倪文俊没有机会醒过来了，因为陈友谅连夜砍下倪文俊的脑袋送给徐寿辉邀功请赏去了。

在陈友谅眼里，仁义廉耻算什么，所谓两肋插刀就是有需要时两肋插你两刀，不管朋友还是恩师、领导一样是可以出卖的，只是价格要高一些而已。

很显然，倪文俊卖出了一个好价钱。倪文俊死后，陈友谅接管了倪文俊的残部，实力大增。最重要的是，他立刻得到了徐寿辉的器重，势力越来越大，然后他接替了倪文俊在天完国的地位，成为天完国实际的统治者。

徐寿辉很郁闷地发现，自己沦为了陈友谅的傀儡。

自己就是个傀儡的命，他几乎都认命了。

但陈友谅不给他认命的机会，在陈友谅的字典里只有两个词语：巅峰和谷底。要么踢开一切障碍爬上巅峰得到一切，要么坠落谷底失去一切。他见不得有人蹲在自己头顶发号施令，哪怕是名义上的也不行。

他要铲除一切障碍，毫不留情。

天完国建国之初，在最高领导层能够说得上话的，除了精神领袖彭莹玉，帅哥皇帝徐寿辉之外，还有所谓“四大金刚”：丞相邹普胜，元帅倪文俊，大将赵普胜、傅友德。在这些人中，彭莹玉已经死了，邹普胜退出了权力中心，倪文俊被杀，其势力被陈友谅收编，只剩下赵普胜和傅友德还坚定地围绕在以徐寿辉为核心的天完统治集团周围。

赵普胜的声望比傅友德高一些，此人堪称天完国第一猛将，人称双刀赵，勇不可当，战功赫赫。陈友谅决定先拿他开刀。

1359 年九月，陈友谅以会师为名招赵普胜前往安庆。赵普胜是个粗人，没什么心机，亲自带着美酒和烧羊肉坐小船就过去了。两舟交会，陈友谅一脸笑容现于船头，赵普胜连忙跨身上前见礼。老赵刚一低头，精光一闪，脑袋就掉在了自己的双脚之间，刹那间，他还挺诧异：这一揖做过头了不成？

赵普胜死了，傅友德可不傻，脚底抹油，投降了朱元璋。

陈友谅终于扫除了全部障碍，天完国已经没有能和他抗衡的力量了。现在，他把目光投向了徐寿辉。

此时的徐寿辉很郁闷，虽然从起兵以来他就一直是个傀儡，但不管彭莹玉还是倪文俊都好歹给他些面子，可是到了陈友谅手里，现在别说面子，连人身自由都没有——他被软禁了。

徐寿辉不知道，他马上连人身安全也要没了。

1360 年，陈友谅攻下朱元璋的采石矶，然后装模作样地邀请徐寿辉去采石城的五通庙和他共同讨论作战计划。

徐寿辉有一种不祥的预感，陈友谅已经很久很久没有和他一起商量过什么作战计划了，但他还是惴惴不安地去了。在五通庙门口，他看到了陈友谅似笑非笑的脸，和旁边杀气腾腾的卫士。

徐寿辉吓得浑身发抖，手脚冰凉，强堆着笑脸，但笑得比哭还难看。

陈友谅没什么话可以跟徐寿辉说的，他还有一件事情要忙，不过这件事情得等徐寿辉死了才能开始。所以，他简单地摆了摆手，就转过身去了。

徐寿辉还没明白陈友谅这个姿势是什么意思，就眼前一黑什么都不知道了——他的后脑勺已经被身后的武士用金瓜锤击碎了。

这种死法的优点是没有痛苦，缺点是，徐寿辉甚至都没有机会反思一下自己失败的人生。

总而言之，徐寿辉退场了。他的尸体被拖走，血迹被擦干，很快地上又干干净净了，好像从来没有一个叫徐寿辉的人在这里出现过一样。

陈友谅很满意，他终于可以开始做那件他等了很久的事情了，那就是——登基。当年的渔家子，小县吏，终于登上了权力的巅峰。那一刻陈友谅傲视一切，因为他终于得到了他想要得到的一切。

1360 年六月十六日，陈友谅在五通庙——也就是凶杀现场——登基为帝，定国号为汉，定年号为：大义。

大道废，有仁义。智慧出，有大伪。六亲不和有孝慈，国家昏乱有忠臣。

杀倪文俊，杀赵普胜，杀徐寿辉得来的天下，却以大义为号。越是标榜自己仁义的人，越是不仁不义之人；越是叫嚣“大义”，越是暴露陈友谅的心虚。

心虚归心虚，实力却是实实在在的。大权在握的陈友谅，论实力已经可以当之无愧地称为天下第一。现在，陈友谅只需要在地图上抹掉一些碍事的小杂鱼，就能君临天下，履至尊而制六合。

不幸的是，在杂鱼榜上排行第一位的，正是朱元璋。

张士诚的逆袭

另一个让朱元璋头痛的人是张士诚。

张士诚的家乡泰州兴化自古以来就是东南沿海最重要的产盐地，张士诚就出生在兴化的一个大盐场：白驹场。长大后，他顺理成章地成为一名盐业工人——盐丁。

用现在的话说，张士诚成了元王朝最赢利的垄断央企——中盐集团白驹分公司的正式职工，也算是铁饭碗了。

可惜大元朝的央企待遇实在太差，非但没有巨额年终奖，连工资都不一定发得出，而且每天的工作量还极大。

张士诚觉得这份工作实在养不活自己，于是喊上自己的三个弟弟张士义、张士德、张士信一起搞起了第三产业：卖私盐。

卖私盐的利润能高达百分之……非常高，否则也不会有人铤而走险去干这个。但利润高是一回事，能不能赢利是另一回事。张士诚做了几个月私盐贩子后发现一件非常痛苦的事情：收不到回款。

客户收了盐，不给钱，张士诚基本没辙儿，本来自己就是不法分子，难道还能去报官不成？非但客户欺负他，连盐警也勒索他，张士诚的日子过得苦不堪言。

尤其是盐警队伍里一个叫作邱义的弓箭手，待人尤其刻薄，勒索的份额每次都比别人多那么一点点，交不上钱就打人，下手也要比别人重那么一点点。

张士诚终于忍无可忍。这口饭吃了也活不下去，活下去也没尊严，日子干脆不过了！1353 年，张士诚纠集兄弟四人，和其他志同道合的朋友十三人，拎起挑盐的扁担冲进邱义的家，将邱义乱棍打死。接着，一不做二不休，哥几个杀进周围的富户（主要都是他们的私盐客户）家里，有怨抱怨有仇报仇，一顿暴打后全部打死，然后开仓放粮。

兴化聚集了大批“无产阶级”，了无牵挂，所谓光脚的不怕穿鞋的，这批人在张士诚的号召下纷纷投入起义洪流，没过多久，张士诚就聚集起了上万人的队伍，声势大振。

这就是历史上著名的“十八条扁担起义”。

一开始，谁也没把张士诚放在眼里，以为几个盐工几条破扁担能兴起多大的风浪？但张士诚很快就让这些人受到了教训，三月底，张士诚把泰州攻陷了，带着部队大摇大摆地进了城。

这下，张士诚上了元王朝的问题人物榜了，于是，元王朝使出了撒手锏：招安。

这一招对方国珍相当管用，但是对张士诚无效。至少那个时候的张士诚，还是个铁骨铮铮的硬汉子，他非但拒绝了招安，还把前来招安的使节都扣了下来，然后继续用兵。

当年五月，张士诚攻陷高邮。第二年，张士诚在高邮称王，国号大周，改元“天祐”，张士诚自称“诚王”。

你都称王了，再不打你就太没面子了。1354年二月，元朝廷任命湖广行省平章政事苟儿为淮南行省平章政事，率兵攻高邮；同年六月，派遣达识帖睦迩攻张士诚；随后又命令江浙行省参知政事佛家闾会同达识帖睦迩攻张士诚。来的人级别一次比一次高，但张士诚的招待级别是一样的——全部打回老家。

然后，张士诚再接再厉，扩大了义军在江苏地区的疆土，牢牢控制了运河，扼断了元朝粮食和赋税北运北京的通道。

如果说之前张士诚称王只是伤了元王朝的面子，那现在控制运河可就关乎帝国的肚子了。恰好这个时候北方红巾军起义已经差不多被打残了，腾出手来的元王朝把目光转向了南方。

1354年九月，张士诚迎来了级别最高的客人：脱脱。脱脱对张士诚这个主人极为重视，几乎抽调了北方地区全部的元军主力，带来了整整四十万人。

这是元末规模最大的一次军事行动，四十万大军，号称百万，浩浩荡荡地开到了高邮城下。

张士诚要说不怕那绝对是假话，他这辈子见过的人加起来都不一定有四十万，他这辈子见过的官儿级别加起来都不一定有脱脱高。再加上和脱脱大军的几次接触都以完败收尾，张士诚心里怕得要死。

可是怕又能怎么样，现在他连投降的余地都没有，只有拼死抵抗。要是挡不住，就是个死——元朝立国不到百年，当年蒙古兵屠城的“光辉事迹”大家都还是心有余悸的。

在这种破釜沉舟的心理下，高邮守军表现出了惊人的战斗力。张士诚冒着弓弩投石亲自上城墙指挥，守城的官兵轻伤不包扎，重伤不下火线，一次又一次地打退脱脱的攻城部队。这就好比猎狗抓兔子，猎狗跑赢了顶多赚一顿饭，兔子跑输了就是送掉一条命，谁会更卖力一些？

要说脱脱也不是省油的灯，作为元帝国最后的顶梁柱，他的战术素养绝对过硬。一边打高邮，一边攻占了六合、盐城和兴化等地，构筑了一条苍蝇都飞不进来的绞杀网。

张士诚在高邮城里无比绝望。他的军队只剩下几千人，援军进不来，突围出不去。当时的情况是脱脱的四十万大军就算什么都不干让张士诚砍，也能把高邮守军全部活活累死在战场上。

在这种情况下，义军内部分成了两个派别，一派主张投降，而另一派主张继续死守。毫无疑问，张士诚坚持死守。要知道，从犯不究，首犯必杀可不只是刘伯温处州剿匪时候的专利，至少，脱脱也明白这一招。张士诚知道，一旦投降，其他人能活命，可是他，死路一条。

城里的尸体越来越多，活人越来越少。张士诚觉得部将看自己的眼神都不一样了，自己的脑袋在他们眼里，仿佛已经成了一张活命符，和一张可以立刻兑现的银票。

然而，上天注定要抛弃大元朝。就在张士诚快要绝望的时候，一位未曾谋面的“朋友”无私地帮助了他。

这位朋友叫哈麻，其实他并不算是张士诚的朋友，他的身份是权奸，小人，外加脱脱的政敌。看到脱脱带兵在外威风八面，哈麻的郁闷可想而知，于是和所有小人、佞臣一样，哈麻天天在皇帝面前磨叽脱脱，说脱脱带兵打了那么久，什么成绩都没拿下，钱倒是花了不少，而且仗着自己有权有势随意任命朝中百官（出师三月，略无寸功，倾国家之财以为己用，半朝廷之官以为自随）。前三句话说得都挺有道理，唯独第四句话貌似和主题无关，实际上却是最能置脱脱于死地的一句话，因为没有哪个皇帝会喜欢越权办事的权臣。

于是，皇帝怒了，下诏书斥责脱脱吃饱了不干正事儿，还挖朝廷的墙脚儿（坐视寇玩，日减精锐，虚费国家之钱粮，诳诱朝廷之名爵），并削去了脱脱的兵权，让他立刻滚回北京来领罪，着急得就差发十二道金牌了。

脱脱眼看着高邮城里没几个能喘气的人了，上面却来了这么一道圣旨，他没有将在外君命有所不受的胆气，只好功败垂成，带着不甘交出了大军指挥权。脱脱几乎都想高歌一曲“怒发冲冠，凭栏处，潇潇雨歇。抬望眼，仰天长啸，壮怀激烈。三十功名尘与土，八千里路云和月”。

张士诚并不知道北京发生了什么，毕竟他并不认识哈麻，但他敏锐地发现，元军的阵脚乱了，士气已经不如之前高涨了。很快，张士诚得到消息：脱脱卸任，取代他的是河南行省左丞太不花、中书平章政事月阔察儿和知枢密院事雪雪。

且不管这三个人能力怎么样，临阵换将是军队的大忌，特别是这四十万大军来自全国各行省，除了脱脱，谁都没有办法统一调度他们。脱脱一走，指挥系统彻底陷入混乱，大军群龙无首，乱成了一锅粥。

高邮城中的张士诚见元军不战而溃，立刻率领城中仅剩的几千名义军杀出城来，大败元军，终于捡回了一条命。

胜利实在来得匪夷所思，张士诚依然惊魂未定。他很感谢他的朋友哈麻，虽然他跟哈麻其实并不认识，但哈麻的所作所为比张士诚任何一个朋友都要让他感动——一个蒙古人，不畏艰辛，不怕被人指戳脊梁骨，排除万难黑掉了脱脱解除了高邮之围，这是一种什么样的精神！

所以说国号年号很重要，张士诚年号天祐，关键的时候有皇天保佑；而徐寿辉国号天完，没过几天就彻底完蛋。

张士诚挡住了脱脱的四十万大军，也彻底拯救了南方的广大起义军队伍，而他对反元大业的贡献还不止如此：因为高邮之战而获罪的脱脱回到北京后，立刻就被发配到了云南，紧接着，哈麻矫诏赐毒酒，毒死了脱脱。

大元帝国最后的支柱倒了。

张士诚就像意外杀了个大怪的小号一样，经验值嗖嗖往上涨，声望更是如日中天。江浙一带的武装队伍纷纷前来投奔，义军趁势四面出击，不但收复了失地，而且占领了江南的大片土地。

到了1355年的冬天，张士诚派三弟张士德率军渡江南下，到次年三月，先后攻占了福山港、常熟、嘉定等地，紧接着张士诚便率领主力军进驻平江——这些，可都是全国最富庶的地方。

从此，张士诚成了全天下最阔绰的人，彻底完成了屌丝的逆袭，华丽地变身为高富帅，以至于后人有“（陈）友谅最桀，（张）士诚最富”的说法。

光脚的人一旦穿上鞋，就再没那股拼劲儿了。逆袭之后的张士诚变得不思进取，只想守着自己的一亩三分地做富家翁，他甚至开始模仿方国珍有事儿没事儿投降一下元王朝——他再也不想跟元王朝硬碰硬了。

不得不说，张士诚是个好人，他减免了江浙地区的税赋，但是，在江南三雄逐鹿的格局下，他的这种性格已经让他处于必败的境地了。

可张士诚毕竟是割据一方的大军阀，说他气量小也好，能力差也罢，那都是跟陈友谅和朱元璋比较。在这个江南的格局中，张士诚依然是强大到极致的存在，朱元璋对他很头痛。

屌丝何苦为难屌丝

陈友谅、张士诚和朱元璋都是苦孩子出身，按理说应该抱成团一起逆袭元帝国这个高富帅才对，可惜，这三位屌丝当时的战略却出奇一致：先南后北，先统一南方，再出兵伐元。

当时的江东三足鼎立，无论谁跟谁联合起来，都足以灭掉第三个人。而刚刚打下南京的朱元璋很郁闷地发现，自己就夹在张士诚和陈友谅中间，最有可能成为被最先灭掉的那个人。

陈友谅和张士诚也确实都不太喜欢朱元璋，其实最不喜欢朱元璋的人是陈友谅，但 1356 年的陈友谅还在忙着抢班夺权，所以最先跟朱元璋发生冲突的是张士诚。

张士诚看不起朱元璋，虽然张士诚自己也是贫苦劳动人民出身，但他好歹是国企员工，对叫花子出身的朱元璋有种天然的优越感。朱元璋打下南京后，就与张士诚的大周政权直接对峙了。常言道，卧榻之侧岂容他人鼾睡——尤其是岂容叫花子鼾睡，张士诚一万个不乐意。大大小小跟朱元璋打了有上百战，虽说不分胜负，但是张士诚家大业大不在乎，朱元璋本来兵力就很吃紧，跟张士诚实在是耗不起。

1356 年六月，朱元璋低声下气地给张士诚写了封信，大致内容是咱俩都是穷人，穷人何苦为难穷人，能不能和睦相处呢？

张士诚的拒绝铿锵有力：不能！为了不让朱元璋继续对二人的关系产生幻想，张士诚还用行动进一步强化了他的态度——第二个月，便发兵攻打朱元璋的镇江。

这下朱元璋真的毛了：老子没招你没惹你，你还没完没了了！老虎不发威，你当我是“Hello kitty”！朱元璋决计不能再忍，一下子打出了手里的两张王牌——徐达和常遇春——发誓要给张士诚点颜色瞧瞧。

徐达和常遇春，这两位不世出的名将确实没让朱元璋失望，不但守住了镇江，而且大破张士诚军。第二年，两人再接再厉，又打下了张士诚控制下的常州、长兴、江阴、常熟等地，杀伤无数，还俘虏了张士诚的伤兵损将，就连他的三弟张士德也被俘获。

这才叫偷鸡不成蚀把米。就在这个时候，刘伯温的“老朋友”方国珍也正如日中天，率领部队攻占了昆山和太仓。张士诚两面受敌，大周政权人心浮动。

张士诚这边算是可以消停一阵子了，朱元璋可以抽出更多的精力面对西方的陈友谅。

1358 年，在刘伯温的规划下，朱元璋已经确定了他的战略方针：先南后北，先陈后张。不过朱元璋对自己的实力有很清醒的认识，知道自己和陈友谅不是同一个重量级上的对手，尤其是水军，在陈友谅的航母混编队面前，朱元璋那几艘不成器的小渔船简直就跟玩具一样。

所以朱元璋一直在积蓄实力，寻找战机。

但打仗就跟谈恋爱一样，是两个人的事情，陈友谅岂会巴巴地等着朱元璋积蓄实力？1360 年，陈友谅首先发难，挟持着天完国皇帝徐寿辉，带着大军自安庆沿江而下攻打朱元璋。

朱元璋还没彻底反应过来，天完大军就已经到达太平城外。太平是南京的门户，一旦太平沦陷，整个南京城就彻底暴露在陈友谅面前了。

局势非常不妙，眼下城内守军不满三千，粮草不够三日，与数倍于己的敌军相比力量悬殊，而朱元璋的大军又远在扬子江左，远水解不了近渴。

现在唯一可以倚仗的只有太平守将黑先锋花云了。花云之前打滁州的时候露过脸，是一员打起仗来不要命的猛将。一听陈友谅来了，他一咬牙一跺脚，打吧，反正背后就是南京城了，逃也没地儿逃了，能拖几天拖几天吧。

决战的日子到了，西南方向传来隆隆金鼓之声。花云提刀登上城楼，放眼一看，只见陈友谅的无敌舰队黑压压地朝太平城头压过来。花云一面督促守军做好迎战准备，一面派人飞马传报守卫东门的许瑗、王鼎，自己则抖擞精神，准备杀个痛快。

天完军的前锋在城外焦家圩滩头登岸。不一会儿，几十万大军便把太平城围得水泄不通。随着陈友谅一声令下，攻城开始了。密如飞蝗的箭矢铺天盖地地射来，一批批士兵扛着云梯、攻城锥冲到城下，城头的滚木礌石却像不要钱一样哗啦啦地砸下来，没多久就是一片尸山血海。花云本人也早已砍红了眼睛，他情知太平城扛不了多久，砍死一个够本，干死两个赚一个，腰间宝剑砍钝了，随手捡起一把步兵刀继续砍，不多时便是一身鲜血，黑先锋变成了红先锋。攻城战从上午一直持续到傍晚，一天激战，花云清点一下人马，发现死伤近千。他不敢怠慢，立即派人将几处崩裂的城墙缺口重新堵上。为了防止敌兵夜间偷袭，他又命令兵丁运来一捆捆松枝、麻秆，扎成火把，每隔十来步就点上一把，远远望去，宛如一条火龙在滚动。就这样，双方连续鏖战三日，伤亡都很惨重。但陈友谅的水师有增无减，而城中守军濒临弹尽粮绝。

花云整整拖了三天，他已经尽力。可是屋漏偏逢连夜雨，正是黄梅季节，长江上游连日暴雨，江水猛涨，使城墙陡然矮了数尺。

高墙变成了矮墩，陈友谅也懒得攻城了，大船开到城墙下，甲板就和城垛一样高，天完军士兵轻轻一跳，就跳进了太平城。

花云提刀左右冲杀，终因众寡悬殊而被缚。陈友谅劝花云投降，花云破口大骂："你们不是我主公的对手，为什么不赶快投降！"骂后，花云猛然一发力，连绑他的绳子都被崩断了。他趁势夺下敌刀，又一连砍杀了五六人。陈友谅大惊失色，立即命令兵丁蜂拥而上，又将花云缚住，将其绑在战舰的桅杆上，用乱箭射死。花云临死犹骂声不绝，场景极为壮烈。

在陈友谅眼里，花云和太平都不过是个小插曲，打下太平之后，他继续东进，攻克采石。在那里，他击杀了徐寿辉，自己当上了皇帝。

这些都是顺理成章的事情，没有任何难度。清理完徐寿辉脑浆迸裂的尸体，陈友谅东向而立，极目远眺，隔岸便是他真正的目标：朱元璋和南京城。

此时此刻的朱元璋也忐忑不安地张望着西方，他知道，陈友谅的无敌舰队很快就会出现在石头城的波涛下。

决战已经无可避免。

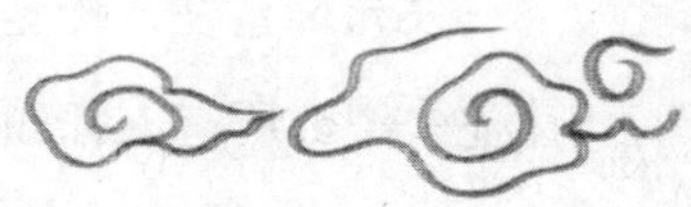

第六章　胜败二字，全在参悟“天机”

大决战：军师的决断

花云战死，太平失陷，陈友谅的大军打到了南京城下。坏消息传来，朱元璋的头都大了。

朱元璋赶紧召开紧急军事会议。会上，各路谋士纷纷踊跃发言，献计献策，场面十分活跃，在一番争吵和抗辩中，逐渐形成了以下几种意见：

一是退守钟山，理由是钟山有“王气”，打起仗来有天佑。

二是战略撤退，先退出江南，然后“徐图大计”。

三是倾全军之力攻打太平，这样至少能牵制陈友谅。

四是投降。

总而言之就是四个字：放弃南京。

没有人相信以朱元璋现在的兵力能和陈友谅的无敌舰队在南京城下决战。

在这些吵吵嚷嚷的谋士中，只有刘伯温保持着沉默，他嘴角带着一丝轻蔑的笑，斜着眼打量着眼前这些跳梁小丑。他实在瞧不起这些人，平日里纸上谈兵一个个自吹自擂一副胸藏十万兵甲的样子，可一到关键时刻，就暴露了草包的本质。

朱元璋也在冷冷地看着手下这帮谋士张牙舞爪，唾沫横飞。这些人实在让他失望，所有人都知道陈友谅的目标不光是南京，而是整个江南乃至天下，一旦主动放弃了南京这样一座营造了上千年的堡垒，他还有什么资本跟陈友谅抗衡？

朱元璋明白，自己失败了，眼前这些人依然能在陈友谅的帐下混口饭吃——可是自己的下场，却不会比徐寿辉好多少。

众谋士完全没有注意到朱元璋脸上红一阵绿一阵的表情，还在自顾自地争论不休。

这时，朱元璋注意到了刘伯温。在这帮已经被陈友谅吓破了胆的人中，镇定自若的刘伯温显得十分醒目。

和刘伯温目光对视的一瞬间，朱元璋看到一丝希望。他相信，这位自己好不容易请来的浙东名士，一定有什么独到的见解。

于是，他对着刘伯温躬躬身，道："不知先生可有良谋？"刘伯温却只是笑而不语。

朱元璋猜得没错，刘伯温确实对战局有独到的见解，但刘伯温不想当众说，一旦他开口，就站在了众人的对立面，其他谋士就会群起而攻之。刘伯温倒不是怕他们，而是不想把宝贵的精力浪费在无意义的口水战上。

朱元璋是个明白人，立刻猜到了刘伯温的顾虑，于是，他把刘伯温喊进会议室旁边的小房间里，把门一关，转身一揖，道："请先生不吝赐教。"

朱元璋还没抬起头来，就听见刘伯温用低沉的声音恶狠狠地说道："请主公把那些主张弃城和投降的人全部斩首（主降及奔者，可斩也）！"朱元璋吓了一跳，感觉刘伯温跟换了个人似的，他从没见过文质彬彬的刘先生如此地咬牙切齿。但刘伯温的话说到朱元璋心坎儿里去了，他示意刘伯温说下去。

"陈军势大，我却看出他有可以被击败的地方；我军势孤，我却看出我们有可以打胜仗的优势。"

刘伯温这句话立刻提起了朱元璋十二分的兴趣。他虽然一心想和陈友谅在南京决战，但是一想到自己和陈友谅的实力对比，就觉得简直是以卵击石。

而听刘伯温说自己有获胜的可能性，不由得洗耳恭听。

刘伯温开始给朱元璋分析：

“兵法云：进而不可御者，冲其虚也。再弱小的军队总有长处，再强大的敌人总有弱点，如果能够用我们的长处去面对对手的弱点，则攻守易置，强弱易势。”

看到朱元璋连连点头，刘伯温继续侃侃而谈：“陈军的强大不可否认，但弱点也不是没有：其一，陈友谅在行军途中匆匆弑杀徐寿辉，自立为帝，人心未附就急急发兵东来，陈军若是势如破竹还则罢了，一旦有所败绩，陈友谅必然众叛亲离，陈军必然瓦解。其二，陈军远来，士卒疲敝，且不识地形；而我军据守南京，占据地利，因势利导，以逸待劳，未必找不到破陈的机会。”

朱元璋听了刘伯温的分析，眉头舒展了几分，但还是有所疑虑：“每支军队都会有弱点，即便如此，陈军的兵力确实占了压倒性的优势……”

刘伯温微微一笑道：“主公撕过布帛没有？再坚韧的布帛，只要找到一个小小的裂口就可以一撕到底。既然我们找到了陈军的致命弱点，那么我们的战术布置就要围绕这一弱点展开。”

朱元璋点点头，请刘伯温继续说下去。

“首先，既然陈军人心浮动，那么我军就更应该稳住军心，即便小规模失利也能稳住阵脚，等待给陈军致命一击的机会。因此，请主公放开府库，不遗余力犒赏将士，只要全军同心同德，人人奋勇，未必不能重创陈军。”

“其二，以弱击强，必须出奇兵才有胜算，最好的打法便是伏击；而陈军远来疲敝，不识地理，且陈友谅骄纵狂傲——这些弱点不正是为伏兵提供了天然良机吗？”

朱元璋听了心花怒放。

想朱元璋这样身经百战的牛人当然是一点就透，不会像个二愣子一样追着刘伯温询问各种细节问题。事实上，刘伯温刚说完，朱元璋心里就已经浮现出大概的行动计划了，心说当初三请刘伯温真是太值了。

当朱元璋挽着刘伯温的手回到会议室的时候，心情已经一片大好，脸上阴霾一扫而空。大厅里的谋士都是一群擅长察言观色的主儿，发现朱元璋的变化后都自觉地闭了嘴。朱元璋一扫之前的犹豫和踌躇，一一驳斥了各种错误言论，之后在地图上指着南京城外的龙湾，自信满满地说道：“我军将在此处伏击陈军。”

然而不少人还是有疑问：凭什么认定陈友谅就会在龙湾登陆呢？

你让陈友谅去哪儿他就去哪儿？他傻啊？况且陈友谅的优势是水军，他凭什么要放弃水军跟朱元璋打陆战呢？

对于这个问题，朱元璋早有准备，他只是神秘地一笑，“这你们就不用管了。我已经准备好了一张牌。”

朱元璋的牌，是康茂才。

百试百灵的诈降计

康茂才是一员降将，在攻打南京的战役中投降了朱元璋，之后一直驻防在龙湾，也打过几个胜仗，但没立过大功。在将星云集的朱元璋麾下，他也就是个三线配置，但康茂才在地下战线上的地位是别人难以企及的。

康茂才和陈友谅曾经有过不浅的交情，即便加入朱元璋的队伍后，康茂才也没有断绝和陈友谅的联系。不过，这一切都是在朱元璋的认可甚至授意之下进行的——康茂才其实是朱元璋安插在陈友谅身边的双面间谍。

当然，一开始，康茂才这个双面间谍并没有发挥多大的作用，朱元璋是个有远见的人，他知道自己和陈友谅必然有决战的那一天，在那一天到来之前，他不敢把这张牌玩得太大。

朱元璋在打一盘很大的麻将，直到今天，才是打出康茂才这张牌的时候。他找到康茂才，要康茂才向陈友谅投降——当然不是真降，而是诈降。老牌地下工作者康茂才欣然领命。

几天后，陈友谅收到来自康茂才的信，信中，康茂才猛烈控诉朱元璋对下属如何薄情寡义，尤其是对康茂才这种降将如何刻薄寡恩；然后充分肯定了陈友谅大军的实力和正义性，他指出，江东父老日日夜夜盼望陈友谅的大军前来吊民伐罪，解民倒悬。在陈友谅的无敌舰队面前，朱元璋的渔船小分队根本就是蚍蜉撼大树，可笑且不自量力。最后，康茂才提出，愿意投降陈友谅，作为内应和陈友谅里应外合，大破朱元璋。

陈友谅收到信心里美滋滋的。有人来投降总归是一件好事，康茂才这样的三线武将虽然军事价值不高，但是政治价值高。他充分反映了朱元璋反动政权不得人心，逆历史潮流而动，而自己则是大势所趋，人心所向。

更何况，大战在即，能有个内应少死几个人、少沉几艘船总是好的。于是陈友谅问送信的人："康茂才现在驻守哪里？"信使回答说："江东桥。"陈友谅对这一片的地形还不是很熟，于是又问了一句："是座什么桥？"信使回答道："木桥。"

陈友谅很满意，让信使回去告诉康茂才，他的大军会走江东桥方向，到时候以高喊两声"老康"为信号，康茂才就出马把挡着江面的木桥拆了，然后给陈友谅的舰队带路，沿江直下攻打南京。

当康茂才把回信交给朱元璋的时候，朱元璋终于长舒了一口气，不由得佩服起刘伯温来。虽然派康茂才诈降是自己的计谋，但这一切全都仰仗刘伯温对战局的把握和对敌我双方的透彻分析。

现在，陈友谅的大军已经入套，正向着朱元璋的伏击圈破浪而来。陈友谅志得意满，他开始考虑消灭朱元璋之后怎么再接再厉多快好省地干掉张士诚这个问题了。

而朱元璋的军队正在忙碌地调动着，李善长带领工匠连夜拆除了江东桥，在原来的位置上重建了一座石桥。而驻守于龙湾的城防部队则主动放弃阵地，给陈友谅开辟出一片登陆场。冯国胜、常遇春率帐前五翼军三万人，伏于石灰山（今南京幕府山）侧；徐达军于南门外集结；杨璟驻兵大胜港（今南京城西南十五里）；张德胜、朱虎率领水师出龙江关（今南京兴中门外）外。这些是龙湾伏击作战的主力部队，而朱元璋本人则带着预备队驻扎在西北面的卢龙山（今南京狮子山），作为最后的决战力量。同时，胡大海已经奉命自婺州、衢州出兵信州（今江西上饶），骚扰陈友谅后方。

这一战，还未开局，朱元璋就已经稳稳占据上风。但毕竟两军实力相差太大，就像一个小孩儿想揍大人，再怎么奇谋百出，也不能完全避免被大人一拳打飞的可能性。

跟随朱元璋出征的刘伯温，脸上依然镇定自若，胸中却免不了有些澎湃。当初辞官时他还以为自己要永远告别战场，想不到今天又重新回到了这片刀光剑影中。听着金铁相交，马蹄声起，刘伯温心中雄心万丈的火焰再一次被点燃。

等埋伏圈终于形成的时候，一切又归于沉寂，龙湾的夜静悄悄，仿佛从来没有人来过。

入夜，陈友谅怀着无比激动无比紧张的心情，率领着他的舰队沿秦淮河一路进攻，到达了江东桥。陈友谅按捺住兴奋喊出了事先约定的接头暗号：“老康，老康！”

没人理他。期待中的老康没有出现，只有几只蛐蛐儿在夜鸣。

陈友谅有点尴尬，加重嗓音喊了一遍：“老康，老康！”喊完后瞪大了眼睛四处搜索，连个人影都没有。

陈友谅有些不祥的预感，借着月光他仔细观察了眼前的江东桥，哪里是木桥，分明是一座坚固的石桥！陈友谅心中一凛，几乎蹿起来，“不好，中计了！”

按照一般的历史套路，他这句话喊完，就该切换成伏兵四起，箭如飞蝗，呐喊震天的镜头了，可让陈友谅更加尴尬的是，等他喊完了蹿完了，这里的夜还是静悄悄的，没有任何伏兵的迹象，周围安安静静，让他刚才一声惊叫显得更加触耳惊心。

自己跟唱独角戏似的一惊一乍了半天，饶是陈友谅脸皮厚，也觉得有点挂不住。他想破脑袋也想不明白老康到底在搞什么，要说投降么不见人影，要说诈降么也不见伏兵，莫非他在逗我玩？

陈友谅丈二和尚摸不着头脑。眼见石桥横江，舰队是没法继续往前走了，他有点懊恼，早知道就不走这条路了。但既然来了，那就贼不走空，况且总不能再回头重新换条路走吧，那得有多丢人？

于是，陈友谅决定，就在江东桥附近的龙湾，大军登陆。

正是这个决定，把陈友谅送上了不归路，在他人生最辉煌的日子整整六天之后，陈友谅开始走下坡路了。

其实，朱元璋这条诈降计算不上是天衣无缝，只要陈友谅对康茂才稍微留个心眼，提防一些，他就不可能陷入这样的圈套。为什么陈友谅会对康茂才如此深信不疑呢？正如刘伯温所分析的，因为陈友谅太骄傲自大了。在他眼里，朱元璋的部将望风而降是很正常的事情，根本没有什么值得怀疑的，反倒是朱元璋以卵击石负隅顽抗让他感觉很诧异。这和当年曹操临战接受黄盖诈降是一个道理：当一个人的自信无比膨胀的时候，他会变得很容易被欺骗，要是一个本身就对自己不太自信的人，就算你是真心投降他都会百般猜忌。

正是摸准了陈友谅的极度自负必然导致他智力值下降这个关键点，朱元璋才敢信心满满地使用诈降计这样在平时成功系数不是特别高的计策，因为他知道这种计策在什么情况下不太灵光，在什么情况下百试百灵。

天气预报就是核心竞争力

被老康莫名其妙地放了鸽子，有些恼羞成怒的陈友谅迫不及待地要和朱元璋决战，于是下令全军开赴龙湾，从陆上攻打南京。

陈友谅的舰队确实是当时中国第一流的水军，登陆作战有条不紊，第一批“海军陆战队”通过小船登岸后立刻竖起拒马、栅栏，然后在这些防御工事后布好阵势，建立防线。

朱元璋的主力部队潜伏在卢龙山上，他的指挥中枢当然不可能设在能直接望见滩头的地方，所以想要了解陈友谅军队的动向，只有依靠斥候的探报。

而一批批的探报也着实让朱元璋心悸。本来以为陈军只是一批穷兵黩武的骄兵悍将，可是对方在登陆作战中体现出来的战术素养却表明，陈友谅虽然狂妄，但他着实有狂妄的资本。

是否应该半渡而击，趁陈友谅的军阵还没布好的时候就冲散他？朱元璋转头望向身边的刘伯温，征求刘伯温的意见。刘伯温摇摇头，示意朱元璋再等等。如果现在进攻，陈友谅的主力必定乘坐大舰立刻脱离战场，以朱元璋水军的实力，别说追不上，追上了也是干瞪眼。

这必须是一场歼灭战，而不是击溃战。如果不把陈友谅的主力消灭在龙湾，一旦让他回过神来重新组织一次水陆并进的进攻，那就连神仙也救不了南京城了。

朱元璋明白这个道理，所以刘伯温也没有必要说破，朱元璋耐着性子坐下来继续等待。前方的探报络绎不绝，陈友谅的大军像倒豆子一样从大舰上倾倒至龙湾，很快就把滩头填满了。难得的是，陈军的军阵一点都没有混乱的迹象。每一队士兵下船后第一件事情就是找到自己的位置，防守的防守，行军的行军，进退有度，调度有方。

这个时候，已经快到正午了。六月的南京烈日当空，酷暑难当，士兵们身上的铁甲都被晒得滚烫滚烫，人也有点无精打采。朱元璋看在眼里，心想这可不行，本来是以逸待劳的，结果搞了半天我们自己先劳顿了，必须激励一下士气。

可是眼下打伏击呢，低调才是王道，也没法搞些慷慨激昂的演讲。这个时候朱元璋能够做的就是和其他士兵同甘共苦，于是，他命令手下收起为他遮阳的伞盖，他也和其他战士一样身披铁甲站立在烈日之下。

子曰：“不患寡而患不均。”朱元璋这个小小的举动无声地激励了全军将士。这个时候陈友谅的大军也登陆得差不多了，于是，部将要求，趁着士气正旺，攻打滩头。

朱元璋征询刘伯温的意见，刘伯温依然摆摆手，道:“主公请再忍耐一下，我算定等下必然有暴雨，等暴雨降下的时候我们再趁乱进攻不迟。”

将士们听了，忍不住要上去摸摸刘伯温的额头，看他是不是中暑了。眼下烈日当空，没有一丝云彩，怎么可能下暴雨？朱元璋也是将信将疑，但他早就听说刘伯温精通天文——那时候所谓的天文就是星相学和天气预报——尽管将信将疑，但还是命令部将按刘伯温说的，再等等。

军令如山，众将虽然不太相信刘伯温有这样通天彻地的能力，但还是按捺住性子继续等待，时不时拿眼睛偷瞄刘伯温。

刘伯温心里其实也有点小紧张。天文本来是他从小研究到老的领域，再加上他对江南地区气候的常年总结，他有九成把握午后有大雷雨。但刘伯温毕竟是人不是神，电影里的牛人往往对未来做出了出人意料的预测后还能镇定自若，那是因为他们知道编剧已经替他们安排好了未来。而刘伯温不认识编剧和导演，他也不知道老天会不会突然抽风不按常理出牌——借助现代科技的天气预报都有不准的时候，更不用说古代那种纯凭前人经验的预测了。在这样重大的场合做出这样重要的预测说刘伯温不紧张绝对是假的。

但刘伯温有足够的把握，所以他愿意搏一搏，地利人和都有了，只需要天时，就能让陈友谅有来无回。

事实证明，刘伯温的天文没有白学。没过多久，江边真的起了大风，很快，不知从何处飘来了一片乌云遮蔽了天空。江浙地区午后的雷阵雨往往来得极为猛烈，天越来越黑，风越来越大，大有黑云压城城欲摧之势。

众人看刘伯温的眼神瞬间从疑虑变成了崇敬。懂天文是一个顶级谋士才有的配置，几百年才能出一个，居然让他们遇到了，一瞬间朱元璋的军队士气大振。

没让大家等多久，只听一声暴雷，几乎就在瞬间，大雨倾泻而下。豆大的雨点从天上砸下来，砸到盾牌上都能打出一个几寸高的水泡，雨点连成雨幕，伴随着狂风黑云，电闪雷鸣，背后的长江也开始卷起波涛。

陈军猝不及防，大雨砸得人眼睛都睁不开，能见度也就几米远，看不见旗号也听不见号令，一个个被狂风骤雨打得盔歪甲斜，顿时阵脚大乱。

等的就是这个时候！

刘伯温朝朱元璋坚定地点点头，朱元璋令旗一挥，陈友谅等了半天的“伏兵四起，箭如飞蝗，呐喊震天”场景终于出现了，伴随着电闪雷鸣，暴雨如注，更加令人肝胆俱裂。

龙湾是一个口袋地形，本来就适合打伏击，而陈军又在突如其来的暴雨面前乱了阵脚，对于占据了天时地利的朱元璋来说，这场战斗已经没有任何悬念了。尽管陈友谅奋力地组织起了抵抗，但依然挽回不了节节败退的命运。

夏日午后的雷雨来得快去得也快，老天像是瞬间用光了库存，没过多久，雨就停了，风小了，乌云也散了。陈友谅到底身经百战，立刻重新着手组织阵形，传令兵马不停蹄地在各部兵马之间飞奔，军官们拼了命一样嘶吼着军令，维持阵形，排在最后的督战队也大刀出鞘，毫不留情地斩杀临阵脱逃者。

战场又重新陷入胶着。可惜陈友谅已经是强弩之末，而且朱元璋还留了后手。

朱元璋再次挥了挥令旗，号角声起，张德胜、朱虎的水师出现在了陈友谅大军后方的江面上。

前后夹击之下，陈军彻底乱了，连督战队的鬼头刀都没用了，陈军丢盔卸甲，一心只想跑上船，现在，也只有高大的战船能带给他们安全感了。可登陆的时候大军是分批分次上岸的，小船就这么多，后军抢到了小船，拼命往大船处划。前军哪里肯，凭什么打仗的时候冲在前面，跑路的时候把老子落在后面？于是也拼了命地往小船上扒拉，扒不上就动刀子，场面瞬间乱作一团，有人被砍死，有人被淹死，有人被踩死，厮杀变成了大屠杀。

陈友谅是何等英雄？他能够爬上今天的位置，靠的就是一大优点：识时务。他一观战局就知道已经无法挽回了，于是，当机立断，带着亲兵卫队冲到江边，夺下一条小船，玩了命地逃回了大船。

陈友谅一回旗舰，整个舰队就起锚准备突围了。听到斥候的探报，朱元璋有点着急，此战的目标是尽可能多地歼灭陈军的有生力量，要是让他们跑了，那可遗患无穷，于是急急忙忙调动预备队——也就是自己这支队伍，准备掩杀过去。

看着朱元璋心急火燎的样子，刘伯温却笑笑道："主公不必着急。现在正是退潮之时，陈友谅的大船必然搁浅，这十万大军一个都跑不了。"

果然不出刘伯温所料，潮水退去后，陈友谅引以为傲的超级战舰成了一堆漂不起来的废木头。最后，除了陈友谅和一批高级军官在各自亲兵卫队的护卫下乘坐小船离开，其他人全都成了活靶子。

此战，陈友谅乘兴而来败兴而归，带着十万大军数百艘巨舰而来，结果只带着数千亲兵几十艘小船回去。而朱元璋，缴获陈友谅舰队的主力战舰百余艘，俘虏陈军两万余人，南京城华丽地被保住了。

最后打扫战场的时候，有人从陈友谅的旗舰上找到了康茂才写给他的信，陈友谅还当宝贝似的锁在箱子里。

朱元璋拿到这封信，乐得哈哈大笑，对身边诸将说道："陈友谅这个呆鸟，自以为深谋远虑，哪里知道我有刘军师神机妙算，哈哈。"众将也跟着哈哈大笑。

龙湾决战，对于朱元璋集团来说意义非凡：此战非但动摇了陈友谅的根基，而且震慑了张士诚，使得张士诚不敢轻举妄动，为朱元璋施行刘伯温提出的"先陈后张"战略奠定了坚实的基础。

而刘伯温在这一战中，凭借出色的谋略水平、丰富的天文地理知识和对人性的精妙把握，为朱元璋屡献奇策，可以说是此战最大的功臣。虽然从上陈《时务十八策》之后朱元璋就十分重用刘伯温，但这一战真正让大家见识到了刘伯温的谋略水平。无论是战前对时局的分析，作战计划的制订，还是战斗过程中对天文地理的把握，刘伯温都当之无愧于天下第一谋士之名。

以彼之道，还施彼身

战前刘伯温就曾分析过陈友谅的军队是一盘散沙：若打了胜仗，必然人人奋勇向前；若是打了败仗，则必定分崩离析。事实证明刘伯温的分析丝毫不差。

陈友谅军中有一员名叫张志雄的将领，原本是双刀赵普胜的手下，骁勇善战，是一员难得的虎将。但是，陈友谅为了自己的权力杀死赵普胜的行为深深刺痛了他的心，所以赵普胜死后，这员猛将就开始了磨洋工生活，一磨就是一整年。龙湾决战之后，他毫不犹豫地、英勇地沦为了俘虏。作为一员高级别的俘虏，他接受了朱元璋的亲切接见，怀着对陈友谅的憎恨以及希望在新领导面前立功的渴望，他向朱元璋透露了一个重要的信息：陈友谅东征的时候带走了安庆所有的精锐部队，现在，安庆的守卫非常空虚。

安庆自古以来就是南京的门户，朱元璋一听，这简直是天降大礼，立刻命人带兵进军安庆。果然没费多少力气便把安庆打了下来，而此时，胡大海的军队也已经攻克了信州。大伤元气的陈友谅只剩下了挨揍的份儿。

陈友谅忍气吞声可不是因为脾气好，而是实在伤筋动骨，没辙了。每次想到自己居然打了这么窝囊的一场败仗，陈友谅都能气得鼻子里喷出蒸气来。尽管如此，打心底里陈友谅还是没把朱元璋当回事，他觉得自己失败都是因为中了康茂才的诡计。

像陈友谅这种人永远不会接受这样的事实：他之所以惨败，是因为有人已经把他的弱点摸得清清楚楚，并且巧妙地利用了他的弱点。因此，他能失败第一次，也将失败第二次。

无论如何，龙湾大捷让陈友谅消停了——消停了一年。一年之后，恢复了元气的陈友谅新仇旧恨涌上心头，又不淡定了。1361 年七月，陈友谅派遣大将张定边和陈明道分别攻打一年前沦陷的安庆、信州。

拿了我的给我还回来，吃了我的给我吐出来。这是陈友谅的人生哲学，两年后，陈友谅会在这一条人生哲学上跌一个让他永世不得翻身的跟头。

张定边，沔阳人，渔民出身，陈友谅手下第一猛将，面对由非著名将领镇守的安庆，他表示毫无压力。一战下来，陈友谅又可以喜滋滋地把安庆划进自己的地图里了。

陈明道，另一位非著名将领，跟张定边相比，充其量也就是路人甲的水平，能力就差远了，被信州守军和胡大海的元军前后夹击之下全军覆没，自己也投降了朱元璋。

朱元璋几天之内就听到了一个好消息一个坏消息，小心肝听得咯噔咯噔的。对于朱元璋来说，信州的战略地位远没有安庆重要，安庆却丢了，朱元璋暴跳如雷，一心要杀了从安庆跑回来的败将。

还是刘伯温比较清醒，立刻劝阻朱元璋："主公，现在与其纠结安庆的败将，不如想想主意怎么应对陈友谅。"

这话在理，安庆守将本来就不是张定边的对手，现在再砍人脑袋也于事无补。朱元璋何尝不明白这个道理，只是一时激动，被刘伯温一劝也就冷静下来了，于是向刘伯温请教应对陈友谅的策略。

刘伯温给朱元璋分析：陈友谅杀徐寿辉自己登基当皇帝不到六天就大败而归，还损失了十万大军两百艘战船。本来就有天完政权的旧部不服陈友谅的隐患，外加陈友谅本人心黑手狠，这个时候，应该是陈汉政权内部矛盾最激烈、人心最涣散的时候；而朱元璋经过一年的休整，已经基本上消化了龙湾大捷带来的降兵、舰船和地盘，现在正是进兵陈汉，与陈友谅一决高下的时候。

朱元璋听了很动心，而降将陈明道的描述也进一步证实了陈汉政权内部将士离心、军心涣散的现状。

最后，刘伯温补充了一句："属下昨天夜观天象，金星在前，火星在后，这是出师得胜的征兆！"刘伯温是不是真的夜观天象，是不是真的相信这样的天象能够带来好兆头已经不重要了，重要的是，这个时候刘伯温对于天文的造诣已经得到了众人的广泛认可，所以朱元璋也深信不疑。于是，朱元璋终于下了决心，举大军亲征，先下安庆，打算跟陈友谅面对面地干一架。

朱元璋的舰队主要来自陈友谅遗弃在龙湾的大舰，正所谓“没有枪没有炮，敌人给我们造”，朱元璋和刘伯温乘坐着陈友谅的船，行驶在原本属于陈友谅的长江之上，还打着“吊民伐罪，纳顺招降”的旗号。这一切，一年前都只属于陈友谅。

是可忍孰不可忍。

在安庆，陈友谅再次发挥自己识时务的优点——他真忍住了，一看势头不对，留下张定边镇守安庆，自己脚底抹油跑到了江州。

要说张定边不愧为陈汉第一猛将，虽然老板跑了，他却一点都不含糊。朱元璋水陆并进，打了整整一个通宵，硬是没有把安庆打下来。

一宿没睡的朱元璋算是理解之前安庆那些败将的苦衷了，遇到这样一个猛人跟你死磕，确实谁都没辙。他打算休息休息，中午接着打。

刘伯温也是一宿没睡，但他琢磨明白了一个道理，于是大清早就赶来找朱元璋，献计献策道：“安庆的战略位置虽然重要，但陈友谅的老巢在江州，而安庆城也不是我们攻打江州的必经之路，为什么要在这里死磕呢？我们为什么不绕过安庆直接打江州？”

刘伯温一语惊醒梦中人，朱元璋现在脑子里只有安庆和安庆城里的张定边，几乎把自己真正的目标给忘了。反应过来的朱元璋连声叫好，立刻命令主力移师江州，同时让部将仇成继续在安庆城下装模作样，一方面麻痹江州守军，一方面也牵制张定边。

江州就是现在的九江，这里“陆通五岭，势拒三江”，地势极为险要，一向是兵家必争之地。陈友谅憋着一肚子的气，正好借着江州的地势打算跟朱元璋来个硬碰硬的死战。为保险起见，他派出傅友德、丁普郎驻守小孤山，建立起抵挡朱元璋的第一道防线。

傅友德、丁普郎是两员老资历的将领，当年和邹普胜、赵普胜并称天完国四大猛将，是陈友谅手下除了张定边之外最能打仗的将领了。陈友谅把他们布置在第一线，可见对小孤山防线的重视程度。

听说了陈友谅的配置，朱元璋也摩拳擦掌准备好与陈友谅大战三百回合了，可是让他大跌眼镜的事情发生了：大战前夕，傅友德、丁普郎居然率军来投降了！

这两人都是把脑袋别在裤腰上跟着徐寿辉干革命的狠角色，当然不是两面三刀的反骨仔，也不是贪生怕死之徒，但是陈友谅杀倪文俊，杀赵普胜，杀徐寿辉，他们这些遗老虽然留着命，却百般提防，不由得让两人心灰意懒。他们不怕死，但是他们不想为陈友谅这种人送死，更不想死在陈友谅刀下。

这对朱元璋来说简直是一份人才大礼包。看着朱元璋欣喜若狂的样子，刘伯温笑而不语。这些早就在他的意料之中，他知道，就算丁普郎、傅友德二人不主动投降，他们也不会有太强的战斗欲和战斗力了。

有了这两位老将，接下来的路就好走多了。朱元璋以二人为先导，一路上碰到拦路的守军，两位老将冲上去劈头盖脸就是一顿臭骂，内容无非是老子都投降了你个小乌龟蛋子还充什么英雄？陈友谅这个老乌龟蛋子值得你替他玩命吗！？众人一想也是，有了两位老将做榜样，自己还逞什么能啊？于是纷纷望风而降。

朱元璋的舰队没花多少力气，便打到了江州城下。陈友谅在城楼上眼看着自己熟悉的战舰跑来打自己，恨得牙痒痒："来吧，朱元璋，江州城城高堑深，我看你怎么进来！？"

陈友谅发狠自有他的资本，瘦死的骆驼比马大，江州城经过他多年经营，不是一天两天就能打下来的，朱元璋强攻了两天，损兵折将，却没有丝毫斩获。

朱元璋气狠狠地站在船头，咬牙切齿地盯着江州城楼，而城墙上陈友谅也咬牙切齿地盯着这支本属于自己的舰队。两个宿敌相隔几百大步，大眼瞪小眼。

刘伯温一会儿看看陈友谅身前的城楼，一会儿看看朱元璋脚下的大舰，突然想起了同样背靠长江的太平城。

当初陈友谅趁着涨水从船上直接跳进太平城墙，这何尝不是一种攻城的思路？的确，江州城墙高，江水水位低，但这没关系，只要让船变得更高就行了。

聪明人之所以被称为聪明人，就在于他们能从历史中吸取经验，而且触类旁通，举一反三。

朱元璋采纳了刘伯温的建议，根据城墙高度偷偷在舰尾搭建了天桥，趁着夜色指挥舰船靠近城墙，船上的士兵直接就能从天桥上跳进城墙里。

大军进了城，那这城就等于失守了，陈友谅怎么也没想到自己当初灵机一动想出来的主意居然会被刘伯温复制还加以改进。江州城里没有花云这样的猛将，面对神兵天降般的攻城大军，守军没有丝毫还手之力。

没多久，江州城破，陈友谅带着妻子和一肚子委屈仓皇逃到了武昌。他怎么都想不明白，自己怎么就每次都被朱元璋的奸计害得跑路。

与此同时，听说了江州之围的张定边急率大军增援陈友谅，仇成乘虚而入，收复了安庆。

一箭双雕

相继攻克了安庆和江州后，朱元璋势力大盛，四面出击，控制了江西大部分区域，只剩下了江西首府：南昌。

南昌（当时称龙兴）守将是陈汉的丞相胡延瑞，他一直很受陈友谅器重，所以也沾染了陈友谅的不少优点，比如——识时务。他看着地图上姓陈的地盘越来越少，投降的心思越来越浓郁。

然而陈友谅的这一优点毕竟没有普及，南昌城内还有不那么识时务的人，这让胡延瑞很为难。为了安抚主战派，胡延瑞派人给朱元璋写信，提出了有条件投降。具体条件就是他可以献出南昌，但朱元璋不能拆散他的旧部，不能遣散他的军队，更不能解除他的兵权。

这要求有点苛刻，如此一来南昌几乎成了特区了。朱元璋勃然大怒，都兵临城下了还敢跟我谈这种条件，见过不要脸的，没见过这么不要脸的！

朱元璋的愤怒刘伯温都看在眼里，他也觉得胡延瑞提的要求过分了。但现在出兵在外，一时之间接收了这么大一块地盘还来不及消化，能不打仗就尽量不打仗。更何况南昌城防坚固，打起来不是一天两天的事情，万一中途后院起火就糟了。

于是，刘伯温轻轻踢了朱元璋一脚，眼神连连示意。朱元璋立刻会意。

要不怎么说朱元璋也是个牛人，刘伯温很多话根本不用点透，朱元璋就心知肚明。只有这样的统帅才能跟上刘伯温这种层次的谋士的步伐，否则刘伯温的时间精力就只能花在给领导解释自己的计谋策略上了。

朱元璋同意了胡延瑞的条件，这下，南昌的主战派也无话可说了。因为他们原本也不是多么忠于陈友谅，只是不信任朱元璋，而朱元璋的所作所为已经彻底博得了他们的信任。

此后，江西省一直在负隅顽抗的建昌、吉安、南康等郡县也纷纷投降。

江西省从此姓朱了。

相继失去了亲人和朋友

1361 年八月，在刘伯温陪同朱元璋西征陈友谅的第二个月，一个噩耗传来：刘伯温的母亲富氏去世了。

刘伯温的上半生一直四处奔忙，而且郁郁不得志，没有机会尽孝道，现在跟着朱元璋眼瞅着日子有了奔头，老太太没能享着福就撒手走了。

子欲养而亲不待，人世间最大的悲哀莫过于此。

刘伯温得知这个消息后感觉天塌地陷，急急忙忙收拾起行囊，然后找朱元璋请假去了。

刘伯温的假条让朱元璋十分为难。那个时代也没有舍小家为大家这样的说法，让刘伯温放着病死的老娘不管留下来帮他在江西杀人放火，这种话没人说得出口。可是如果真就这么让刘伯温走了，以后谁来给他出谋划策？

千军易得，一将难求。不管在哪个世纪，最贵的都是人才。尤其是在朱元璋整体军事实力不如陈友谅的情况下，定奇谋、出奇兵成了制胜的唯一法宝，而刘伯温这样的顶级谋士是最重要的筹码。

不准假就是不让人尽孝，用孟子的话说简直是“禽兽”，然而准假就有可能打败仗。思前想后，朱元璋觉得还是当一把“禽兽”划算，当然，一定要当得足够艺术，足够隐晦，足够不显山不露水。于是，朱元璋亲笔给刘伯温写了一封长长的信，原文就不摘录了，翻译过来大概是这样的：

今天听说令堂辞世了，享年八十多岁。先生你是不是要来跟我请假回家啊？先生你现在是我的骨干精英，我的大事还没做成，能不能先缓两天再走？（开门见山：虽然你娘死了，但是我这儿实在太需要你了，你暂时不能走。）

当然，按照道理我是不该阻拦先生请假的，为什么呢？因为我本人用忠孝节义来教育部将和老百姓，我怎么可以阻碍先生回家行孝呢？（知道有人要用这一点来挤对我，我干脆自己先提出来。）

而且，东汉末年，曹操掳走了徐庶的母亲，徐庶要求离开刘备，要去曹操那里和自己的家人团聚，刘备也是允许了的。（知道有人要拿这个例子来说事儿，我也主动提出来。）

但是（辩解开始了），首先，你老娘跟徐庶老娘不一样，徐庶老娘是被掳走了，如果你老娘被掳走了，我肯定也二话不说就放你回去。可你老娘是死了（今日老母任逍遥之路，踏更生之境），你赶回去除了出席葬礼做把孝子贤孙外，又有什么用呢？还不如多吃多睡，多保重好身体，帮助我成功。毕竟我这里的工作实在是太重要，一刻都离不开你，等到我们打完这一仗，我一定派遣高级官吏跟你一起回家，让你母亲的身后事办得风光一些，你看怎么样？（不是我无情，实在是我权衡利弊，舍不得让你走啊。）

话都说到这份儿上了，于情于理，刘伯温都没有什么可说的了。于是，朱元璋终于留下了刘伯温，也留下了胜利。

在刘伯温的运筹帷幄之下，到第二年二月，江西几乎都投降了，陈友谅也跑路了，刘伯温一看局势差不多稳定下来，就再一次向朱元璋请假。

这次，朱元璋没有什么可说的，只好批准了刘伯温的假条。临走之前，朱元璋巴巴地握着刘伯温的手，一副欲言又止的样子。刘伯温明白朱元璋的心思，于是对朱元璋说道："经此一役，陈友谅暂时掀不起什么风浪，张士诚也被我们吓得够呛，能消停好一会儿。唯一值得担心的是南昌的降兵和浙江的苗兵，这帮家伙都不是我们自己人，同床异梦，一旦造反麻烦就大了。主公只要处理好这两个老大难，就暂时不会有问题。"

归心似箭的刘伯温并没有注意到朱元璋心不在焉的眼神，该交代的都交代完了，刘伯温急匆匆地踏上了返乡之路。

很可惜，刘伯温这番话没有被朱元璋放在心上，就在刘伯温走后没几天，刘伯温所担心的事情便一一应验。

首先是苗兵叛乱。

说起苗人，大家首先想到的肯定是武侠小说中神秘莫测的苗疆。的确，所谓苗兵就是来自西南边疆的少数民族雇佣兵。这帮人自古就给力，身体素质过硬，打起仗来玩命，三国时代蜀国最精锐的部队无当飞军就是由这些苗人雇佣兵组成的。在山地地形下，别说是文弱的汉人，就算是魏国最彪悍的鲜卑族武士，在无当飞军面前也基本白给。

而蒙古人自己虽然也是骁勇善战的少数民族，但蒙古骑兵只有在北方平坦干燥的大平原地区才有嘚瑟的资本，一到地形复杂、气候潮湿的长江以南地区，就成了战斗力低下的渣滓。因而，从小在山地丛林长大、视蛇虫瘴气为无物的苗兵就成了元帝国在南方地区的重要军事力量。

可这群苗兵只是一群雇佣兵，和所有雇佣兵一样，他们对任何人都没有忠诚可言，这样的国之利器，用好了就让敌人脑袋搬家，用不好就是自己脑袋落地。

很可惜，元帝国驾驭不了他们。1362年，苗兵已经投降朱元璋好几年了，成了朱元璋在江浙地区一支重要的武装力量。

更可惜的是，朱元璋也驾驭不了他们。1362年二月，朱元璋在江西还没坐热屁股，镇守金华的苗军大将蒋英、刘震、李福便发动了叛乱。

金华的最高军事长官是刘伯温的老朋友胡大海。前面说过，他是个骁勇善战的猛将，苗人虽然彪悍，但想袭杀胡大海，还是要费一番心思。

蒋英不愧是苗兵头子，他想出一个办法。

二月初七，蒋英邀请胡大海去八咏楼观看一场射箭比赛。胡大海不知是计，跟着蒋英就去了。走到半路上，突然一个叫钟矮子的苗兵斜插出来，抱住了胡大海的马头，哭诉说蒋英要杀自己。所有人的注意力都被钟矮子吸引过去，连蒋英突然抽出铁锤的动作都没有在意，以为他恼羞成怒要捶杀钟矮子。

可是蒋英的铁锤没有挥向钟矮子，而是挥向了胡大海。胡大海回过头来刚要问是怎么回事，就被迎面击来的铁锤打碎了头颅，横尸马前。

蒋英这一套和当初陈友谅杀徐寿辉几乎如出一辙。

紧接着，叛军相继杀死了胡大海的儿子胡关注和副官（郎中）王恺，控制了整个金华城。

当时刘伯温正在返乡途中，刚好走到衢州郊区。

蒋英一面囚禁了金华的所有官吏，防止走漏消息，一面通知其他各地的苗兵将领一起起事。

幸好，一个叫李斌的典史偷偷溜了出来。

所谓典史，就是管理监狱的基层小公务员，因为工作的关系也没少跟各种鸡鸣狗盗之辈打交道，特别机灵。这个李斌非但从蒋英眼皮底下溜走了，还偷偷溜进胡大海的办公室，偷走了金华军队的兵符，然后又溜出城，一溜烟地跑到了严州。

当时驻扎在严州的是江浙行省右丞李文忠。李文忠是朱元璋军中一等一的牛人，十几岁的时候就从军东征西讨，砍人无数，十九岁那年在池州大破徐寿辉的天完军，威震天下。如今，李文忠听说小小的蒋英敢在自己的后院放火，还杀了昔日的老战友胡大海，气得不轻，果断出兵攻打金华。胡大海的养子胡德济听说养父被害，激动得哇哇叫，也亲自率军过来替父报仇。

苗兵本质上是一群雇佣兵，雇佣兵的特点就是算计得比谁都精明。谁都知道李文忠这种狠货惹不起，于是他们在金华大肆劫掠一番后，弃城投奔张士诚去了。

花开两头，各表一枝。且不说李文忠轻而易举地平定了金华叛乱，金华隔壁的处州，苗将李佑之收到蒋英的密信，又听说胡大海死了，于是也跟着起兵造反。

处州的最高军事长官是刘伯温的另一个好朋友：孙炎。仗着手里的苗兵，李佑之很快控制了处州城，活捉了孙炎和朱元璋的侄子朱文刚。这个李佑之的智商比蒋英要高上那么一点点，他知道孙炎是个人才，很希望能够劝降他，于是单独把孙炎关了起来，好酒好肉伺候着。

但是孙炎很不给他面子，他一脚踢翻李佑之亲手送来的酒肉，指着李佑之的鼻子破口大骂："瞎了你的狗眼，老子落到你手里就没想过要活着出去。你们这帮忘恩负义的狗贼，迟早把你们剁成肉酱，拿去喂狗狗都不吃！"

李佑之的忍耐是非常有限的，被孙炎一骂立刻怒从心头起恶向胆边生，要一刀剁了孙炎。可他强忍住没有下手，而是要孙炎先把上衣脱了——敢情是他看中了孙炎身上那件衣服，觉得一刀把衣服切了太可惜，想留着自己穿。

这都什么人呐！孙炎彻底抓狂了："休想！我身上这件紫绮是主公亲手所赐，我死也要穿在身上！"李佑之心想这种情况下上去扒人家的衣服实在有点不像话，于是忍着心痛，把孙炎连衣服带人一刀给砍了。

这个时候，刘伯温刚刚进入衢州城。

捡便宜？没那么容易

人要倒了霉，喝水塞牙，放屁砸脚。江浙的乱局还没完，张士诚又来横插了一脚。

张士诚充其量就是个暴发户，没什么大格局，用刘伯温的话说也就是个“守土之贼”而已。但器小归器小，和所有商人一样，张士诚秉承“有便宜不占是傻瓜”的商界古训，看到江浙大乱，张士诚动了浑水摸鱼的心思。再加上降将蒋英等人不断唆使，1362 年三月，张士诚决定：派自己的弟弟张士信攻打诸全州（就是现在的诸暨），捡现成便宜去。

诸全州在已经被李佑之控制的处州北面，一旦攻克了诸全州，张士诚就能顺势接收处州，而朱元璋在江浙的地盘会被切割蚕食得只剩下衢州、金华两地。

一时之间，人心惶惶。墙倒众人推，衢州的苗兵得到消息后也骚动起来，叛乱一触即发。

衢州的守将叫夏毅，眼看比自己牛无数倍的胡大海和孙炎都死于非命，急得团团转。这时候，突然听说朱元璋的首席谋士刘伯温正好在衢州境内，夏毅激动得差点跳起来。真是天降幸运大礼包，有刘伯温这样的顶级高手加盟，还用怕苗兵这种不入流的敌人吗？

夏毅立刻亲自前往驿馆邀请刘伯温。而刘伯温也早就听说了金华、处州两地的叛乱，得知了胡大海和孙炎的死讯。当初两人来青田请自己出山的场景还历历在目，胡大海的粗豪憨直、孙炎的精明睿智浮现在他的眼前，如在昨日，此时却阴阳两隔。

先是自己的母亲，然后是胡大海和孙炎（此时此刻，刘伯温的另一位朋友叶琛也在洪都被杀害，但刘伯温还没得到消息），征战半生，刘伯温第一次如此密集地面对自己亲友的死亡，心中一阵隐痛。

除了失去朋友的悲伤，刘伯温心中也有另一层担忧，一旦朱元璋的浙东大后方被张士诚所夺得，朱元璋就要面临一个两难抉择：如果收复失地，就必须和张士诚开战，这等于破坏了刘伯温一开始就定下的“先陈后张”的布局；可如果不收复失地，失去了战略纵深的朱元璋很难继续和陈友谅抗衡。

避免这种两难抉择的唯一方法，就是稳住江浙。

于公于私，刘伯温都没有理由拒绝夏毅，所以他留在了衢州。而回家尽孝的事情，只能再往后推一推了。

夏毅把刘伯温请到上座，召集文武诸将详细汇报了浙东地区的军情。刘伯温在江浙待了大半辈子，又在这里打过仗，本来就很熟悉本地的形势，仔细听取了汇报之后，花了整整一个通宵时间，拟定了大概的战略方针。

首先是稳定衢州的局势。

刘伯温认为，衢州的苗兵动向和处州、诸全州战局息息相关。一方面，衢州的苗兵时刻在观望处州和诸全州的动向。另一方面，衢州的动向也会影响到处州和诸全州的战局。

因此，刘伯温一面以个人名义向衢州各地属县发文件，要求各级官吏务必保持镇定，采取绥靖政策，尽可能防止事态恶化；一面写信给朱元璋，叫他火速来把处州的事情摆平。

收到刘伯温的信后，朱元璋立刻命令大将邵荣带兵征伐处州。这个消息等于给衢州吃了一颗定心丸，夏毅小小地松了一口气。但刘伯温不敢有丝毫懈怠，他知道，真正决定时局的，还是诸全州的攻防战。

诸全州的守将叫谢再兴，也是个牛人，在张士信的狂轰滥炸之下居然坚守了整整一个月，还忙里偷闲伏击了张士信一把，生擒了数千人。

张士信跟着老哥作威作福惯了，哪里受过这样的憋屈，气得哇哇直叫，不但重新集结绍兴各地兵力，还从杭州拉来了一大批外援，要跟谢再兴玩命了。

守城跟攻城不一样。攻城的人，虽然风险大死亡率高，但兵员补给是源源不断的；而守城的人，虽然平时可以躲在城墙后面偷着乐，但打起仗来死一个少一个。很多时候城墙没塌城门没破，守城的人先死光了。

经历过高邮守卫战的张士信深知这一点。处于围城中的谢再兴当然更加明白这个道理，他只能向李文忠求援，可李文忠的军队也是捉襟见肘，爱莫能助。

局势到了最危险的时候。

这些情况刘伯温全都看在眼里，但智者和普通人的差距就在于，普通人看到的是敌人的强大、自己的弱小，他们的心中只有恐惧；而智者看到的却是敌人强大背后的弱点，自己弱小深处的强大。刘伯温看陈友谅是如此，看张士诚依然如此。

当所有人看到的都是张士信志在必得的攻城大军时，刘伯温却看到了张士诚内心的真正弱点：他是来打秋风、捡便宜，来浑水摸鱼的，不是来和朱元璋正面冲突的。如果要和朱元璋翻脸，早在龙江之战的时候张士诚就该翻脸了。张士诚并不害怕朱元璋，但他不想和朱元璋决战，他只想守着自己的一亩三分地当个土财主，有便宜就捞，捞不到拉倒。

避实就虚，避开敌人最强大的锋芒，攻打其最薄弱的环节。这是刘伯温用兵的一贯方针，而张士诚的薄弱环节就是他的这种“守成”心态。

于是，刘伯温命人到处张贴告示，声称朱元璋已经派了大将徐达、邵荣率大军主力向江浙进发——其实朱元璋只派了邵荣来收复处州，但徐达是朱元璋的头号王牌，因此，派邵荣和派徐达前来所传递的信号是不一样的，再加上刘伯温“稍稍”夸大了军队的数量，一种决战前的萧瑟感油然而生。

为了防止张士诚消息闭塞，刘伯温特地派人千方百计将这个信息直接“泄露”给张士诚。

不出刘伯温所料，张士诚尿了。他现在是江南这帮屌丝军阀里最有钱的，占据着全中国最富庶的地区，富得流油。相比之下，穷得“治安基本靠狗，交通基本靠走，取暖基本靠抖，娱乐基本靠手”的浙东山区根本算不上香馍馍，犯不着为了这种地方跟朱元璋主力决战。

但是，毕竟所谓的徐达大军还只是个传言，在得到确切消息之前张士诚也不想让自己显得太㞞包，所以他并没有下达撤军的命令。

可前线诸将已经从张士诚的军令中看出了他摇摆不定的态度，更重要的是，张士信比张士诚更加不愿面对天下第一名将徐达和杀人魔王常遇春。

将心动摇，则军心必乱。

李文忠是何等人物。通过斥候的侦察报告，他敏锐地嗅到了这一新动向。战机转瞬即逝，现在就是最好的机会！更令李文忠高兴的是，从江西赶来为养父胡大海报仇的胡德济也恰好在这个时候赶到。手里有了兵力的李文忠悄悄接近张士信大军的营地，三更半夜的时候突然杀进大营，一时之间鼓角雷鸣，杀声震天。张士信以为传说中的徐达大军到了，立刻兵败如山倒。诸全州城中谢再兴趁势杀出，张士信一败涂地，士卒死伤无数。诸全州自动解围。

张士信的军队退去，衢州的苗兵立刻消停了，到了四月份，邵荣的援军也及时赶到了。刘伯温辞别了衢州，前往处州和邵荣会合，商讨平乱事宜，同时参与平定处州的还有胡深率领的一支军队。而因为张士信的败退，李文忠也闲了下来，于是一起参与围攻处州。

这一战没有丝毫悬念，三路大军连围都懒得围，冲开处州城东北大门，一路杀进城，镇压了作乱的苗兵。李佑之自杀身亡。

为了防止江浙再次发生动乱，朱元璋任命王佑和耿天璧一起镇守处州，并委任胡深全权负责处州的军政民大事。

至此，江浙苗兵的叛乱终于平息。靠着谢再兴的拼死守城、李文忠的运筹帷幄和刘伯温的神机妙算，江浙的局势稳定下来，朱元璋渡过了这场危机。

而刘伯温，也终于可以回家了。此时，离刘伯温母亲过世已经八个月了。

离开你我做不到

刘伯温在母亲的灵柩前守了整整一个晚上，虽说忠孝不能两全，但作为一个儿子，他觉得自己有愧于母亲。

第二天，朱元璋派来礼官，在老夫人灵前摆了三牲祭礼，宣读了祭文，叩拜祭奠。全家人向礼官回拜，并向北遥拜，答谢朱元璋的恩情。

出殡这天，老夫人的排场异常大，刘氏本来就是当地的世族，再加上朱元璋对刘伯温的敬重，浙东各地都派来了代表为老夫人送葬。令刘伯温稍稍有点诧异的是，连他的“老朋友”方国珍都派遣使者来参加了葬礼。

送走了老太太，刘伯温开始了三年守孝。按照儒家古礼，父母去世后子女要守孝三年，因为孩子学会走路之前，有整整三年是在父母的怀抱中度过的。

普通人在这三年中不能有任何娱乐活动和交际活动，而如果是官员，则要停下手头一切工作，立刻请假回家，这就是“丁忧”。

那么，能不能随机应变，把守孝时间缩短呢？答案是：尽量不要。孔子的弟子宰予曾经问孔子说：“老师啊，守孝三年时间实在是太久了，能不能短一点？”孔子当时反问他：“父母去世后三年之内你吃香喝辣的心里能过意得去吗？”这当然是个反问句，可宰予不知好歹，厚着脸皮回答说：“能啊。”老夫子脾气再好也被气得够呛，强忍住踹宰予一脚的冲动，拂袖而去，“你要是觉得心安理得，那随便你！”私下里，孔子到处跟人抱怨：“宰予真不是个东西（予之不仁也）。”

朱元璋以忠孝治国，当然明白这个典故，但是，他实在无法离开刘伯温整整三年。

刘伯温离开的这段日子里发生了很多事情。先是浙江苗兵叛乱，幸好刘伯温就在当地，给镇压下来了。然后，是洪都守将叛乱。

当初洪都守将胡延瑞提出了苛刻的投降条件，在刘伯温的暗示下，朱元璋全盘同意了。其实刘伯温还布有后招，但走得匆忙，来不及把后招落实，只能提醒朱元璋小心洪都降将。偏偏朱元璋没放在心上，果然，刘伯温一走，这帮人立刻起兵造反，杀死了洪都太守——刘伯温的另一个好朋友——叶琛。幸亏当时徐达的大军就在附近，及早回援，重新打下了洪都，镇压了叛变。

而经过这件事情，朱元璋才彻底重视起洪都的防务，他撤换了全部降将，命令侄子朱文正为大都督，邓愈为副将，镇守洪都。

刘伯温走前的两个担忧全部应验，朱元璋越来越觉得自己离不开刘伯温。他不停地给刘伯温写信，既有问寒问暖，也有询问军国大事，但字里行间透露的都是让刘伯温快点回来的意思。

刘伯温也会在回信里帮他分析形势，提出应对策略。例如，在徐达出征武昌时，刘伯温就建议朱元璋兵贵神速，一定要趁陈友谅立足未稳在两个月内攻克武昌，否则就难了。结果，徐达因为镇压洪都叛乱延误了时日，让陈友谅得到了喘息的时间，果然，再也无法攻克武昌了，朱元璋不得不令他返回南京。

许多事情的发展都证明了刘伯温的算无遗策，朱元璋愈发希望刘伯温能够回来。

刘伯温何尝不知道朱元璋的心理，但正如孔子所说，守孝三年不单单是礼节那么简单，更是一种追求内心安宁的方式，刘伯温自觉亏欠母亲实在太多，他想要多陪陪母亲的陵寝。

其实刘伯温在丁忧期间也没有闲着，他没有停止过为朱元璋的大业奔忙。处州地区守备薄弱，民风又彪悍，胡深一个人搞不定，刘伯温便帮他出谋划策，亲自参与防务体系的规划和建立，同时还利用自己的声望给一些不愿意投降朱元璋的当地义军和知识分子做思想工作。

在丁忧的这段时间里，刘伯温连续组织了好几次朱元璋集团的企业招聘宣讲会，向大家展示朱元璋集团有限公司的广阔前景和优渥待遇，鼓励大家加入、多多给朱元璋投简历，成为一名光荣的朱元璋公司员工。

在刘伯温的努力下，处州一代的不稳定因素几乎被消除殆尽。有了稳固的大后方，朱元璋才有心力对付眼下最大的敌人：陈友谅。

1363 年正月，刘伯温再一次收到朱元璋催促他回南京的信。这一次，刘伯温发现自己再也没有理由拒绝朱元璋了，因为朱元璋说，他准备跟陈友谅进行最后的决战。

这一战，有你无我，朱元璋不敢有丝毫的懈怠。

这些战略都是刘伯温给朱元璋制定的，他当然知道，现在的确已经到和陈友谅大决战的最佳时机。作为这一战略的制定者，他没有理由缺席这场关乎生死的决战。

于是，正月里，刚刚过完年的刘伯温辞别了父老乡亲，辞别了母亲的牌位和陵寝，重新踏上了回南京的路。

刘伯温回青田的时候就因为苗兵叛乱被阻隔数月，而回南京的路，也不好走。张士诚和朱元璋之间虽然大仗不起，但是相互之间各种游击战、侵袭战、小冲突从来没有停止过。刘伯温一路上秉着少惹麻烦多赶路的原则，对这种动乱地区能躲多远就躲多远。

但也有躲不开的。刘伯温路过建德的时候，发现这里打得挺热闹，看阵势双方都下了点本钱。而守备建德的，又恰好是刘伯温的老相识李文忠。于是，拗不过李文忠的邀请，刘伯温还是留了下来，帮助他抵御张士诚。

经过诸全州一战，现在的李文忠阔了，手里要兵有兵要将有将，不想窝在建德城里做缩头乌龟，于是找来刘伯温讨论主动出击的策略。

刘伯温却摆摆手道："急什么，等三天之后他们退兵了，我们再追击也不迟。"

"哦……嗯？"李文忠有点晕，"三天之后？张士诚退兵？谁跟你说的？"

刘伯温一副神秘莫测的样子，笑而不语。李文忠急了："不是不相信先生的神机妙算，可这也忒玄乎了，总得给个理由，否则我怎么跟将士们解释啊？"

这也是人之常情。于是，刘伯温便问李文忠：“敌军主将是谁？”

“是个之前没听说过名字的将领，估计也就是路人甲级别，但也不排除是从其他战区调过来的将领，我这里掌握的情报不多。”李文忠老实地回答。

“不用猜了，我看敌军军容不整、士气不高，主帅肯定是个路人甲。让一个路人甲带兵，可见张士诚根本没把这场战斗当回事。连主帅都没当回事，这群人能有多大的劲头攻城？”

李文忠点点头，敌人虽然人数众多，但确实战斗欲望不是很旺盛。“但凭什么就认为他们三天后会退兵呢？”李文忠还是有疑问。

刘伯温笑道：“本来是不会退的，但现在他们看到百姓都在帮着拼死守城，知道攻城无望，就肯定会退兵了。”

“啊？”李文忠有些凌乱。建德城的防务都是他的军队一手承担的，根本没有老百姓帮助守城。因为朱元璋在江浙的根基不深，而张士诚的名声本来也不坏，所以老百姓很少参与到张朱二人的战斗中去。况且，没受过训练的老百姓上了城墙非但起不了作用，反而会碍手碍脚。

你哪只眼睛看到老百姓在帮忙守城了？李文忠心说。

这本来就是刘伯温故意抖的包袱，李文忠这些心理活动自然瞒不过刘伯温：“以守军现在的实力的确不需要老百姓帮忙，但是，如果我们能找些老百姓做出一副拼命守城，与城池共存亡的架势来……”

李文忠也是一代名将，自然一点就透，当下一拍脑门就明白了：“先生是要找人来作秀啊，了然，了然！哈哈！”

当天，张士诚的军队就看到建德城的老百姓披着简单的盔甲，举着土制的长矛出现在了城楼上。虽然跟职业士兵比起来，这些“死老百姓”弓弦也拉不满，长矛也端不直，但从他们的眼神中，能看到一种“城在人在，城破人亡”的决心——这些吃便当的群众演员演技都不错。

第一天，敌人没动静。第二天，敌人没动静。第三天，敌人还是没动静。李文忠靠在城楼上观望敌阵，郁闷地发现对面依然旌旗猎猎，战鼓阵阵，正要找刘伯温质问一番，却看到刘伯温哈哈大笑起来：“他们果然不战自退了，还真是准时啊！”

李文忠不信：“你在逗我玩吧？”刘伯温知道李文忠肯定不信，笑道：“你自己带兵出去看看就知道了。”

李文忠将信将疑地带兵冲入敌营，却见果然是一座空营，只有几个老弱兵丁在击鼓。

真是神了！李文忠就像小孩缠着魔术师一样缠着刘伯温，问他是怎么知道敌人已经退兵了呢？刘伯温回答说：“我听他们鼓声微弱，看他们旌旗散乱，就料定他们已经走了。”

看到李文忠的瞳孔里已经闪起了崇拜的星星，刘伯温又语重心长地补充了一句：“带兵的人，防守的时候一定要学会用民心，进攻的时候一定要会听鼓点、看旌旗，这是前人告诉我们的经验啊！”

这下，李文忠彻底服了。

刘伯温在建德不能逗留太久，张士诚的军队一退，他就继续出发去南京了，朱元璋还等着跟他探讨与陈友谅的最后决战呢。

看着刘伯温远去的背影，李文忠对即将到来的大决战充满希望。

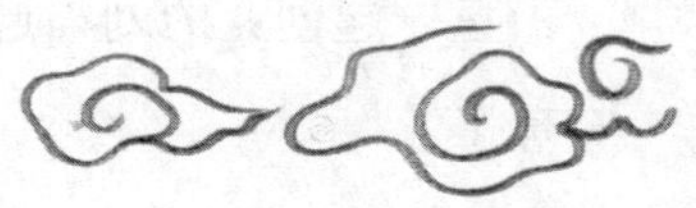

第七章 决战鄱阳湖，掀翻陈友谅

天子的疗效是“胁诸侯”

就在朱元璋如日中天的时候，北方的红巾军正统皇帝韩林儿的日子却越过越衰。经过 1358 年的几轮严打，韩宋政权基本上被历史扫进了回收站。

没过几年，韩林儿发现自己就要被彻底删除了，因为张士诚要来清空回收站了。

1363 年，已经投降元王朝的张士诚派遣大将吕珍率军十万攻打安丰，名义上是替元王朝征讨逆贼，实际上是趁火打劫捞现成便宜去了。

自从高邮围城之后，张士诚除了四处捞便宜，就没怎么干过正事儿。

韩林儿苦不堪言。本来就已经被元王朝打得只剩下半口气，哪里还挡得住张士诚的精锐部队？半个月后，孤城安丰就陷入了弹尽粮绝的境地。

没有了粮食，就只能吃尸体了。到后来连尸体都没得吃了，有人甚至想出挖出井底的泥巴捏成丸子，用人油炸着吃这种方式。

人要绝望到何种境地，才能激发出如此恐怖的想象力？

年少的韩林儿从没见过如此惨状，在自己的房间里日夜号哭。当年和韩山童一起创业的刘福通也没有任何办法，他唯一能够想到的只有南方的朱元璋了。

此刻的朱元璋正在积极准备与陈友谅的决战，收到刘福通的求援信后，他十分震惊。

虽然朱元璋跟韩林儿没有直接的联系，但至少在名义上，他还是隶属于红巾军系统，是韩林儿的臣属。而且，在他渡江发展地盘，跟陈友谅、张士诚二人死磕的这几年中，韩宋一直是他在北方的坚实屏障，一旦安丰沦陷，张士诚坐拥淮河南北之地，对朱元璋的威胁巨大。

不管是从名义上还是从实际战略价值上看，朱元璋都觉得自己应该出兵救援安丰。

刚刚结束丁忧回到南京的刘伯温却旗帜鲜明地反对救援安丰。他回南京是要跟陈友谅决战的，可不是来替韩林儿跟张士诚玩命的。所以，在其他谋臣保持沉默的情况下，刘伯温一一反驳了朱元璋的出兵理由：

首先，张士诚是个“器小”的人，只求自保，不会有大作为，他此番攻打安丰就是单纯想扩大地盘，而不是为了实现对朱元璋的战略包围。

其次，陈友谅才是那个最穷凶极恶的敌人，当前社会的主要矛盾是背水一战的朱元璋和复仇心切的陈友谅之间的矛盾，这是不可调和的，也是无法避免的。他指出，一定要坚持“先陈后张，先南后北”政策不动摇，因为事实证明，两线作战、四处树敌的人必将被历史的车轮碾作齑粉。更何况，陈友谅本来就已经虎视眈眈，他必然会趁这个时候兴兵来犯！

最后，面对一小撮不明真相的将领（包括朱元璋）提出的“韩林儿是我们名义上的皇帝，岂能见死不救”的疑问，刘伯温分析道：既然韩林儿是我们“名义上”的皇帝，那我们“名义上”去救他一下就行，何必真刀真枪地干？

刘伯温说得天花乱坠，朱元璋却罕见地固执，当场否决了刘伯温的建议，毅然决定出兵安丰。

这次，刘伯温也发狠了。

连三年孝期都没守完就巴巴跑回南京，只为跟陈友谅决一死战，为了这一天我布局了这么多年，不能让一个小小的韩林儿毁掉一切！

他死死拉住朱元璋的衣角，说出了一句本不该放到台面上说的话：“主公不能出兵！即使安丰丢了，只要韩林儿一死，对我们利大于弊啊！”

朱元璋站住了脚步。虽然他一直没把韩林儿当盘菜，但刘伯温的话还是震惊了他。

看到朱元璋迟疑，刘伯温继续说道：“主公有没有想过韩林儿这个皇帝一开始的作用？”

只一句话，朱元璋有些开窍了。

元末红巾军最初分为东西二系，西系的开山祖师是彭莹玉，推徐寿辉为首领，就是天完政权。东系是以韩山童、刘福通为首，韩山童死后，刘福通又物色了韩林儿，建国曰宋，号小明王。因两系的反元目标一致，便合二为一，同尊小明王。

但是，宋和天完的红巾军主力本来并没有互相协调的军事行动，还是“各有其众，各战其地”。徐寿辉被杀后，西系的红巾军主力为陈友谅所拥有。陈友谅根本没把自己当红巾军看，所以眼里完全没有韩林儿，韩林儿对其毫无统束之力。而朱元璋另外的几个敌人如张士诚、方国珍不属于红巾军范畴，小明王的存在也并无意义。

“韩林儿本是红巾军的精神领袖。现在徐寿辉已死，淮河地区的红巾军全军覆没，除了主公外，天下再无响亮的红巾军旗号，那还要这个韩林儿有什么用！？”

该说的不该说的，刘伯温都说了，1363 年的朱元璋在政治上还只是一个刚起步的青年。刘伯温发现讨论战术战略的时候，朱元璋往往一点就透，但是一提起政治，眼前这个人就有点愚钝。他研究过朱元璋的发家史，他相信如果自己早几年追随朱元璋，绝不会允许郭子兴这样的人在朱元璋头上拉屎撒尿。

乱世之中，有枪便是草头王。皇帝有什么用，无非代表了一种话语权而已，用皇帝的名义来挟持各路诸侯，是历代枭雄最得意的公关手段，可是，现在连诸侯都没有了，要皇帝还有什么用?

朱元璋看着一脸阴险的刘伯温，很无语。的确，刘伯温说的每一句话都让人无从反驳。跟后来那个杀戮无度的洪武皇帝相比，1363 年的朱元璋还是一个讲义气、重感情的纯良少年（这一点从他对待郭子兴的态度上就可以看出来），在厚黑学的造诣上，他还远远比不上混迹官场半生的刘伯温。

“韩林儿可以不救，安丰不能不保。”朱元璋最终还是撂下一句话，走了。

刘伯温顿时明白，说什么都没用了。他甚至已经猜到了朱元璋的心理，朱元璋确实不想背上害死韩林儿的骂名，也不想自己的北方暴露在张士诚的锋芒下，但朱元璋真正愤怒的是这几年来张士诚一直像赶不走的绿头苍蝇一样在耳边嗡嗡叫，咬不死人，却能烦死人。

朱元璋对张士诚已经忍无可忍了。

1363 年三月，朱元璋以徐达、常遇春为先锋，亲率大军救援安丰。

朱元璋倾巢而出，南京空虚。刘伯温时刻关注着身在武昌的陈友谅，可让人意外的是，陈友谅居然丝毫没有动静。所有人似乎都松了口气，只有刘伯温越想越心惊。

陈友谅不是一个优柔寡断的人，他不会错过战机，他之所以等待，只可能是在等待更好的战机。陈友谅就像一个引弓不发的杀手，弓拉得越满，箭的杀伤力越大。

而在北线战场上，朱元璋发现自己悲剧了。

等大军赶到安丰的时候，安丰城已经破了，更令人哭笑不得的是，击溃吕珍的大军后，韩林儿被救了回来。

该来的不来，该走的不走，咋什么破事儿都让我碰上了？抓狂中的朱元璋把气都撒到张士诚身上，如果不是你这个私盐贩子上下跳梁，我怎么会遇到这么尴尬的事情！盛怒之下，朱元璋做出了这一个月来的第二个错误决策：进攻庐州。

庐州就是今天的安徽合肥，攻下庐州，朱元璋就可以打开通往张士诚老巢的一条通道，扼住张士诚的咽喉。如此重要的地方，张士诚自然会派遣重兵把守。

朱元璋再次被自己的情绪控制，至于“先陈后张”的策略，则已经被彻底抛在了脑后。

这一次，连徐达都开始反对了。真正的敌人是陈友谅，而不是张士诚。如果说救援安丰还勉强有理由，那攻打庐州就纯粹是胡搅蛮缠了。但心烦意乱的朱元璋根本听不进去这些。他出兵这么久陈友谅都没有动静，他相信，陈友谅已经被自己打怕了，此刻正躲在武昌看着地图畏首畏尾地犹豫要不要出兵。

“等陈友谅这个窝囊废回过神来，我早就打下庐州回南京了。”朱元璋是这么想的。

无敌舰队 VS 无敌堡垒

此时此刻，“窝囊废”陈友谅的无敌舰队刚刚从武昌起锚。

陈友谅不是一个特别能沉得住气的人，但朱元璋大军开赴安丰的时候，他忍了。安丰的泥潭不够深，他要等朱元璋陷进更深的泥潭不能自拔，然后给其最致命的一击。

庐州就是陈友谅等待的那个泥潭。当朱元璋的大军在庐州城外垒砌尸墙的时候，陈友谅已经坐上了他的旗舰，他的身边是两百余艘超级战舰，展开后密密麻麻充斥了整个江面。

这些大舰都是龙湾会战后重新打造的，高达十几米，分为三层，可以搭载两千到三千名士兵。一般的战船装载的都是步兵，但陈友谅的大舰非同凡响，每一层都有马棚，骑兵可以在甲板上纵横驰骋。在空军还没出现，水战以接舷为主要战术的时代，陈友谅的“跑马母舰”是绝对无敌的存在。

陈友谅面无表情地端坐在吨位最大的那艘“跑马母舰”指挥舱的龙椅上。自从龙湾会战后，他已经受够了从巅峰到谷底的屈辱，所以，这次出征他连后路都没给自己留，非但征集了领地内几乎所有的壮丁，凑足了实打实的六十万大军，而且连文武百官和自己的妻子孩子都随军同行。他就像一个红了眼的赌棍，把所有筹码都往赌台上一扔，输了就一无所有，赢了就拥有一切。

1363 年四月，陈友谅的大军来到洪都城脚下。这座城市曾是他的骄傲，但一年前，它背叛了他，今天，他要把它夺回来。

自从上次叛乱后，朱元璋把洪都的守将换成了邓愈和朱文正。

邓愈，一代名将，在太平—南京战役、安庆—江州战役中都屡建奇功。有这样一位将领在，洪都城的守军感觉稍微有了点底气。

朱文正，朱元璋的侄子。跟邓愈比起来，朱文正简直是一块渣。自从来到洪都这个灯红酒绿的大城市，纨绔子弟朱文正天天吃喝嫖赌，不务正业，太守办公室里根本找不到他的踪迹，因为他不是在妓院，就是在去妓院的路上。

可谁都没想到的是，最后决定洪都命运的居然是朱文正这块渣。

收到前线军情之后，朱文正突然收起了花花公子的模样，从妓院回到自己的办公室，召开了紧急军事会议，以一个最高长官的身份用坚定的口吻对每一个将士说：“城亡与亡，我等誓死保卫洪都城！”

紧接着，朱文正立刻分配兵力防守各个城门，洪都城城门多，守军少，但朱文正分配起来却有条不紊，最后居然还给自己留下了上千人的预备队。

朱文正突然之间的华丽大变身让洪都诸将目瞪口呆，他们甚至怀疑朱文正是不是还有个双胞胎兄弟：一个负责吃喝嫖赌，一个负责运筹帷幄。

但不管眼前这个人是朱文正本人还是他的“隐形兄弟”，在朱文正坚毅的眼神中，大家看到了希望。

四月二十四日，陈友谅发动了进攻，他的目标是抚州门。陈友谅的选择倒是没错，这里地势开阔，非常适合大部队展开，最大限度地发挥人数优势，可惜的是，防守抚州门的人是邓愈。

邓愈一点儿也没跟陈友谅客气，滚木礌石不要钱一样往陈友谅头上招呼。陈友谅的大军是临时组建的，没经受过良好的训练，连装备都是些临时拼凑的皮甲竹盾，对从天而降的大家伙没有丝毫抵抗力，不给砸死也被砸晕过去。几天下来，城下尸体堆成了山，也没人能够登上城头一步。

活人不能被一泡尿憋死，六十万活人不能让一堵城墙堵死，既然攀不上墙头，就改成挖墙脚。

四月二十七日，在重盾方阵的掩护下，一队五大三粗的士兵手持砍刀接近城墙根，冲着城墙一阵猛砍。城墙上的守军看傻了眼，有力气不去砍人，干吗跟城墙过不去？心里这么想着，手里却丝毫不敢松懈，强弓硬弩流水价地往“挖墙脚大军”头上送去利箭。挖墙脚的人多了，搭云梯爬城墙的人自然就少了，墙头上的守军没有了压力，一个个探出身去，嗖嗖放冷箭放得别提多过瘾了。

快乐的日子总是短暂的，没过多久，守军就发现城墙真的被凿开了！常言道，“只要锄头挥得好，没有墙脚挖不倒”，今日方知，古人诚不欺我也！汉军非但挖开了抚州门的墙角，还挖了有十丈那么宽的洞！

陈友谅一阵兴奋，照常理，大军冲破了城墙，这座城市也就离被攻陷不远了。可是接下来发生的事情让陈友谅泪流满面，感叹自己生错了时代：

邓愈及时调来了一支装备秘密武器的部队堵住了空缺，一阵震耳欲聋的砰砰声过后，第一批挖墙脚的工人应声倒地，抽抽了几下，就没气儿了。

后面的汉军面带恐惧地看着眼前这支部队和他们手中的秘密武器——火铳。

火铳这种武器其实在元朝的时候就已经登上历史舞台，由于射速慢、射程短、精度低等缺点，一直没有被大规模列装部队。但是，用来防守一段十余丈的墙洞，已经足够了。

汉军中绝大多数人都没见过这种会发火冒烟的铁管，在巨大的枪声震慑下，攻势稍稍有所减缓，趁着这个当口，邓愈在断城后面建起了一道栅栏。

邓愈也知道，这道栅栏支撑不了多久，于是又组织施工队以这道栅栏为依托，临时砌起了一堵城墙。陈友谅当然不能让邓愈安心地筑墙，在他的亲自督战下，汉军像洪水一样冲向这个缺口。

朱文正也意识到邓愈的施工队现在是全洪都城的命脉，关键时刻派出了预备队，终于让邓愈安心地修完了城墙。

陈友谅重新解读了“挖墙脚”这个俗语，而邓愈则向陈友谅阐释了什么叫“亡羊补牢，为时未晚”。眼看着人死了不少，挖开的城墙却又被补了起来，汉军失去了再挖一遍的勇气，终于在第二天清晨撤军。

抚州门保住了。

出师不利。这一战对汉军士气的打击是巨大的，就好像你怀揣价值六十万元的无敌板砖气势汹汹地去找人报仇，却在高速路口被堵了整整三天，你说窝火不窝火？

可再窝火也得接着往下走啊。休息了几天之后，陈友谅放弃抚州门，把新目标锁定在新城门。

惹不起我还躲不起吗？陈友谅是这么想的。可惜他想错了，因为新城门的守将薛显是个更加不好惹的主儿。

薛显，安徽砀山人，原来是义军统帅赵均用（就是在滁州城绑架郭子兴的那个）的部将，在赵均用死后投降朱元璋，一直担任朱元璋的亲兵队长，跟随朱元璋全程参加了安庆—江州会战，洪都叛乱后被留在洪都坐镇。

这样的猛人，惹得起吗？

五月初六，汉军将主力开到新城门外，还没来得及摆出攻城阵形，新城门居然嗷的一声开了，城里杀出一队骑兵，冲锋到汉军阵前一通乱砍，砍死了陈友谅部将刘进昭，生擒活捉了赵祥，然后又仗着马力快马加鞭冲回城了。

汉军目瞪口呆，不少人还没反应过来就被马刀砍死了，圆睁着难以置信的眼睛死不瞑目。

没见过这么不讲道理的！惹不起，真心惹不起。陈友谅本身就是个不按常理出牌的人，但是在薛显面前，他简直像个三好学生一样循规蹈矩。横的怕愣的，愣的怕不要命的。陈友谅算是怕了他了，从那以后，就没敢对新城门发起猛攻。

六月十四日，陈友谅决定从洪都沿江一侧进攻，放着强大的水军干吗不用啊？

可惜，陈友谅又打错算盘了。安庆—江州会战后，朱元璋重修了沿江一带重要城市的城防，吸取了太平和江州沦陷的教训，洪都城的城墙往内侧挪了不少，确保没人能从战舰上直接跳进城里。

所以，汉军只能乘坐小船去冲击江边唯一的水门。而守军早就准备好了长矛，汉军一来，直接就拿长矛往死里捅。本来也不是什么大不了的战术，汉军本能地抓住了伸出来的长矛，却听见吱的一声响，然后传来一股烤肉的清香，紧接着手掌一阵剧痛——原来守军的长矛已经被烧得滚烫了。

太缺德了！

正是在这一系列缺德带冒烟的战术之下，陈友谅怎么都没能打开水门。他没辙了，只能移师土步门。在那里，陈友谅倒是小有收获，一箭射死了守将赵德胜。可惜没用，守军见到主将英勇牺牲，反而更加斗志高昂，硬是没让汉军染指城墙半步。

陈友谅真的绝望了，本来在他的计划中，六十万大军打下洪都还不是分分钟的事情。可结果跟他预料的正好相反，在突然变身为钢铁战士的前花花公子朱文正，和一直以来发挥稳定的一代名将邓愈的通力合作下，洪都成了一台绞肉机，陈友谅留下无数具尸体，却什么也带不走。

洪都城下一堵，就是八十五天。

六十万人，滞留八十五天，这是个什么概念？六十万人，既是六十万把刀，更是六十万张嘴，六十万人同时趴在鄱阳湖边喝水，能把鄱阳湖喝干一小半；六十万人同时吃饭，能把鄱阳湖平原一年的产粮吃得干干净净！别人都以为统率百万大军是件威风凛凛的事情，那是因为他们没看到百万大军留下的账单。

陈友谅没有意识到，这一切都是自己造成的，因为他犯了一个无可挽回的错误——在洪都死磕。洪都的守军自保有余出击不足，他完全可以绕开洪都直取南京，到时候主力陷在庐州的朱元璋就只有被动挨打的份儿。等打下了南京，再把朱元璋部各个击破根本不是难事。

可是陈友谅太自信了。手里有了无敌舰队和六十万大军后，他瞬间把一切失败都抛在了脑后，从而放弃了斩首行动，一心想要稳扎稳打，从洪都开始一口一口吃掉朱元璋的每一寸土地。当然，还有一个他说不出口的理由：拿了我的给我还回来，吃了我的给我吐出来！凡是背叛过我的，我一定要让你受到加倍的惩罚！

八十五天，除了换回一堆让陈友谅难以承受的账单，更给了朱元璋足够从任何一个泥潭中抽身的时间，眼看着几乎是天赐的良机正在从指缝溜走，陈友谅急红了眼，像头狂怒的野兽一样在洪都城下嘶吼，却拿这座城市一点办法也没有。

遇见，在宿命中的战场

1363 年七月初六，朱元璋率领二十三万大军出发前往洪都。

一个月前，一个叫张子明的人来到他面前，把朱文正的亲笔求援信交给朱元璋。信上，朱文正详细描述了洪都保卫战的种种惨状，但他没有说“你赶紧来救我，再不来大家一起完蛋”之类动摇军心的话，反而告诉朱元璋，陈友谅这两个月伤亡惨重，粮草供应不上，只要援军一到，就能破陈汉大军。

但朱元璋的主力此刻正在庐州跟张士诚耗着，要把这支部队撤回来，同时再集结其他地区的精锐部队，至少需要一个月。

“你告诉文正，再坚持一个月，一个月后，大军一定如期赶到。”经过一番斟酌，朱元璋说出了这句话。

在六十万大军面前再坚守孤城一个月，不是两片嘴皮子上下一动那么容易的。朱元璋后悔之前没有听刘伯温的劝谏，但后悔已经来不及了。此时此刻，他只能把接下来的命运寄托在朱文正的洪都城和眼前这个信使身上。看着朱元璋信任的目光，张子明郑重地行了一个军礼。

“无论如何，我会把这个口信带到。”张子明的眼中闪过一丝决绝。

张子明的确履行了自己的诺言，以一种极为惨烈的方式——

回洪都的途中，张子明被陈友谅活捉了，于是他假意投降陈友谅。陈友谅得意扬扬地把张子明拉到城下，想让他喊话劝降。张子明定了定神，喊出了那句寄托着朱元璋全部希望的口信：

请诸位再坚守一个月，主公的大军马上就要到了！

说罢，张子明一脸嘲弄地看着陈友谅，看着陈友谅脸上交织着愤怒与不可思议的神色。

恼羞成怒的陈友谅一刀劈死了张子明，但已经来不及了，洪都城里的守军看到了希望，虽然希望远在一个月之外，但总比无穷无尽的绝望要好。

已经差不多快蔫下去的洪都城再次爆发出无敌小宇宙。

洪都城下堆起了更多的尸体，陈友谅却丝毫无法撼动这座城池半分。

而南京这边，战争总动员的工作也在有条不紊地展开。徐达的大军不是一天两天能够撤回来的。朱元璋等得有些烦躁。有谋士跟朱元璋出主意，说大军集结好之前先派一支人马过去救援洪都。朱元璋既担心洪都又担心侄子朱文正的安危，心中有些犹豫，便去咨询刘伯温。

“哪个王八蛋出的主意！”刘伯温一听就火了。“主公！陈友谅倾国之兵六十万大军，我们这边满打满算也不过三十万，还要分出十万来防备张士诚，现在再把二十万拆开，这仗还打不打？！对于洪都，送上几万人马等于是给陈友谅下酒，对于最后的决战，少了几万人马就是少了十分气势，这种事情根本毫无意义而且得不偿失！”

朱元璋本来只是在犹豫，经刘伯温一说，心里就敞亮了，再也不提分兵的事情。

一直熬到七月，各路精锐相继在南京集结完毕，李善长督造的战船军器也相继完工，而这个时候，刘伯温也找到朱元璋，汇报了自己的最新科研成果：长江水位会下降一段时间，到时候陈友谅的巨舰灵活性就会受限制。

现在，是决战的最好时刻。

1363 年七月初六，朱元璋的舰队也起锚了。他比陈友谅晚了三个月，可是愚蠢的陈友谅把这三个月的黄金时间浪费在洪都城上。

天与不取，必受其咎。

现在，朱元璋把一切都准备好了，他相信，这是老天的眷顾。而老天，还将继续眷顾他。

七月十六日，朱元璋的舰队抵达鄱阳湖口，朱元璋首先派兵守住泾江口（今安徽宿松南）；另派一支军马屯于南湖嘴（今江西湖口西北），切断陈友谅归路；又派兵扼守武阳渡（今江西南昌县东），防止陈汉军逃跑；而朱元璋本人则亲率水师由松门（今江西都昌南）进入鄱阳湖。

就在鄱阳湖一决生死吧，陈友谅！

陈友谅看懂了朱元璋的信号，他丝毫不在意朱元璋断了自己的后路。一个把自己老婆孩子都带在身边出来打仗的人，本来就没给自己留后路，还会在乎有人断后路吗？

七月十九日，朱文正从不安的睡梦中醒来，发现洪都城外空空如也，陈友谅的大军已经撤走，现场只剩下六十万大军留下的生活垃圾，和一些还在打转的锅碗瓢盆。

若不是沉重的甲胄支撑着身体，朱文正几乎要像泥一样软在地上。结束了，洪都的地狱终于结束了。

而对于朱元璋和陈友谅来说，这才刚刚开始。

在听说朱元璋把大军开到鄱阳湖，还断了自己的后路之后，陈友谅嘴角冷冷一笑。

在鄱阳湖上，今天就让我们了结这一切吧！

七月二十日，朱元璋水军与陈友谅水军分别来到鄱阳湖，在康郎山相遇，两支军队都走了三个月的弯路，但无论如何，他们终于相遇，在这个宿命的战场上。

朱元璋在自己的水寨里远远望着陈友谅的舰队。

朱元璋舰队中的主力战舰大都是龙湾会战时缴获的，而“龙湾级”吨位的战舰在陈友谅眼中属于已经被淘汰的级别了。尽管隔着这么远的距离，朱元璋一方的士兵都要抬起头才能看清楚陈友谅大舰的全貌，再加上陈友谅还把本来就够大的大舰排布在一起，展开数十里，气势夺人。人比人得死，货比货得扔，朱元璋部立刻就淡定不下来了。

这仗没法打了。除非非洲食人蚁再世，否则蚂蚁还能咬死大象不成？但刘伯温告诉朱元璋，蚂蚁固然咬不死大象，可是大象也踩不死蚂蚁，蚂蚁生生不息，可大象总有被耗死的一天。

朱元璋麾下的第一号牛人徐达就是一只让大象无比头痛的兵蚁。

七月二十一日，鄱阳湖水战拉开序幕。徐达率先发起了进攻。徐达利用陈友谅战船巨大、进退不变的缺点，驾着快船以迅雷不及掩耳之势出现在汉军舰队的前方。

徐达的快船上装备了当时最先进的火器，大小火炮、火铳、火箭、火蒺藜、大小火枪等一应俱全，这些火器对于木舰的杀伤力是极强的。经过数轮齐射把汉军轰了个灰头土脸后，徐达令旗一挥，快船分成十几个小分队从不同方向缠上了眼前的巨舰。

这种战术已经不像蚂蚁，而是像草原上的狼群。发现巨大的猎物后，狼群会在头狼的指挥下从四面八方包抄猎物，再凶猛的猎物也有顾此失彼的时候，只要一口被咬中，猎物就会乱了方寸，然后被更多的恶狼死死咬住，最后流血而死。

徐达的快船比狼更灵活，而汉军的巨舰比草原上任何巨兽都要笨重，徐达很快就顺利完成接舷，登上了其中一艘巨舰，紧接着，更多的快船靠上了大舰。

脚踏实地之后，没有人是徐达的对手，他把抵抗的汉军一一砍死，又把放弃抵抗的汉军一一扔进鄱阳湖喂王八后，缴获了这艘巨舰。

这是朱元璋一方当日最大的战绩。

一生投身于水军建设事业的陈友谅也真不是盖的，很快就组织起了有效的反击。

陈友谅的策略也很简单，当猎物大到一定程度的时候，狼群的骚扰就会被分化，被稀释。所以，他命令巨舰紧密布阵，船与船之间只留出极小的缝隙，确保快船挤不进来，两舷之间还能相互照应，然后齐头并进，跟一座水上长城一样排山倒海地朝徐达的快船冲来。

狼群再狠，毕竟不是非洲食人蚁群，徐达赶紧撤退，退入第二道防线。

第二道防线由朱元璋麾下第一号水军头领俞通海指挥。在将星云集的鄱阳湖上，俞通海只是个小角色，可惜这一刻天不佑陈友谅。就在汉军舰队逼近俞通海防线的时候，方向突然转变为逆风，汉军的势头为之一顿，而俞通海则把握了这个千载难逢的机会，一声令下，万炮齐发，上百发实心铁炮顺着风头呼啸着朝汉军砸去，这一下子砸烂汉军前锋二十余艘战舰。

这一仗从早晨打到傍晚，直到双方鸣金收兵，战斗才告一段落。

这一战，别看朱元璋打得欢，在陈友谅面前，其实他也并没有占到多大便宜，陈汉水军虽然打得中规中矩、无甚亮点，但稳中求胜，步步为营，一炮一个坑，一样压得朱元璋抬不起头来。

最倒霉的是，朱元璋的旗舰还在战斗过程中搁浅了，朱元璋这条小命儿差点就交代在鄱阳湖会战的第一天。

鄱阳湖上拍《赤壁》

第一天的战斗互有伤亡，两边打了个平局。不过这对朱元璋来说还算是个利好消息，就好比一个干瘦的眼镜男和一个五大三粗的职业格斗选手打了个平手，对眼镜男朱元璋来说，这已经是不小的胜利，但对职业格斗选手陈友谅来说，这就是一场耻辱的失败。

当晚的作战会议上，陈友谅气势汹汹地盯着手下的将领，将领们低着头不敢说话。事实上他们已经尽力了，可是这六十万临时凑齐的部队无论在战术素养还是训练水平上都没法跟葬送在龙湾的那支精锐部队相提并论，这也是不得不面对的事实，更何况陈军劳师远征八十多天，在洪都脚下血流成河，而朱元璋的部队却是以逸待劳，正是锐气最盛的时候。

当然，这样的话没人敢跟陈友谅说。陈友谅是个迷信绝对力量的人，在他眼里，眼前这二十几万连大船都造不起的叫花子，根本没有资格挡在自己的六十万大军和全天下战斗力最强的无敌舰队面前。

陈友谅把会战第一天没有取胜的原因归结为朱元璋狼群战术的骚扰。而经过一天的实战，他自以为找到了应付狼群战术的最佳方法——连锁战船。

狼群能耗死一头水牛，但是啃不动一座大山。陈友谅用铁索把战船全部锁在一起，船与船之间再铺上甲板，整个舰队就变成了一座浮动堡垒，朱元璋手里的快船再多，也不足以对其形成合围之势，而且一旦有人在战船的任何一个地方接舷，舰队的骑兵就会火速赶来营救。

那一刻，陈友谅觉得自己简直是个天才。望着自己的杰作，他心里美滋滋的。

可惜，他不知道一千多年前，就在离此地几百公里的地方，也曾有一个枭雄美滋滋地打量着自己的浮动堡垒。他也下令把战船锁在了一起，他的甲板上也能跑马，他也和陈友谅一样，自我感觉良好。

那个枭雄叫曹操，那个地方叫赤壁。

拜《三国演义》所赐，我们都知道那场战役最后的结果。可惜的是，陈友谅工作太忙了，放松了学习文化知识。以史为鉴，可以知兴替，陈友谅身为一名领导干部，非但没有认真学习《后汉书》《三国志》《资治通鉴》等重要史书，连当时新出版的小说《三国演义》都没来得及去翻一翻。

没文化真可怕。陈友谅马上就会尝到恶果。

七月二十二日，经过一天的中场休息，双方参赛选手再一次列阵出现在鄱阳湖大竞技场上。看到汉军连锁战船的瞬间，朱元璋倒吸一口冷气，把牙齿都冷得直打战。

陈友谅的浮动堡垒实在太大了，像一座山一样缓缓地压过来。朱元璋手底下的那几条船已经小到看不见，就连徐达、常遇春这种鬼见了都要怕三分的超级猛人，也只能傻愣愣地看着，找不到下口的地方。

刘伯温此时也站在朱元璋的旗舰上。这一战他全程陪同朱元璋，随时提供免费战术咨询。看着陈友谅的浮动堡垒，刘伯温脸上也一脸凝重。

在敌强我弱的情况下，想要以弱胜强，唯一的方法就是借势。龙湾会战，朱元璋借的是地势，而今已经没有地势可借，但总会有别的势。

刘伯温立刻想到了那场陈友谅没有想到的战役：赤壁。

是的，可以借火势。

刘伯温的表情顿时轻松下来。

战场上的情况现在是一边倒，朱元璋方面已经连续发起了三波进攻，却根本撼动不了陈友谅。趁着朱元璋一方士气低落，陈友谅令旗一挥，发起了猛攻。面对陈友谅的碾压，朱元璋根本没有还手之力，大军节节败退，朱元璋亲手斩杀了数名带头后退的军官，才算勉强稳住了阵脚。

一战下来，朱元璋方面损失惨重。

再不采取行动就来不及了，刘伯温知道，一旦将士们发现眼前的敌人比身后的督战队更可怕，败局就不可避免了。

“主公，贼兵势大，正面强攻我们恐怕占不到便宜。”趁着两军重整阵形的中场休息时间，刘伯温凑到朱元璋耳边进言道。

“先生难道有什么良策吗？”朱元璋刚杀了人，身上血淋淋的，红着眼问刘伯温。

军情紧急，刘伯温决定长话短说：“贼舰铁索连环，进退不便，我军何不用火攻？”

“火攻？”朱元璋心神一动，哐啷一声收剑入鞘。这个主意我喜欢！

他立即采纳了刘伯温的计策，命人准备了七条快船，船上装满火药，以并排方式操控火船。

火船很快就准备好了，兴奋之余，朱元璋突然发现一个很尴尬的问题：没有风。

是啊，月黑杀人夜，风高放火天。放火，怎么能少了风？

朱元璋像是被一盆冷水淋了头，泄气地看着刘伯温，一脸苦笑。他现在是彻彻底底的万事俱备，只欠东风。

刘伯温却一脸镇定，带着自信的微笑告诉朱元璋，黄昏必定起东北风。

自从出道以来，刘伯温一次次地证明了自己卓越的天气预报能力。一听刘伯温这么说，朱元璋又来了精神，既然刘伯温说有风，那一定会有风！

到了黄昏，果然起风了，而且正是期盼已久的东北风。

刘伯温神了！朱元璋心里美得不行，得军师如此，夫复何求？

其实用现在的地理学知识解释，刘伯温预测的只是简单的陆湖风，但在那个时代掌握这门技术的人毕竟少之又少，而且往往作为顶级谋士的不传之秘。刘伯温没有借机装神弄鬼地搞个借东风来包装一下自己，已经算很厚道了。

无论如何，东北风起，就到放火的时候了。七艘火船一一下水，在其他快船的掩护下快速逼近陈友谅的浮动堡垒。

汉军这边，一天的恶战下来，已经一扫前一天的憋屈，越打越开心。这种居高临下，我能打你你够不着我的感觉真是好极了。所以，眼看着又有一队快船列横阵前来，大家也没多想，列阵出击，碾碎了再说。

接下来发生的事情就一点悬念都没有了，一千年前在湖北赤壁发生了什么，今天就原模原样地重演了一遍，跟拍纪录片似的。

火，是连锁战船唯一的缺点，却是最致命的缺点。风助火势，等陈友谅反应过来的时候，他引以为傲的无敌舰队已经陷入了熊熊火海。

完了，全完了。

陈友谅拼命地嘶吼，指挥水军分船、灭火，指挥那些还没着火的战船发起反击，他知道已经无力回天，但如果就此放弃，他就不是陈友谅！

连陈友谅自己都不知道，他这次绝望的反击几乎把朱元璋送到地狱门口。

在一片火海中，不知是有心还是无意，汉军战舰上的一名军官锁定了朱元璋的旗舰。为了能在这个距离下准确击沉敌舰，他调来舰上最大的一门炮，并把惊慌失措的炮手重新拉回炮位。

设定方向角和仰角，填药，装弹，瞄准，开炮！

巨大的炮弹带着呼啸声偏离了目标，砸在离旗舰一定距离的水面上。

没有多少人注意到这枚莫名其妙的流弹，除了刘伯温。

一直在观察汉军军阵的刘伯温脸色瞬间就变了，大喊一声："大难临头，快换船！"一把拉起朱元璋，往旁边的小船上跳。朱元璋也不知道发生了什么事情，但是看到刘伯温难得出现一脸惊慌失措的样子，也就跟着他换了船。

对面的汉军战舰上，炮手根据刚才的弹着点重新调整了弹道。

炮身复位，重设方向角和仰角，填药，装弹，瞄准，开炮！

一个训练有素的炮手可以在五分钟内完成这一系列战术动作。

朱元璋离开旗舰的瞬间，炮弹落下，旗舰被炸得粉身碎骨。

朱元璋身边的亲兵吓得脸都白了，只要再晚一会儿，朱元璋就没命了，临阵主帅被狙杀，战斗的胜负就很难说了。

大家看刘伯温的眼神都变了，想不到刘军师居然还有这样未卜先知的能力。

其实，刘伯温并不是神仙，他只是善于见微知著，从微小的细节中察觉事态的走向，而且刘伯温尤其精通火枪、火炮等热兵器作战（明朝著名的热兵器教材《火龙神器阵法》就是托名刘伯温所著），从发现敌舰上巨炮调动，到第一枚炮弹试射，刘伯温就猜到自己这艘旗舰已经被锁定了。

其实所谓的预测未来，无非就是根据规律从已经发生的事情中推导出即将发生的事情，只要观察足够细致，对规律掌握足够透彻，谁都能办到。

旗舰被击毁后，朱元璋的部队出现了小小的混乱，但是随着朱元璋本人鲜活亮相，士气反而更加高昂。朱元璋趁势挥动令旗，全军发起了猛攻。

这一战，烧毁陈友谅战船数十艘，烧死汉军数万，连陈友谅的大将陈普略和他的两个弟弟都被烧死在乱军中。

此战过后，鄱阳湖战役的走向渐渐明朗，连瞎子也能感觉出来，陈友谅已经不行了。

七月二十四日，狼狈不堪的陈友谅再次重整旗鼓。瘦死的骆驼比马大，被烧烤了一整天的陈友谅不敢说自己还比朱元璋强大，但他还是有信心不让朱元璋从自己身上讨到便宜。

可惜陈友谅背到了极点，因为这一天，俞通海超常发挥了。

俞通海原本是一名水贼，投降朱元璋后一直是朱元璋水军的重要将领。此人原本一直是跑龙套的角色，这倒也不能全怪他，毕竟朱元璋的水军太弱小了，俞通海想发挥也没有机会。

今天，机会来了。

一大早，俞通海亲自带领着六艘快船杀进了汉军军阵。陈友谅气不打一处来，自从开战以来他就被朱元璋的快船骚扰得够呛，他受够了！

陈友谅下令，先把俞通海放进来，然后大舰结阵，关门打狗！

自打俞通海出战后，朱元璋一直就在瞭望塔上瞅着，眼看着六艘快船冲进陈友谅的战舰堆里，然后就什么都看不见了。

等了很久很久，也没听到有什么动静，六艘快船像开进黑洞里一样，不见了。“估计是已经完蛋了。”朱元璋悲观地想，“俞通海是个好同志，追悼会要开得隆重点……”就在这时，突然听到身边的人欢呼起来，朱元璋再次极目远眺，只见六艘快船一艘不少地从陈友谅军阵的背后绕了出来，隔着水雾，急速行进的小船看上去非常缥缈，像游龙一般飘摇，而陈友谅的大舰拿他们丝毫办法都没有。

越来越多的人看到了俞通海的六艘快船，欢呼声震天动地。朱元璋下令打开旗门，像迎接英雄一样迎接俞通海。

其实，俞通海的汉军一日游对汉军造成的破坏极其有限，但是，这一番戏弄宣告了汉军的航母战斗群已经沦为“想来就来想走就走”的公共厕所，朱元璋眼看着大军士气高涨，一声令下，大军发动了总攻。

这一战，汉军终于彻底溃败，丢下无数军械旗帜后，陈友谅退守鄱阳湖西岸的渚矶，再也不敢出战了。

让你成魔，我来当佛

陈友谅做了缩头乌龟，打死都不敢把仅存的几艘主力战舰拿出来。而朱元璋虽然这几天一直追着陈友谅的屁股打，但每次看到陈友谅的超级战舰还是会有一阵心悸，他也不愿意跟死守水寨的陈友谅死磕。

一般到这个时候，都会进入一个娱乐性非常强的作战流程：骂阵。

骂阵是个技术活，既要在离对方足够远（弓箭射程范围以外）的地方，又要保证骂声字正腔圆地传进敌军阵中。最经典的案例莫过于《三国演义》中诸葛亮骂死王朗的故事了。不过，一般很难找到能够执行这种特殊任务的专业播音人才。

所以很多时候，骂阵采用大合唱的形式，由全军将士齐声喊话。这种做法的缺点是句法结构单一，信息容量较小，对骂阵文案的要求极高，最典型的战例还是《三国演义》里，诸葛亮让众人齐声高喊“周郎妙计安天下，赔了夫人又折兵”，把周瑜气得吐血。

那么，有没有一种更高效便捷的骂阵方式呢？

当然有，那就是写信。这样做既可以长篇大论，也不用担心随时会被射到墙上去。

为了能把陈友谅骂出来，刘伯温亲自捉刀代笔，以朱元璋的名义写了一封信——一封刻薄到极致的信，翻译过来大概是这样的：

老陈啊，之前你吃饱了撑的打我的池州，被我揍得鼻子不是鼻子脸不是脸的，我也没跟你计较什么，还把俘虏都还给了你，我的主要目的是为能够跟你和平共处，搁置争议，共同开发。

可是你不识好歹啊，蹬鼻子上脸欺负上门来了，那我也不跟你废话，必须揍你，抢你江西的地盘没商量，这都是为了给你个教训。

本来以为你该老实了吧，结果你还没完没了了，真是小树不修不直溜，先让我在洪都踹了一脚，又在鄱阳湖上被我老实不客气地揍了两顿，两个弟弟被我宰了，百万大军也被我废了，你竹篮打水一场空，这不都是你活该吗？

你瞅瞅你那些战船，都跟傻大个儿似的，你再瞅瞅你那些士兵，都跟叫花子似的。你以前不挺嚣张吗？怎么不出来决一死战啊？怎么现在只敢远远躲在我身后，感觉跟我的小喽啰似的，你到底还是不是男人？（以公平日之狂暴，正当亲决一战，何徐徐随后，若听吾指挥者，无乃非丈夫乎？公早决之。）

这信写得确实够缺德。陈友谅看完后气得浑身冒烟，自从加入徐寿辉的红巾军后，他要风得风，要雨得雨，什么时候这么窝囊过！那一瞬间，陈友谅感觉自己又回到了童年和青年时代，那段因为一身鱼腥味被人嘲笑、被人奚落的岁月。

“把送信的拖下去斩了！”从小积累的自卑感像火山一样爆发，不顾两军相交不斩来使的惯例，把信使一刀砍了。砍完之后觉得不能发泄心中的怒火，又下令把抓到的俘虏全部砍了，一个不留。

但愤怒归愤怒，陈友谅依然保持着识时务的好习惯，坚守不出，只是下令在以后小规模的冲突中，对于朱元璋的俘虏绝不留活口。

这是刘伯温完全没想到的结果，他本来只想把陈友谅骂出来打一架，结果竟然让陈友谅亲手把他自己送进了万劫不复的深渊。

真是捡到宝了。

朱元璋一时还不能理解刘伯温所谓的“宝”是什么，他还沉浸在陈友谅不肯出战的失落中，他不明白，自家的战俘都被杀了，刘伯温还在乐呵什么。

于是，刘伯温向朱元璋解释道，就算陈友谅被骂出阵，以朱元璋的实力也不过是再重创他一次而已，但是陈友谅现在的所作所为，足以动摇陈友谅的根基。

朱元璋若有所悟地点点头，刘伯温进一步建议道：“陈友谅的杀俘之举，等于是把我军推到必须死战的境地，而我们则要反其道而行之，非但要优待俘虏管吃管住，而且事后要把俘虏放回去，这样一来，陈友谅的军心必然瓦解。”

朱元璋一听，拊掌称善。这条计策太毒了。跟着陈友谅送死，还是临阵投降来朱元璋这边吃白米饭喝肉汤——是个人都能做出抉择。陈友谅本来就不得人心，这样一来，陈军连最后那点斗志也被消磨殆尽了。

剩下的几天里，不断有陈汉军队偷偷出来投降，开始是一个个来，后来慢慢以十人队甚至百人队的规模成批次地叛逃。而在小规模战斗中，陈军也毫无斗志，还没接敌就纷纷溃败投降的情况屡见不鲜。

陈友谅愈发愤怒了。在这个世界上，他最痛恨的行为就是背叛。原因很简单：他自己就是靠背叛起家的。背叛，是陈友谅不容他人侵犯的专利。

而他表示愤怒的方式，就是杀更多的人。杀投降他的人，杀背叛他的人，杀有可能背叛他的人。

没文化很可怕，但是情商低更可怕。

而朱元璋偏偏要和他反着来。随着陈友谅越来越暴戾，朱元璋则变得越来越仁慈。以刘伯温为首的笔杆子们更是不失时机地把主帅的仁慈编成各种感人的《知音》式小故事，传遍了整个鄱阳湖。

一边是杀人不眨眼的魔头，一边是大慈大悲的佛陀，所有人都知道该怎么选择。

死撑到八月份，陈友谅终于到了众叛亲离的边缘——连他的两位仪仗队队长（左右执金吾）都叛逃了。

陈友谅终于撑不下去了。

虽然陈友谅是抱着你死我活的态度来决战的，但真到你死我活的时候，他还是决定撤回武昌，留得青山在，不愁没柴烧。

八月二十六日，陈友谅决定，全军突围。

稻草 + 奇谋 = 陈友谅的末日

朱元璋察觉到陈友谅的企图，早早把大军转移到鄱阳湖口，在长江南北两岸设置木栅，又派兵夺取蕲州、兴国，控制长江上游，堵截陈友谅的归路。

虽然布下了天罗地网，但朱元璋还是有一丝担心。陈友谅的战舰非但体型庞大，更重要的是技术先进，依靠复杂的机关传动装置，仅需少量的桨手就能在水面上疾驰，虽然在野战中的机动性依然比不上朱元璋的快船，但是用来夺路逃命已经足够了。

这次不能让陈友谅再跑了，这老小子跟小强似的怎么都打不死，在龙湾让他跑了，结果没几年就纠合了六十万大军差点把朱元璋报销了。不怕贼偷就怕贼惦记，这次要是再让他跑了，谁知道下次鹿死谁手？

一想到这里，朱元璋就郁闷，趁人不注意的时候免不了长吁短叹，唉声叹气。

作为朱元璋最亲近的谋士，刘伯温自然把朱元璋的焦虑都看在眼里。一天开完会，刘伯温凑到朱元璋跟前，说道："主公，今日无事，不如我们去周围农家逛逛，享受一下山水田园的恬静吧。"

"哈？"朱元璋被刘伯温莫名其妙的建议搞得一头雾水，现在是大夏天，这里又打了那么久的仗，哪来什么恬静的田园风光！

刘伯温不理朱元璋，仍自顾自地说："主公还记不记得上次我们去田间游玩，看到有农民在筑堤坝防水，主公说这是'水来土掩'？"

"嗯，好像有这事儿。"朱元璋点点头。

"那主公记不记得，农民为了防止公鸡到处乱窜糟蹋粮食，拿稻草把公鸡腿拴住，主公当时说这是'有脚难行'？"

"嗯，似乎有这事儿。"朱元璋心想年纪大的人就是爱怀旧，不过难得刘伯温半百的人了记性还那么好。

“当时主公还捡起路上的稻草，说这些稻草‘看着是草，用着是宝’。”

“嗯，大概有这事儿。”这些都是随便游玩的时候朱元璋随便说的话，哪可能记得那么清。

刘伯温换上了一脸得意的笑容，“主公，要破陈友谅，就全靠这‘用着是宝’的稻草了。”说完，刘伯温伏在朱元璋耳边，把计策一一说给朱元璋听。朱元璋听完，一拍大腿：“先生妙计！”

当晚，朱元璋的后勤官员们就收到一则奇怪的军令：收集稻草，越多越好。

八月二十六日，朱元璋已经完成了所有部署，而陈友谅也终于撑不下去了。当日凌晨，陈汉舰队悄悄地起锚，以迅雷不及掩耳之势准备冲杀出去。

不惜任何代价离开鄱阳湖，只要舰队进入长江水域，就没有人能够追得上我了。陈友谅是这么想的。

朱元璋早就猜到陈友谅的想法，所以一开始就在湖口布下重兵，陈友谅远远地看见长江，却始终无法突破湖口的防线。

此路不通就换条路走，陈友谅立刻下令，舰队掉头，开足马力准备转从防御较弱的泾江突围。

朱元璋的嘴角泛起一丝冷笑，令旗一挥，早就埋伏在一旁的快船载着稻草飞快地冲到陈友谅的必经之路上，把大捆大捆的稻草往湖里扔，没过多久，湖面上就漂满了稻草。

陈友谅的舰队很快就进入了这片死亡水域。漂浮的稻草立刻被绞进高速转动的轮轴中，死死缠住了陈友谅引以为傲的先进科技。

那个年代的鄱阳湖还没有“污染”这一说，汉军水手怎么都没想到为什么突然会出现这么多稻草，稻草沾了水之后韧性奇佳，轻易无法处理，眼看着一个个轮轴停止了转动，舰队的行进速度立刻减缓了。

趁着这个当口，朱元璋的舰队已经围了上来。失去了速度优势的巨舰又变成一堆毫无还手之力的傻大个儿，只能任其宰割。

在这场混战中，最窝火的人是陈友谅。自从在龙湾被康茂才欺骗的那个夜晚开始，老天仿佛就一直跟他过不去，所有事情都那么不顺，现在居然连稻草都来跟他过不去。

陈友谅愤怒了。

这已经不是陈友谅第一次愤怒了，但这是他最后一次愤怒。

愤怒的陈友谅把头伸出舷窗，也许他想观察战局，也许他想喊点什么，但就在一瞬间，陈友谅感觉到自己的额头被一股强大的力量狠狠地往后一扯，他还没来得及感觉到疼痛，这股强大的力量已经撕开他的头盖骨，深深刺入了脑髓之中，陈友谅重重地倒在了地上。

就像当年的徐寿辉，在失去知觉和生命之前，陈友谅甚至没来得及反思自己的人生：

为什么我会失败？我比朱元璋更强大，比张士诚更雄心勃勃，我比全天下的大多数人更果断、更勇敢，也更有智慧，可是，为什么失败的人是我？

后人有无数个理论来论证为什么陈友谅的失败是必然的，但任何所谓的必然性论证无不流于成王败寇的浅薄。其实，陈友谅的失败，更像是他被老天所抛弃，因为他总是在不该自信的时候自信，不该愤怒的时候愤怒，总是在错误的地点做出错误的决策，最重要的是，他总是在错误时间遇到错误的人。

甚至连死神都跟陈友谅开玩笑，让某个无名小卒无意间射出的一支流矢结束了他的生命。

如果说陈友谅做错了什么，那就是他总是一次次地错失机遇，而朱元璋总是能一次次创造机遇、抓住机遇。

这正是两人之间真正的差距。

陈友谅之死，标志着鄱阳湖战役的结束，而朱陈之间多年的恩恩怨怨，也以朱元璋全胜而告终。

鄱阳湖之役过去很多年后，朱元璋跟诸将总结说："当年，张士诚恃富，陈友谅恃强，只有朕没什么依靠的。唯独能依靠不嗜杀人，布信义，行节俭，与诸将同心共济。”

然而，这些都是虚的，在绝对的实力面前，一切仁义道德都会黯然失色。这话虽然听上去大逆不道，却被历史证明了无数次。战斗刚刚结束的庆功宴上，朱元璋就曾心有余悸地对刘伯温说：“我不该亲自去安丰（救韩林儿）。假使那时陈友谅趁我不在南京，顺流而下直捣巢穴，我进无所成，退无所归，大势去矣！今陈友谅不攻南京，而围南昌，出此下策，不亡何待！”

是的，假如陈友谅真的顺江而下直取南京，那么“不嗜杀人，布信义，行节俭”的朱元璋的命运，恐怕还未可知。

当然，历史是不容假设的。陈友谅输了，朱元璋赢了。历史就是这么回事儿。

一个月后，朱元璋挥师西进，攻陷武昌，俘虏了陈友谅的儿子陈理，陈汉政权退出历史舞台。

从此西线无战事。

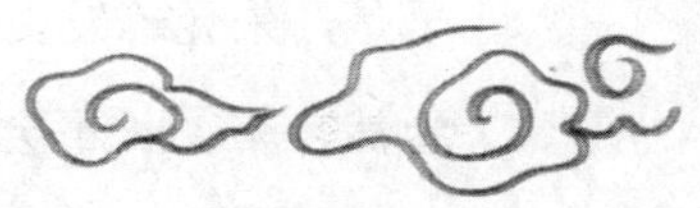

第八章　文武搭配，干活不累

下一个目标：张士诚

结束了与陈友谅的战争，朱元璋像考完高考的学生一样，一身轻松地回到南京。刘伯温定下的“先陈后张，先南后北”战略虽然只完成了三分之一，但随着各方势力的此消彼长，到现在长江流域除了苏南以东，其余都是朱元璋的管辖范围。

也就是说，朱元璋到处装孙子的时代一去不复返了，“高筑墙，广积粮，缓称王”的稳重政策已经过时。

很多人都意识到了这一点，没多久，李善长、徐达等人纷纷上表，让朱元璋称帝。

朱元璋心里也想把名片上的头衔升级一下，但是他心里还有些小小的顾虑，毕竟现在整个中国北方还在元帝国的统治之下，行事太嚣张总归不是什么好事，最重要的是，现在他头上还有个正牌皇帝小明王韩林儿呢。韩林儿本来就是自己救回来的，现在一脚踢开他自己称帝，那叫个什么事儿？

想到这里，朱元璋再次后悔当初不该不听刘伯温之言，给自己找了这么个麻烦。

于是，朱元璋发文件“拒绝”了李善长等人的好意。

当然，李善长不会就此“善罢甘休”，按照惯例，李善长等人继续上表，不依不饶地要朱元璋称帝，最后，朱元璋“勉为其难”地“退而求其次”，自立为王，立国号为“吴”。

很不巧的是，朱元璋这次跟张士诚的国号撞“衫”了。

张士诚的国号原来叫大周，投降元朝后就取消了。没多久，张士诚觉得还是做王过瘾，于是上表请求朝廷给他封王，朝廷觉得这个要求有点过分，会让自己很没面子，所以拒绝了。

这叫给脸不要脸。张士诚气呼呼地撕毁了朝廷的诏书，自立为王。朝廷拿他彻底没辙，非但没有当场发飙，没过多久，又巴巴地跑来跟张士诚催粮食赋税，张士诚冷笑着对身边的人说：“什么朝廷，根本就是群乞丐。”没搭理朝廷。

朝廷还是没辙。

而张士诚给自己定的国号，也叫吴。

历史上，朱元璋的吴国被称为西吴，张士诚的吴国则叫作东吴。

从时间顺序上来看，明显是朱元璋抄袭了张士诚的创意，因为张吴政权比朱吴要早一年，但是朱元璋有理由斥责东吴政权是山寨货，因为他的西吴占据着南京。历史上，凡是国号叫吴的国家基本上都会占据南京城，换句话说，连南京都没有，你也好意思管自己叫吴国？

奋斗了十多年，当年的穷和尚朱元璋终于称王称霸了，但他还有一个更宏大的理想，那就是称帝。而挡在这条路前面的最大障碍，就是张士诚。

在朱元璋和陈友谅死磕的那几年中，张士诚一直没闲着，他的主要工作就是吃喝玩乐，竭尽全力搞垮自己辛苦打下来的江山。

这是一项艰巨的任务，因为江浙是全中国最富庶的地区，再加上张士诚执政初期的精心打理，东吴政权呈现出一派欣欣向荣的局面。

然而在艰苦奋斗七年之后，张士诚陷入了深深的职业倦怠。他倒不一定是个骄奢淫逸的人，但他就是不想干活了，这大概就是所谓的七年之痒。

张士诚把所有工作交给了弟弟张士信。

可惜，他选错了接班人，张士信比张士诚堕落得更早，当张士诚还在勤勤恳恳为人民服务的时候，张士信就已经进化为大色狼了。这家伙最有名的故事就是在家里蓄养了一支“天魔舞队”。

所谓天魔舞，听上去就不像是一种健康向上的娱乐形式，事实上也确实有悖于大元精神文明建设，具体的跳法是十六个舞女，把头发梳成若干小辫，戴着象牙制成的佛冠，身披若隐若现的薄纱，下边再穿条超短裙，每人手执法器，翩翩起舞，要多性感有多性感。

天天沉迷在这种娱乐活动中，张士信才懒得管理烦琐的政务，于是，他又转手把东吴的政务外包给身边的参谋黄敬夫、蔡彦文、叶德新三人。

就这样，东吴政权经过三道转手，成了彻彻底底的烂尾楼。

江南的老百姓难得过了几天好日子，一夜又回到解放前。不堪其苦的老百姓编了一首歌谣传唱：“丞相做事业，专用黄菜叶，一朝西风起——干瘪。”这首讽刺歌里的黄菜叶，指的就是黄敬夫、蔡彦文、叶德新三人，至于西风，可以指秋风，但在一小撮别有用心的人的解读下，变成对西边朱元璋西吴政权的指代。

朱元璋在平江安插了无数地下工作者，张士诚的种种劣迹都被朱元璋看在眼里。

是时候拿张士诚开刀了。比起陈友谅和张士诚，朱元璋最擅长的就是把握机遇，在正确的时间做正确的事情。

接下来的问题不是打不打，而是怎么打。

早在刘伯温回家守孝期间，宁海人叶兑就曾给朱元璋写信，对征讨张士诚一事献计说：“张士诚的地盘，向南包括杭、绍，北跨通、泰，而以平江为巢穴。今欲攻打，不如声言袭取杭、绍，而大军直捣平江，这是上策。张士诚的重镇在绍兴，绍兴悬隔江海，之所以很难攻克，是因为他们的粮道在三斗江门。如果带领一支军队去佯攻平江，断他粮道，一支军队攻打杭州，切断援兵，那么绍兴肯定就拿下了。等绍兴攻下了，杭州就成了孤城，湖州也就完蛋了，然后再以主力攻打平江，把平江打下，江北各地也就如探囊取物，这是次计。”

朱元璋在同刘伯温具体商量作战计划时，拿出了这封信。刘伯温仔细看了叶兑的策略，边看边把头点得跟鸡啄米一样，看完一拍大腿，“太有才了！”

朱元璋一听，很高兴，问道：“那先生觉得我们是该采用上计还是下计呢？”

刘伯温沉吟了一会儿，回道：“属下以为，可以把两计合并起来，采取先北后南，先打外围后取核心的战略。第一步，先攻取淮东，剪除他的两翼，主要攻取泰州、通州、徐州、淮安、宿州（今安徽宿县、安丰）等苏北和淮河下游地区，逼迫张士诚把军队压缩到长江以南；第二步，扫荡浙西，攻湖州、杭州，形成对平江的包围圈；最后再用南北夹攻的战法，合围平江，彻底捣毁他的巢穴。”

刘伯温的策略主张着重在一口一口蚕食张士诚，把张士诚的全部家底都逼到平江城，最后来个连锅端。

朱元璋越听越解气。张士诚啊张士诚，这些年我没招你没惹你，你蹬鼻子上脸跟我没完没了地闹腾。出来混迟早要还的，今天就是你还债的日子！

1365 年十月，朱元璋命徐达、常遇春等攻取淮东。马、步、舟师水陆并进，势如破竹，相继攻克泰州、兴化，包围了高邮。

高邮，是张士诚的光荣与梦想之城，十年前，他在这座城市起家，在这座城市创造了奇迹，从此走上霸业图王的道路。

高邮不能丢。得知高邮被围的消息后，张士诚一边命令高邮守将固守，一边亲自出马，拿出围魏救赵的势头猛攻宜兴、安吉、江阴等地。

可惜的是，上天没有再一次眷顾张士诚，因为这一次，张士诚的对手是徐达。

得知张士诚的动向后，徐达急令冯国胜指挥部队，继续围攻高邮，自己则率军以迅雷不及掩耳之势击败围攻宜兴的东吴军，俘获三千余人。

在张士诚还没有彻底反应过来的时候，徐达又突然挥师北指，在冯国胜的配合下猛攻高邮城，很快将高邮占领，执杀守将。接着，移师淮安，打败张士诚的援军徐义所部于马螺港（今江苏涟水苏家嘴以东）。

淮安守将梅思祖见徐达来势不可阻挡，便开城请降。

不久，徐达又分兵攻下通州、兴化、徐州、宿州、安丰、沛县，淮东地区全部平定。

张士诚的势力范围被压缩到长江以南。

1366年五月，徐达、常遇春大兵压境江南，对张士诚的战争进入收尾阶段。

按照惯例，决战之前要写一篇作文，用来说明为什么我要打你以及为什么你活该被打，这类作文的官方名字叫“檄文”，最有名的莫过于骆宾王的《讨武曌檄》。

而朱元璋写给张士诚的这篇檄文有点奇特。按照古例，檄文中一般要列二十四或十大罪状。但张士诚跟陈友谅不一样，这人确实是个好人，简历上也没有太多污点，朱元璋手下的笔杆子们憋出尿来也只勉勉强强凑成八条，而且有七条是骂不忠于元朝、诈降、不向北京上供钱粮、谋害朝廷命官等，给人的感觉好像朱元璋是元朝大将似的。

只有第八条才是正文，“诱我叛将，掠我边民”。其实，朱元璋对东吴岂止诱叛将、掠边民而已，还派遣过大批间谍诈降，图谋里应外合，真是乌鸦落在猪身上，光看见别人黑了。这篇檄文最有意思的是，替敌人骂敌人的敌人倒也罢了，檄文中还详细说明元末形势和朱元璋自己的起兵经过。这里不但攻击了元朝政府，对他自己的红巾军也破口大骂，指斥为妖术、妖言，否定弥勒佛，打击烧香党了。

真是天下之大，无奇不有。

而伴随着这样一篇奇葩般的檄文，朱元璋的大军开拔了。

张士诚，该收摊了

当时的东吴军队已经烂透了，从内到外，与众不同。尤其是在“黄菜叶”班底的领导下，东吴军队终于彻底沦为一支雇佣军，有好处的仗就打，没好处的仗坚决不打。

而跟朱元璋打仗，明显是捞不到好处的。

1366年九月，朱元璋以徐达为元帅，常遇春为副将，率二十万精兵，集中主力消灭张士诚在长江以南的兵力，由南向北逼近平江城。

张士诚集结兵力在湖州迎战。这一仗，张士诚下了血本，派出自己麾下第一号猛将吕珍以及绰号叫“五太子”的五位养子，率领数万精锐严阵以待。

这是张士诚在江南地区能集结起来的最强大的力量，经过这么多年的经营，他有信心御敌于国门之外。

理想很丰满，现实很骨感。经过一轮苦战，湖州沦陷，吕珍、“五太子”及数万精锐全部投降。

张士诚几乎跌破了眼镜。他知道自己的军队不行，但不知道这支部队已经烂到骨子里。

当年年底，徐达和常遇春的大军攻克了湖州、杭州、绍兴，平江城彻底失去了南方的屏障，而与此同时，朱元璋的部队也已经打到平江城脚下，完成了对平江的合围。

又是一场惨烈的围城战。

张士诚是靠守城起家的，当年在四十万大军的兵锋下死守高邮，最后耗死了一代名臣脱脱，也成就了张士诚在东南的事业。

所以，张士诚对守城非常重视，也非常有心得。这几年来，他从来没有停止过对平江城城防的技术升级，不断研发各种补丁来弥补城防漏洞，到

1366 年，呈现在朱元璋面前的是一座毫无漏洞的城市。

这样的城防，如果硬攻，必然会带来惨重的伤亡，不过幸运的是，在叶兑写给朱元璋的信里已经提出了一个应对策略：销城法。

听上去就是一个特别缺德的方法，事实上也是。

此法分为两步，首先是出小股部队把平江城周围提供粮食的县邑全部打下来，断了平江城的粮食补给，等城里的粮食一吃光，张士诚就只能吃土了。

然后，在平江城外筑起一道比城墙还高的土墙，在土墙上又设置三层高的木塔，士兵站在木塔里，可以轻松地看到平江城里的防御情况。这下平江守军一点隐私都没有了，中午盒饭里放了几块肉都被偷窥得清清楚楚，想站在城头随地大小便也免不了被一览无余。朱元璋的士兵看谁不顺眼了，架起强弓硬弩就能轰炸城墙，守军拿他们一点办法都没有。

这还不够，为了进一步发挥居高临下的工程优势，朱元璋还在土墙上架设了当时全世界最先进的攻城武器：襄阳炮。

所谓襄阳炮，可以看作冷兵器时代的“巴黎大炮”，是南宋末年襄阳守卫战中蒙古人发明的，一次可以发射一百四十公斤重的炮弹，一般人被砸到估计就只能在地上留下一张人形图，就算是坚固的敌楼乃至城墙，都能砸开一个豁儿，当真是无坚不摧。

在如此变态的攻城手段面前，换了其他任何人，都会吓得肝胆俱裂，再无战心。

可惜张士诚不是“其他任何人”，他是经历过高邮围城的人，是那个时代一等一的守城达人，在这方面，即便是在洪都创造了奇迹的朱文正，都只能甘拜下风。

1367 年一月，朱元璋没顾得上过个好年，就对平江城发动了总攻。几十万大军一拥而上，骑兵在战场外围警戒，步兵在城墙下猛攻，土墙上的弓箭手、炮兵也铆足了劲不要钱似的往平江城里送箭矢、炮弹。

这是 14 世纪的陆空一体战。

张士诚实在无愧于“守城达人”的名号，在如此狂轰滥炸之下，平江城居然没有丝毫即将沦陷的迹象，兵来将挡，水来土掩，城墙依旧耸立，太阳照常升起。

朱元璋知道平江城很难打，但他没想到这么难打。不过朱元璋不急，他已经没有后顾之忧，粮草和援兵源源不断地送到平江城下，朱元璋耗得起。张士诚耗不起。

平江不是高邮，作为一座大城市，平江城内一天的消耗是惊人的。几个月后，平江城的粮食就吃完了，连老鼠都成了美味佳肴，一只老鼠要卖几百文钱，还不一定买得到。饥饿的人们再次发挥出惊人的创造力，士卒的皮靴、骑兵的马鞍都成了美味佳肴，煮一煮，勉强可以充饥——他们应该庆幸那个时候没有人造革。

这种情况下，张士诚只有两条路可以走：投降，或者吃人肉。

作为守城达人，张士诚的理论水平是过关的，他肯定知道守城史上最经典的战例：安史之乱中的睢阳围城。757年，弹尽粮绝的睢阳守军选择了吃人肉，从睢阳守将张巡的妻妾开始，一直吃到老百姓，吃到伤兵，吃到老弱兵卒。

但是，张士诚毕竟是个好人，吃活人这种事情，他做不出来。于是，他召集城中百姓说："事已至此，我实无良策，只有自缚投降，以免城破时你们遭受屠戮。"百姓闻言伏地号哭，愿与士诚固守同死。由于城中木石俱尽，东吴军只能拆寺庙民居制作飞炮之料。

朱元璋拥有最强大的军队、最伟大的将领，但是在平江，张士诚拥有朱元璋所没有的东西，那就是民心。

内无粮草，外无救兵，军民一心，全力死守，平江城居然坚守了整整九个月，打破了由朱文正选手在洪都创下的纪录。

但是，得民心者不一定得天下，很多时候，拳头硬才是硬道理。到第七个月的时候，张士诚就知道自己快撑不下去了，与其坐以待毙，不如拼死一搏。

张士诚决定打出他最后的底牌：勇胜军。

所谓勇胜军，是张士诚的亲兵卫队，也是张士诚麾下最能打硬仗的一支部队。勇胜军中的十位头领被称为“十条龙”，都是些一个顶八个的狠角色，轻易舍不得拿出来用，但只要打出手，一般就锁定胜局了。

清晨天蒙蒙亮，张士诚就打开城门，勇胜军像下山的猛虎一样冲杀出来，可惜，他们遇到了一个最不该遇到的煞星：常遇春。

常遇春也不废话，一马当先上来就砍，同时还指挥另一位双刀猛哥王弼从侧翼绕出，夹击东吴兵，把张士诚的勇胜军逼进了城边的水潭中。“十条龙”全部战死，张士诚本人马惊坠水，几乎被淹死。幸好张士诚从小在海边长大，水性好，硬是爬上了岸，被亲兵抬着逃回城中。

张士诚极不甘心，咬咬牙，又精密谋划了十多天，带着仅存的万余亲兵再次突围而出。这一次，张士诚彻底玩命了，老实人发起飙来也是谁都挡不住，张士诚部越战越勇，常遇春渐渐有些抵挡不住了。

眼看胜利在望，突围在即，当时在城头观战的张士信不知道脑袋搭错了哪根筋，居然大呼：“军士打累了，可以歇兵了！”然后鸣金收兵。

鸣鼓必进，鸣金必退，这是铁一般的军令，可这个时候退兵，无论从哪个角度都说不过去，奋战中的亲兵一时之间有些不知进退。连张士诚也有点懵了，难道突围这种事情还有中场休息这一说呢？也就在张士诚发愣的一瞬间，常遇春立刻抓住战机，组织起更加猛烈的反击。

张士诚的军队本来就已经军心大乱，再加上常遇春的猛烈冲击，立刻一溃千里，抱头鼠窜。张士诚在亲兵的保护下再次灰溜溜地跑回城，再也不敢出来了。

真是不怕神一样的对手，就怕猪一样的队友啊。

从治国到打仗，张士诚这辈子就毁在张士信这个白痴弟弟手里。

接下来的几个月，张士诚的生活可以用“绝望”两个字来形容。他知道自己的末日已经注定，现在只是时间的问题了。

这一天终于还是来临了，1367 年九月八日，平江城沦陷。

要说张士诚也真是个人物，城门沦陷后，张士诚又组织起巷战，死守每一条街道，每一座桥头堡。

但这时候，连张士诚自己都知道，这不过是负隅顽抗而已，眼看着平江城不行了，自己十余年的经营即将灰飞烟灭，张士诚万念俱灰，找了一根绳子，打算自挂东南枝。

此时此刻，湖州战役中投降的前东吴大将李伯升正奉徐达之命满城搜索张士诚，正好发现张士诚吐着舌头悬挂在半空，赶紧上前解救下来，哭着劝张士诚道："九四（张士诚小名）英雄，还怕不保一命吗？"张士诚还没来得及答话，就被紧随李伯升而来的军士捆成了粽子，扔上船，运到南京去了。

在押往南京的船上，张士诚一直绝食，表达自己不屈服的决心。到南京后，朱元璋派重臣李善长前来劝降张士诚，却被张士诚骂了个狗血淋头，两个人几乎动起手来。

当天夜里，趁人不备，张士诚终于上吊自杀，并且自杀成功。

张士诚就是这样的人，平时可能懦弱，可能寡断，但每到关键时刻，从不缺少铮铮硬汉的风骨。

对于江南人民来说，张士诚是一个宽厚仁义的统治者，在他治下的江南，赋税轻敛，战端不起，这在元末乱世中已属罕见。虽然张士诚后期纵容属下贪腐，但他并不残暴，也没滥杀无辜，加之吴地殷富，即使东吴官员爱钱，也不是挖地三尺那种贪婪。反观朱元璋，在攻下江南后，由于痛恨吴人为张士诚所用，大肆搜刮江南财富，提高赋税，并且数年时间便把吴地的中小地主基本消灭干净。也难怪直到现在，江南人民还部分地保留着一些纪念张士诚的习俗。

北伐：那一卦的风情

1367年九月，随着张士诚的死，江南地区已经没有能和朱元璋一决雌雄的割据势力存在，从十年民军内耗中抽出身来的朱元璋，终于有精力把目光投向北方的大元帝国。

即使曾与陈友谅、张士诚不共戴天，朱元璋也从没有忘记过自己真正的仇人是谁。是谁让他眼睁睁地看着父母饿死？是谁让他流离失所不得不四处乞讨？小时候，他只痛恨地主，痛恨官府，也曾经痛恨过上天，但随着见识的增长，朱元璋已经知道了这一切的始作俑者是大元朝，和他那高高在上的皇帝！

这才是朱元璋，还有陈友谅，还有张士诚，还有徐寿辉、方国珍、吴成七等人以及成千上万穷苦人真正的仇敌！

不过，刘伯温心里又是另一番滋味。

一直以来他都希望能够成为大元朝的一名臣子，位列朝堂，光宗耀祖。他对大元朝倒也没特殊的感情，只是毕竟给大元朝打了半辈子工，大元朝虽然对不住他，但也没有什么深仇大恨。

一边是对自己有知遇之恩的新欢，一边是自己追求了半辈子的旧爱，刘伯温摇摇头，把纠结甩出脑袋，不想去思考这类问题。

现在更需要他思考的，是北伐的战略。

在朱元璋主持召开的一个北伐军事会议上，大家就北伐战略展开了激烈的讨论。常遇春最擅长带骑兵，来去如风，最喜欢直捣黄龙，所以一上来就提出要给元王朝一次外科手术式的精确打击，直接带兵冲到北京把元顺帝赶走。

对于这个试图毕其功于一役的方案，朱元璋觉得不太现实。北京再怎么说也是一顶一的大城市，常遇春的快速反应部队如果不会穿墙术的话，想攻城基本不靠谱。万一最后城没攻下，反而被各路勤王军队“包了饺子”，那可就危险了。

刘伯温同意朱元璋的意见。他提出了一个更为稳妥的战略方案，我们可以称之为“灭元四部曲”：

第一步，攻陷北京的屏障：山东。拿下山东之后，吴军在华北有了根据地，避免了孤军深入的危险，也可保证后勤补给稳定。

第二步，进军河南。河南是北京的羽翼，羽翼被剪掉，就不必担心会被各种地方割据势力夹攻。

第三步，攻克北京的门户潼关。潼关一破，一方面北京的西大门户大开，另一方面也阻挡了元朝的西北援军进入北京。

第四步，兵分三路，分别从潼关、河南、山东围攻北京。

“如此一来，则北京唾手可得。然后，主力由北京南下攻取山西，略定陕甘，则北方可传檄而定。”

刘伯温的策略立足于一个“稳”字，在稳的基础上突出一个“快”字，而且避开了当时屯军在西部的元朝第一名将——王保保（是个牛人，马上会提到），连一向以稳重著称的李善长都拍手称好。

按照刘伯温的战略部署，朱元璋的北伐出奇的顺利。1367 年十月下旬，北伐大军兵锋刚到淮安，当时割据山东地区的军阀王宣、王信父子就屁颠屁颠地跑来投降。徐达很高兴，大军出师，各方来归，这是个好兆头，更重要的是，接管了王宣、王信父子的势力之后，徐达就可以不费一兵一卒穿过山东，等于直接打开了北京的门户。

没过多久，这条令人雀跃的战报也送到了刘伯温手里，刘伯温的神情却一如既往地淡如止水，看不出一丝波澜，只是一遍一遍地细读战报。

朱元璋是个聪明人，虽然自己心里很高兴，但看到刘伯温的神情，还是小心地问了一句：“先生莫非以为此人是诈降？”

刘伯温冷冷一笑，从身上取出几封信递给朱元璋，说道：“这是我根据最近从山东传回来的线报分析出来的情报。王宣父子一直在积极联络山东周围各路势力，大肆储备军械粮秣，怎么看都不像是会不战而降的人。”

朱元璋还是有点不愿意接受现实，虽然王宣就是降而复叛，对徐达的大军来说也不是什么大不了的事情，但这种失落感毕竟让人心里不舒服。

“王宣原先自然是想保土守成的，只是为我兵威所慑，权衡之下才不得已投降，只需慢慢消减他的羽翼，谅他在山东也掀不起大风浪。”朱元璋还是试图辩解几句，不是为王宣辩解，而是为自己的好心情。

刘伯温一看朱元璋说不通，于是再一次打出自己的必杀王牌：封建迷信。

自从龙湾会战之后，刘伯温越来越发现，在很多事情上怪力乱神的说服力远远超过摆事实讲道理。而刘伯温这些年为自己塑造的“天下第一神棍”形象也的确帮了他很大的忙。

于是，刘伯温又一拱手，道：“昨日我夜观天象，东北方金宿凌空，木宿暗淡，金主刀兵，则吾料定，山东方向必有干戈之祸。”

山东要打仗，谁跟谁打？还不就是徐达和王宣吗？

朱元璋到底吃了不懂科学的亏，小时候当和尚，长大了参加白莲教，一辈子都在神秘主义文化的圈圈里打转，是个地地道道的科学盲。现在听刘伯温一说，顿时就蒙了。

刘伯温心里扬扬得意，这一招真的是高效快捷。可惜，这一招刘伯温用不了多久，他下半生的宿敌马上就要登场，那时候，曾经的制胜宝会变成夺命刀。

当然，那是几年后的事情，至少此时此刻，朱元璋还是相信刘伯温的“神棍”把戏的。

于是，在刘伯温的建议下，朱元璋先给王宣写了一封信往死里夸了他一番，目的是稳定王宣的情绪，然后密令徐达大军直抵沂州城下，武力接管山东。

王宣一看把戏被识破了，没办法，只好真投降了。但此时王宣的个人信用已经破产，心灵受到伤害的徐达再也不相信王宣，强令他写信给儿子王信，提出了交出山东的全部兵权，遣散直系军队，收押高级军官等苛刻条件。

王信当然不干，枪杆硬腰杆就硬，带着兵投降，还能当个封疆大吏，而光杆司令去投降，就只能给人当三孙子了。

徐达很生气，咔嚓一刀把王宣剁了，然后发兵攻下了沂州城，又是咔嚓一刀，把王信剁了。

这下王信连三孙子都没机会当了。

北伐军攻下沂州的消息传回南京后，刘伯温研究地图，觉得下一步应该把进攻目标锁定为山东益都。刘伯温的这一考虑很深远。益州位于黄河要冲之地，拿下益州，就能扼守要路津，以断敌人援兵。增援一断，敌军必因失去救援希望而自乱阵脚。

这个时候刘伯温当神棍已经当上瘾，在解释自己的战略意图之前还是忍不住装神弄鬼一番——他假装在朱元璋面前占卜一卦，然后告诉朱元璋，占卜结果是“宜大展兵威”，乘胜攻下益都。

装神弄鬼和摆事实讲道理双管齐下，朱元璋毫不犹豫地接受了刘伯温的战略，当即命徐达拔取益都，继而轻取潍州（今山东潍坊）、莱州（今山东莱州），到十二月，山东全境已在朱元璋的掌握之中。

山东的攻克，使元廷失去了左臂，而明军（这时候朱元璋已经称帝，建立了大明帝国）则得到一块厚重的跳板，在战略上为北伐造就了更为有利的军事态势。

山东战役过后，地图上代表明军的红箭头就像脱缰的野马一样在大元帝国的腹地横冲直撞。

三月，箭头一分为二，气势汹汹地闯进河南，那是徐达兵分两路合围北京。北京瞬间变成了一座孤岛。

五月，又有一枚箭头自山东而起，像一支离弦的箭，直捣北京，那是常遇春的骑兵。

闰七月初一，另一枚厚重的箭头渡过黄河，直逼北京城下，那是徐达的主力部队。

闰七月二十八日深夜，一条细到几乎看不见的黑色箭头从北京逃窜而出，直奔向北方的草原。

那是元顺帝妥懽帖睦尔，带着后妃和儿子，很顺应天命地跑了。

八月二日，在大明帝国的地图上，红色箭头逐渐移向西北，而北京城变成了红色。

1341 年，北京光复，元朝灭亡。

随着元顺帝的出逃，曾经显赫一时的大元帝国轰然崩塌，来自草原的苍狼重又回到了草原，曾经的世界征服者恋恋不舍地回望了一眼北京的繁华，便一头扎进塞外的寒风中，至少在两百年内，他们再也没有机会回来了。

人类历史上最庞大的帝国在朝夕间轰然崩摧，帝国的统治者至死都没有明白这是为什么，他们只是把亡国的愤怒宣泄在韩山童、刘福通、朱元璋、徐达、刘伯温，甚至脱脱、王保保身上，但这些只是表面而已。

蒙古帝国迅速瓦解的根本原因，可以用一句话来概括："马上得天下，不可马上治天下。"强大的武力让蒙古人迅速占据了亚欧大陆的半壁江山，但是，对于武力的迷信让他们迅速失去了手中的土地、财富和奴隶。

秦人不暇自哀，而后人哀之；后人哀之而不鉴之，亦使后人而复哀后人也。

可叹，可鉴。

比起欢欣雀跃的朱元璋、李善长、徐达和常遇春，刘伯温感到一丝浅浅的感怀，不绝如缕。自己年轻时也曾中流击楫，希望能够扶大厦于将倾，可是到最后，他却变成了那个亲手推翻大厦的人。

不过这些都不重要。刘伯温曾为元王朝做事，但他不像陈友定，他不是元王朝的忠犬，他只是履行了一个士大夫背负的职责：治国平天下。

如果，国已治，天下已平，老百姓即将过上安康的生活，刘伯温年轻时候的梦想也终于完成了。

做个了结吧，方国珍

朱元璋打下婺州后，地盘就和方国珍相连了。

当刘伯温在朱元璋军中屡立功勋，职业生涯如日中天的时候，他的"老朋友"方国珍却一直在原地踏步。曾经，方国珍是刘伯温最头疼的宿敌，但是在经历陈友谅、张士诚后，刘伯温的视野逐步开阔，"曾经沧海难为水"，方国珍在他眼里，就显得很小儿科了。

此时的方国珍，以台州为根据地，同时占据了温州和台州，打鱼晒盐，吃穿不愁，早已发家致富奔小康，日子过得要多滋润有多滋润。

跟张士诚一样，方国珍不是一个胸怀大志的人，他也只想保住自己的一亩三分地，没有野心，只想当个乱世中的富家翁。因此，在强大的朱元璋面前，方国珍表现得很乖，又是送金银珠宝，又是送儿子去南京当人质。

对刘伯温，方国珍也是巴结有加，当初刘伯温的母亲过世的时候，方国珍还派人前来吊孝，并且送来大批礼物。

但是，狗改不了吃屎，方国珍的两面派性格是改不了的。就在朱元璋大军征讨陈友谅、张士诚的时候，方国珍就上书承诺要投降，但他都只是说说而已，认真你就输了。朱元璋收到降书后兴高采烈地等着接收方国珍的地盘，却发现被放了鸽子。

朱元璋很生气，后果很严重。一声令下，胡深就带着大军气势汹汹地找方国珍评理去了，没花多少工夫就打下了瑞安，兵锋直逼温州。方国珍立刻尿了，派出使者，一脸无赖相，一边赔笑一边哈腰，承诺“等你攻下了杭州，我一定来投降（俟杭州下，即纳土来归）”。

朱元璋决定再相信方国珍一次。

1366年，朱元璋攻下杭州，更让他愤怒的事情发生了——方国珍非但没有如约前来投降，还立刻给北方的王保保和南方的陈友定写信，串联一气，互为犄角，共同抵御朱元璋。

朱元璋气疯了。对这种两面派，你不可能以德服人，必须先上去一顿揍，把他揍怕了，他才肯服气。

于是，在相继摆平陈友谅、张士诚之后，朱元璋立刻把方国珍提上了议程。在定下具体讨伐方针之前，朱元璋多次与刘伯温“屏人密语”，私下里商讨具体战略战术。而刘伯温给朱元璋的方针是“攻城为下，攻心为上”。

刘伯温对朱元璋分析道：“方国珍此人，言而无信，在江南群雄当中是出了名的，主公只需要先修书一封，把方国珍一直以来的所作所为公之于众，则方国珍的盟友必定离心离德。然后再发布敕令，只诛首恶，胁从不究，鼓励部下投降，则方国珍必定众叛亲离。”

朱元璋打了这么久的仗，确实也不想在方国珍身上耗费太多兵力，因此对刘伯温的攻心策略大为赞赏。

没过多久，朱元璋给方国珍的一封公开信就在浙东地区流传开了，信中不厌其烦地一一列举了方国珍背信弃义的实例，大骂他是个信义全无的小人……一时间，方国珍沦为笑柄。

同时，朱元璋又亲自下令："都是方国珍的错，其余人都是受了方国珍的蛊惑，不是真心帮他造反，如果大家能够离开方国珍，我军将既往不咎，如果有能够斩了方国珍的脑袋送给我的，我一定给他加官晋爵！”（罪止方氏，其他士民有诖误者，皆非本情，毋妄致疑，各归本业。有能仗义擒斩魁党来归者，吾爵赏之。）

做完这些铺垫后，朱元璋便命朱亮祖进占台州、温州，汤和大军直取庆元。短短数月之内，方国珍一败涂地，逃入海中，又被廖永忠的水军打败。他走投无路，只得派儿子方关奉表乞降。

方国珍打仗不行，降表写得倒挺有水平，大概内容是这样的：

我听说老天能够覆盖一切，大地能够负载全部，而做王的人肯定是能够包容所有人的，而我也正是因为相信主公拥有天地一般广阔的胸襟，才跑来归降的。

俺老方原本是个庸才，因为没办法才造反的，从来没想过逐鹿天下。当初主公你打下婺州的时候，我就把我的儿子送到你那里当人质，这不就说明我早就看好你吗？等到主公把浙东当大后方打理的时候，我也是忠心耿耿，从来没有惹是生非过。

那么，我为什么要抵抗主公的军队，失败了还要坐船逃走呢？因为孔子曾经说过，老子打儿子的时候，如果老子用的是小棍子，儿子就乖乖挨揍，如果老子用的是大棍子，儿子就赶紧跑，免得自己受伤还连累老子失去了慈爱的名声——我们做臣子的也是一样的心理啊（孝子之于亲，小杖则受，大仗则走，臣子情事适于此类）。其实，我当初是很想把自己捆起来投降的，但恐怕主公一生气把我杀了——我死了倒不足惜，就怕世人不知道我方国珍犯了死罪，还以为是主公你不能容纳下属，那岂不是会对主公你的名声造成很大的影响吗？

这篇乞降表写得貌似卑恭，实际上处处为自己的反复无常辩护，在方国珍笔下，他自己的出尔反尔反倒变成刻意成全朱元璋的名声了。

朱元璋看完这封降表有些哭笑不得，却很佩服其中行文的机智，对身边的人说："谁说方国珍手下无人才？写这封信的人，可以说是救了方国珍一命啊！"（孰谓方氏无人哉，是可以活其命矣。）

然后，他立刻请刘伯温代写书信，答复方国珍，同意了方国珍的投降请求。

方国珍得信，即率部属来到汤和营地，汤和把他送到南京。朱元璋见了他，生气地训斥道："你为什么这样反复无常，劳我兴师动众？今日来见我，太晚了！"

方国珍赶紧叩头谢罪。朱元璋稍稍消了气，又问道："前些天你所上降表，出自何人之手？"

"是国珍幕下谋士詹鼎。"

"噢，是詹鼎？那你让他到南京来吧。"

詹鼎来南京后，朱元璋亲自让丞相汪广洋授予他一个官职。

而对方国珍，朱元璋则给了他一个广西行省左丞的职位，但是不让他去上任，只让他待在南京领工资养老。

方国珍一役，朱元璋可谓完胜，虽然在攻克台州、庆元时遇到一些抵抗，但与迎战陈友谅时常常围城数月、空国而来，以图决一死战的情况明显不同。方国珍手下的主要将帅方国瑛、徐元帅、李佥院均先后率众请降，最后连方国珍本人也奉表乞降。因此，朱、方之间虽有台州、温州、盘屿之战，但并没有像鄱阳湖大战那样规模巨大的主力决战，这正是刘伯温攻心策略的功劳。

而刘伯温也终于了了一桩心事，他前半生的宿敌终于倒下了。在与方国珍明争暗斗这么多年后，他终于成了最后的胜利者。

钉子户大拆迁工程

相继消灭了陈友谅、张士诚和方国珍的势力，整个南方地区已经是朱元璋一家独大了，再也没有哪家造反公司能和朱元璋抢市场。但也不能说他垄断了整个南方，至少放眼江南舆图，朱元璋眼里还有好几枚钉子。宋太祖赵匡胤有句名言：“卧榻之侧，岂容他人鼾睡？”不把这些钉子拔了。朱元璋睡不安生。

第一枚钉子是韩林儿，这枚钉子容易拔。

1367年二月，就在朱元璋和张士诚打得如火如荼的时候，在江苏瓜步（今江苏六合东南）发生了一起特大交通事故，一艘载有多名神秘政要的船只沉没于瓜步地区，共计一人死亡。

死者的姓名叫作韩林儿，身份是大宋国皇帝。

没错，就是朱元璋眼中的第一枚钉子，小明王韩林儿。

自从安丰沦陷后，韩林儿就寄居在滁州城，虽然朱元璋不怎么待见他，但几年来日子过得倒也逍遥，至少不愁吃不愁穿的。

1367年年初，韩林儿突然接到朱元璋的请柬，让他去南京居住。这实在不是一件好事，可韩林儿总得去吧，谁让是朱元璋养着他呢。

来接韩林儿的人叫廖永忠，就是后来在大海上逮住方国珍的那个廖永忠。韩林儿不太喜欢这个人，感觉这人看自己的眼神怪怪的，就像狼看着羊的眼神。怀着惴惴不安的心情，韩林儿踏上开往南京的船。

船到了瓜步，韩林儿突然听到咕噜咕噜的声音，然后，他发现水平面越来越高——船漏了，正在下沉！

韩林儿不会游泳，惊慌失措中，他突然发现身边的人都很镇定，扎好了裤脚，挨个儿跳下江，踩着水，看着他，却没有丝毫要救援的意思。

韩林儿全明白了，他早就想到会有这一天，只是没想到会这么快。

直到确定韩林儿已经被淹死，廖永忠才游上岸，换了身衣服，骑上岸边早已准备好的快马，往南京方向奔驰而去。

在大明朝的官方历史上，韩林儿之死被解释成了意外事件，但事实上，朱元璋之心，路人皆知，连朱元璋自己都懒得去澄清此类“谣言”。

朱元璋对韩林儿一贯恭敬，即使在实际上没把韩林儿的权威当回事，但是从名分上从来没有少过他，为什么突然下决心要杀了韩林儿呢？形势变化当然是一个重要原因，但其中最不可忽略的是刘伯温的推波助澜。

在朱元璋麾下，最看不惯韩林儿的当属刘伯温，这也是刘伯温和朱元璋最大的分歧所在。当年救援安丰的时候，刘伯温就劝说朱元璋让韩林儿死了算了，但是朱元璋不听。

事实上，早在安丰之围前，刘伯温就已经很不爽韩林儿了。

由于朱元璋名义上是隶属于韩宋政权的，所以他曾在中书省内专门为韩林儿设了一个御座，每次都要装模作样地向着空椅子行三叩九拜大礼。其他人看朱元璋都拜了，也只好跟着拜，唯独刘伯温打死都不肯拜，梗着脖子骂道：“一个放羊娃而已，拜他干吗！？”（牧竖尔，奉之何为！？）

刘伯温非但自己不接受，而且在朱元璋耳边不停地吹风，最后，朱元璋终于做出了除掉韩林儿的决定，其间刘伯温可谓功不可没。

另一枚需要拔掉的钉子相对比较硬，就是陈友定。

陈友定，跟陈友谅一毛钱关系都没有。

此人割据着福建中部地区，是大元王朝最后的忠犬，虽然出身屌丝，又是元王朝四大等级中最低等的“南人”，但其对元帝国的忠诚日月可鉴。

陈友定先是跟陈友谅死磕，陈友谅虽然彪悍，但在这位名字跟自己差不多的仁兄面前完全没有抵抗之力，屡战屡败，硬是被赶出了福建。

然后，陈友定把目标锁定了朱元璋。1364 年，陈友定出兵朱元璋辖下的处州，虽然最后没占到什么便宜，但也让朱元璋好一阵忙活。

除此之外，陈友定跟方国珍的关系也很糟糕，因为方国珍老是在海上打劫他。

陈友定就像一条疯狗，谁对元王朝不忠，他就咬谁。悲剧的是，放眼四周，他身边没有别的忠于元王朝的割据势力了。

疯狗咬不死人，但被咬一口着实难受，朱元璋忍不了。1365 年，朱元璋派遣镇守处州的胡深出兵打狗。

大家或许还记得胡深，当初他与叶琛、章溢、刘伯温四人共同构成石抹宜孙麾下的王牌谋士团。

胡深率部反击，打得无比顺利，还活捉了陈友定大将张子玉。

这一仗让胡深有点得意忘形，于是写信给朱元璋，让朱元璋派广信、抚州、建昌三路兵马协助他一起拿下整个福建。朱元璋对此非常高兴，他回信给胡深说，张子玉是陈友定的骁将，把他生擒必使陈友定丧胆，乘胜猛攻，没有不克的道理。

但刘伯温没这么乐观，在刘伯温看来，陈友定在福建经营十余年，可说是根深蒂固，万不可轻视。而朱元璋当时的主力都集结在长江一线，福建方面的力量很弱小。

朱元璋没有听从刘伯温的劝阻，命令朱亮祖率军南征，同时令胡深率处州兵马与朱亮祖会合。

刘伯温很为老友胡深担忧，特地修书一封，派人送往处州，嘱咐胡深不可冒进，切记进退有序，小心应敌。

可是大军主帅是朱亮祖，此人勇而寡谋，性情粗暴，胡深身为副帅，根本没法驾驭他。

接管胡深的部队后，朱亮祖立刻挥师南下，一路孤军奋进。

听到这个消息后，刘伯温十分不安。为了让朱元璋出马劝阻朱亮祖南征的脚步，刘伯温只好再次拿出自己那套装神弄鬼的神棍理论。

刘伯温找到朱元璋，说："主公，属下昨日观天象，见日中有黑子，此主东南当损一大将！"

东南损大将，那不就是朱亮祖和胡深的那一路大军吗？朱元璋对刘伯温的这套神棍理论是深信不疑的，但前线传来的战报又显示战局无比顺利。在唯心主义和唯物主义之间，朱元璋很摇摆。

就在他摇摆不定之时，福建方面传来新的战报：胡深在建宁城下中了陈友定的埋伏，突围过程中马失前蹄被俘，不屈而亡！

继叶琛死于洪都之后，这是刘伯温失去的第二个前同僚，当初的处州四谋士只剩下了刘伯温和章溢。

刘伯温得信时正在饮茶，心里一惊，手中茶杯落地，摔得粉碎。朱元璋也是大吃一惊，仰天叹道："全怪我没听刘伯温之言，才有这等凶事！"

这次讨伐行动就此夭折，直到两年之后，随着方国珍的归降，朱元璋再次调集兵力，在汤和、廖永忠的指挥之下才彻底攻克陈友定的治所延平，消灭了陈友定的割据势力。

而陈友定也确实是个硬茬子，深知大势已去，对左右从官说："公等善自为计，我为元朝死耳！"然后服毒自杀。

但朱元璋偏不让他死，吴军将士（当时张士诚的东吴已经灭亡，而明王朝还没有建立，故朱元璋的军队可称为吴军）发现了半死不活的陈友定，急忙给他灌肠洗胃，好一顿收拾，终于把陈友定救活了，然后押送到南京。

然后杀了……

陈友定此人，虽然不识时务，但毕竟是大元朝末期难得的忠臣，战场上为其主，也是无可厚非的。所以，尽管杀了陈友定，朱元璋还是对他保持了一定的敬重，而后来由明朝史官编写的《元史》中，陈友定也被列入忠臣传。

可谓死得其所。

随着韩林儿和陈友定的相继故去，朱元璋眼里只剩下一枚钉子：盘踞西南地区的大夏国。

大夏国偏居一隅，乏善可陈。其开国皇帝明玉珍原是徐寿辉部将，徐寿辉死后明玉珍不待见陈友谅，自己拉大旗独立，盘踞在四川、贵州天险之地逍遥自在地当起了刘备。

1366 年，明玉珍病死，成为元末大军阀中唯一一个善终的角色，他的儿子明昇继位。朱元璋没让小明昇过几年安生日子，1371 年，已经攻克北京的明军兵临城下，明昇投降，大夏国灭亡。

值得一提的是，这个小明昇后来跑去高丽，跟李氏王朝的开国皇帝李成桂关系极好。此人生育能力也极好，在高丽生了一大堆孩子，孩子又生孩子，子子孙孙无穷匮也。到现在，每年都有不少韩国人专程跑到重庆去祭奠自己的祖先：明玉珍。

至此，天下一统。

第九章　渡江第一策士，开国第一功臣

从“神棍”到质量监督员

1367年冬，小明王韩林儿已经在江底躺了大半年，陈友谅和张士诚早已命丧黄泉，陈友定也一命呜呼了，方国珍也放弃了成为海贼王的梦想，举手投降了，而四川暂时寄存在明玉珍的儿子明昇手里，朱元璋随时想要随时都能支取。

总之，南方一片祥和。

放眼长江以北，徐达、常遇春的大军已经杀到山东，正在跟山东军阀王宣父子扯皮，而北京的妥懽帖睦尔已经打包好了行李，随时准备回老家。

前丐帮会员、叛军头子朱元璋终于走到职业生涯的顶点：皇帝。

在朱元璋的暗示下，以李善长为首的文武百官联名上表，请求朱元璋即位称帝。

按照惯例，朱元璋义正词严地拒绝了。

李善长当然不会把朱元璋的拒绝当真。这种名为“劝进”的游戏玩了上千年，远的不说，前不久朱元璋即位吴王的时候就玩过一次，大家都门儿清，虽然无聊，可必须再玩一遍。

李善长二次上表，朱元璋再次拒绝。李善长再三上表，按照游戏规则，朱元璋这时候应该勉为其难地接受玉玺了。

可朱元璋偏偏不是一个按常理出牌的人，在勉为其难同意大家的劝进后，朱元璋又临场发挥加了一句词："如果老天觉得我能当皇帝，就让我登基那天晴空万里；如果老天觉得我当不了皇帝，就在那天狂风暴雨，作为对我的警告吧。"

文武百官瞬间死机了。这么演过了吧？剧本上有这句台词吗？不带这么玩的！万一那天真的大风大雨怎么办？难道还能"这段儿掐了别播"不成？

也有个别实心眼的大臣满意地点点头，觉得朱元璋是真心诚意敬畏上天，很符合儒家天人之道。

朱元璋强憋着笑，看着底下这帮一脸蓝屏的大臣。他当然没把老天的旨意当回事，之所以敢说那句话，是因为私下里朱元璋早就咨询过刘伯温，而刘伯温给他的回答是，登基那天，就算不是大晴天，也绝不可能有狂风暴雨。

有了底气之后，朱元璋才敢这么演。

接下来的这段时间，刘伯温做了另一件事情：给帝国起名儿，也就是国号。因为刘伯温知道登基那天铁定不会出岔子，建国已经是板上钉钉的事情。那么，新的国家该叫什么名儿呢？

在三千多个常用汉字中，刘伯温选中"明"作为国号。他的理由是：首先，《易》曰，"日月相推而明生焉"，日月为明，明就是太阳和月亮，明象征着光明。更巧妙的理由是，朱元璋姓朱，朱就是红色的意思，与"明"字正好传承。历史上习惯把帝王姓氏和国号连起来称呼，比如李唐王朝、赵宋王朝，但怎么听都没有朱明王朝来得霸气"侧漏"。

朱元璋很认同这个国号，大笔一挥，一个崭新的帝国从此有了自己的名字。

1368 年正月初四，这个激动人心的日子终于来临，最妙不可言的是，正如刘伯温所预料的，这一天风和日丽，天朗气清，阳光格外温暖。

这下所有人都服气了——既然老天爷都没意见，谁还敢有意见？在刘伯温的帮助下，朱元璋狠狠秀了一把“天命所归”的把戏。

等了好久终于等到今天，梦了好久终于把梦实现。

大老板朱元璋升职了，手下小弟没有不鸡犬升天的道理，一时间，当年的功勋们升官的升官，分房的分房，南京顿时化成一片欢乐的海洋。

刘伯温的新职务是御史中丞。

御史的主要职责是监察，具体来说就是管官的官，不光能管官，还能管皇帝。只要皇帝有什么做得不对的，御史们劈头盖脸就是一顿骂，骂完了甩甩袖子就能走，不担责任，皇帝是不能跟御史发火的。

可以说，御史是一个帝国的质量监督员。其实，朱元璋本来是想让刘伯温当质量总监——御史大夫的，但刘伯温固辞不受，因为刘伯温看出来了，朱元璋这么做是想把他摆到台前来制衡李善长。刘伯温可不傻，他不愿意给人当枪使，所以，在刘伯温的坚决推辞下，最后朱元璋任命汤和为左御史大夫，邓愈为右御史大夫，御史中丞刘伯温是御史台的三把手。

但是，汤和、邓愈都是武将，而且常年征战在外，所以，御史台的日常工作基本还是唯刘伯温马首是瞻。

又不用当出头鸟，又可以手握实权，这一手玩得漂亮。

对刘伯温来说，御史台还算不上真正的权力中枢，但已经很让他满意，因为在这之前，刘伯温的职务是太史令。

太史令的地位很尴尬，一方面，这个职位管的东西是最牛的：他管的是全宇宙——包括修订历法，夜观天象，预报天气，与神对话，算命相面、摸骨解梦，林林总总，如果出现外星人的话，理论上也该由太史令和礼部尚书共同管理。

但另一方面，县官不如现管，管天管地，总不如管人的官儿来得实在，尤其是在中国“子不语怪力乱神”的唯物主义传统中，所谓太史令充其量也就是个“神棍”。

刘伯温的专业知识倒是很能胜任太史令这个岗位，每次朱元璋搞封建迷信活动总少不了他，什么太阳出现黑子啊，什么天上哪颗星星不在位置上啊，都会找刘伯温咨询，刘伯温也兢兢业业，基本每次都能回答得有模有样，跟真的似的。

刘伯温不喜欢这个职业，虽然他在加入朱元璋集团后花了大力气为自己打造出神棍形象，但那仅是一种谋略手段，为的是让自己的计谋更加深入人心，更加容易被执行，谁知道他演得太像，结果弄假成真了。

刘伯温很郁闷，他只能更加卖力地把自己的军事、政治理念用怪力乱神包装起来——这让他更像个“神棍”。

有一次，刘伯温去拜访朱元璋，正好遇到朱元璋在杀人。杀人这么大的事情刘伯温自然要问一问理由，朱元璋随便摆了摆手说：“没啥，昨晚做了个梦，梦见一个人头上一摊血迹，然后抓了一把土敷在流血的伤口上，我觉得不祥，于是杀几个人避避邪。”

刘伯温一听差点暴走，这是什么歪理邪说？！但他也知道，以朱元璋的性格，跟他摆事实讲道理基本等于白搭，只有用歪理邪说才能战胜歪理邪说。

于是，刘伯温充分利用自己太史令的身份，给朱元璋解梦道：“人头上有血，这不就是个众（眾）字吗？用土敷血，就是得土得众的意思啊！”

刘伯温这个解释的逻辑，没比朱元璋严谨多少，所以朱元璋将信将疑，刘伯温一看，一咬牙一跺脚又说：“从这个梦来看，三天之内必有喜报！”

果然，第三天传来捷报，海宁投降。

这下，大家更觉得刘伯温神了。

只有刘伯温知道，他不过是玩了个文字游戏而已，路上随便拉个算命先生都能玩的把戏。

在太史令这个位置上，刘伯温觉得很累，虽然朱元璋一直很重用他，虽然刘伯温也愿意别人相信自己是拥有超自然能力的神机军师，但他确实不愿意自己被别人当成“神棍”。

因此，接到御史中丞的任命，刘伯温很激动，这意味着他至少从编制上脱离“神棍”的身份，一脚踏入政治家的行列了。

在这个岗位上，刘伯温干得更加兢兢业业，他像一台严谨的探测仪，扫描着帝国的每一个部件。很快，他发现了一个有质量问题的零件：参知政事张昶。

张昶当年是作为元朝的使节来到南京的，结果被朱元璋强行拉拢，扣留在南京给大明朝打工了。因为精通元朝行政制度，张昶很受朱元璋器重，但是刘伯温一直不看好他，认为张昶其实心怀旧主，脚踩两条船。

刘伯温在寻找机会让张昶滚蛋。

机会来了。有一次，张昶给朱元璋上了一封折子，大意是现在皇上已经打下了江山，不用这么俭朴，可以及时行乐，好好享受享受“革命成果”了。

朱元璋把折子给刘伯温看，刘伯温心说天堂有路你不走，地狱无门你闯进来，机会来了，看我不搞死你！

怀着这样的想法，刘伯温挥着折子，一脸不经意地说：“这人恐怕是想学赵高啊。”

刘伯温在厚黑学上也确实有造诣，他不说张昶是个佞臣、奸臣、贰臣，直说他是赵高，要知道，赵高除了奸佞之外，还有一个敏感的身份：弑主逆贼。

刘伯温以为这样一来，张昶不死也得脱层皮，可出乎意料的是，这时候的朱元璋已经不是当年固执己见要去救援小明王的那个愣头青了。

这时候的朱元璋，厚黑水平一点不比刘伯温差，一眼就看穿了刘伯温的这套计谋。所以，朱元璋只是笑笑，没有接刘伯温的茬。这件事情也就不了了之。

虽然在这件事情上，刘伯温的手段有失光明，但是，作为帝国的质量监督员，刘伯温是合格的，因为事实证明，张昶果然是个反骨仔。当他得知他的儿子在北元被重用后，便秘密修书一封，准备让儿子转呈元顺帝，表明自己身在江南，心怀塞北。

可惜，张昶不是个好卧底，信还没送出去，就被杨宪（之后会讲到，在今后的政治斗争中这人是个重要配角）举报了。朱元璋得到禀报后，才知道刘伯温为什么一直和张昶尿不到一个壶里，于是把张昶杀了。

这件事情让刘伯温很挫败，“看来还是怪力乱神最好使，陛下就吃这一套。”刘伯温暗暗总结。他不知道，正是这个错误的想法，在不久的将来会让他从巅峰直摔进谷底。

不过，那时候的刘伯温没有更多的时间去思考这个问题，因为在明帝国草创初期，作为开国时期最出色的政治家之一，刘伯温还有一件更重要的事情要忙，那就是搭建帝国的政治、经济、军事、文化体系以及营建都城，为帝国两百年的繁荣奠定基础。

南京！南京！

1366年，随着地盘越来越大，朱元璋的派头也越来越大，他开始觉得，自己的宫室连同整个南京城都显得很寒酸，他需要重新建造一座伟大的城市，一座和帝国荣耀相匹配的国际大都市以及一座和他朱元璋相匹配的宫殿。

这个光荣而艰巨的任务落在了刘伯温身上。

刘伯温是个文科生，工程技术绝非他所擅长，为什么建宫筑城这样的事情会落到他头上呢？原因在于，刘伯温精通一门比建筑学更加重要的学问——风水学。

是的，对于帝国的都城来说，最重要的是什么？不是宫室是否华丽，不是城防是否坚固，更不是基础设施建设是否完善，而是——老天是否眷顾这座城市和这座城市的主宰者。

应该说，南京的风水是非常令人振奋的。金陵帝王州，南京城的风水可以用“虎踞龙盘”来形容，城西的石头城像一只蹲着的老虎，东北的钟山则像盘曲的卧龙。

而南京城的四周群山环绕、首尾相连，钟山呈东西走向横卧于南京城东北，钟山西北，幕府山于乾卦绵延横亘，屏障长江；钟山之东，铜家山、龙王山、青龙山、大连山于震、巽两卦层层护卫，呈东北一西南走向向前包抄；钟山西面，五台山、清凉山等山峦起伏，低俯守护，为白虎砂；钟山西南，雨花台、岩山、罐子山、牛首山、韩府山、将军山、翠屏山等山丘连绵，于坤卦镇守拱卫；钟山之南有横山，状如天印的方山在远方正朝，江宁平原作为明堂平坦无垠。

可惜的是，这座城市递交到刘伯温手里的时候，风水已经被破败得差不多了，前有秦始皇开凿秦淮河，“水破天心”，破了南京的风水格局，后有楚庄王紫金山埋金，镇压南京王气，再加上历朝历代不科学的城市建设和野蛮施工，南京城的风水格局已经千疮百孔，地脉泄尽，王气难收。

经过严谨的推论和研究，刘伯温决定将南京城的整体格局往东部倾斜，在旧城白下门外约二里的地方，东向增筑新城，为的是聚拢钟山的王气。

为了最大限度地利用钟山的“龙头”格局，在整个城市规划中，刘伯温别出心裁地没有把皇宫选址在城市中央，而是选择了城市东北角，钟山脚下。

在刘伯温的设计中，新皇宫雄伟庄严，朴素大方，气象万千。皇城开六门，按方位对称。皇宫内部分为中、东、西三路。中路建奉天、华盖、谨身三殿，称作“前朝”，其中以奉天殿最为宏伟，一般称“金銮殿”；用于皇帝、皇后日常处理大事及居住的乾清、坤宁二宫，称作“后廷”。前后相合，就是人们常说的朝廷。东路建文华殿、文楼、东六宫等殿宇。西路建武英殿、武楼、西六宫、御花园等。

宫城之外，建有一个圈城，名皇城，正方形，内有宫城。宫城与皇城及其中的建筑，合称为“皇宫”。皇城也开六门，门与门对称、等距。正南门叫洪武门，东侧叫长安左门，西侧叫长安右门，东叫东华门，西叫西华门，北叫玄武门。从洪武门到午门的千步廊上，还建有承天门、端门。皇城之内，宫城之外，东南建有太庙，西南建有社稷坛等。

皇城的布局体现了以皇室为主体的思想，以一条自南而北的中轴线作为全城的骨干，所有城内宫殿和政府机关沿着这条线联结在一起：东面是礼、户、兵、工部，西边是前后左右军都督府。

刘伯温的这一方案提交后，得到了朱元璋的高度赞扬，一切就绪后，当年年底，皇宫破土动工。

在皇宫设计初期，朱元璋就特地嘱咐刘伯温，皇宫大气就行，不必奢华。这个要求深得刘伯温之心，被不折不扣地执行了，既省下了钱，又降低了施工难度。

1367 年十月，朱元璋攻破张士诚，正好皇宫竣工，这可能是个巧合，当然也不排除刘伯温为了给平江战役献礼而刻意安排了时间，但无论如何，朱元璋对此非常满意。

站在雄伟的宫殿里，朱元璋志得意满地对身边人夸耀："这么高的宫墙，还有谁能进得来！"

大家纷纷附和，只有刘伯温小声回了一句："人是进不来的，除非燕子才能飞进来。"

几十年后，燕王朱棣带着靖难大军杀进宫城，夺取了皇位，刘伯温一语成谶。

与皇宫一起开工的，还有南京新城，在新城的建设上，刘伯温依然别出心裁，并不拘泥于古制建成正方形，而是在南唐古城的基础上，利用南西两段城垣加固加高，进而扩建，把南唐都城之外的卢龙山（狮子山）、鸡笼山（今北极阁）、覆舟山（今小九华山）、龙山（今富贵山）、马鞍山等，全部圈入城内。这样就没法收拾得方方正正，只能依山水和堤湖走向筑城，形成了多角的不等边形状。后又把玄武湖、秦淮河略加连接，作为护城河。新城城垣全长六十余里，上建雉堞一万三千六百十六个、窝棚二百座。城下基座用花岗岩和石灰岩砌成，上面再砌巨砖。巨砖由江西、湖南、湖北、安徽、江苏五省一百二十五个州县烧制，然后由水路运送到南京。砖侧都打印着府县、监制人和造砖人名。筑城时又在砖缝中用糯米汁或高粱汁、石灰和桐油混合的夹浆浇灌，以加强黏合力。

新城开城门十三座，其中通济、聚宝（今中华门）、元山（今水西门）、石城（今汉西门）四门，是由原南唐金陵城通济门、南门、龙光门、西门等旧城门改造而成的。聚宝门最为宏伟，城门上有千斤闸，城墙上建有藏兵洞二十六个，可供三千士兵驻守，城顶还建有高大华丽的城楼。通济门和元山门是秦淮河出入城的地方，设有水城门。正阳门（今光华门）、朝阳门和太平门分别是皇城外的南、东、北方的门户。太平门附近的城垣跨过富贵山和钟山之间的山脊，形势险要，为攻守必经之地。金川门有金川河在此出城。城墙绕过狮子山，东有钟阜门（小东门），西有仪凤门（今兴中门），是到江边的通道。

你说这么雄伟的城市，造价起码要花掉小半年的赋税吧？

小半年？那是造城墙！我告诉你，起码花掉一整年的赋税，还不打折！

那时候的朱元璋，还没有养成只买最好不买最贵的优良习惯，本来前线的军费支出就吃紧，南京城一建，更是让腰包捉襟见肘。

刘伯温犯了难，一文钱难倒英雄汉，就算他有通天彻地之能，也没法凭空变出钱来。

别说，刘伯温确实不会变钱，但刘伯温恰好有个朋友，据说家里有一个能够变出钱的聚宝盆，这个人就是当时的全球首富：沈万三。

沈万三的聚宝盆当然是后人附会出来的神话，但此人家里的真金白银是实打实的。据不完全统计，沈万三家资巨万万两——这是个什么概念？直接甩开大明朝巨贪严嵩几条街，他要是乐意，完全能把当时欧洲那些穷光蛋骑士的土地全买下来。

但中国古代的商人社会地位很低，跟所有有钱人一样，沈万三阔了，急不可耐地想给自己搞个政治投资，用钱开道，杀进官场。

沈万三恰好曾和刘伯温有一面之缘，于是他找到刘伯温，提出自己愿意承包南京城一部分的建设——自掏腰包，不要朱元璋一分钱。

刘伯温一听，这还了得！朱元璋是什么人？资深屌丝啊！屌丝，尤其是逆袭后的屌丝，最恨高富帅，沈万三坐拥万贯家财本来就很招人恨，现在还敢找朱元璋来炫富？这是找死。

深知朱元璋性格的刘伯温好说歹说，拼命阻拦沈万三，可沈万三不识好人心，以为刘伯温是嫉妒他，一气之下干脆直接绕过刘伯温给朱元璋写了一封信，声称自己将承包南京城墙的三分之一段，缓解朱元璋的财政压力。

果然如刘伯温所料，朱元璋火冒三丈，心想沈万三是个什么东西？！炫富炫到老子头上来了！朱元璋对这些有钱人本来就有偏见，想起自己小时候父母死了都找不到地方安葬，地主像赶老鼠一样把他赶来赶去，想起自己现在，每天宵衣旰食，勤恳工作，而这些有钱人呢？每天睡觉睡到自然醒、数钱数到手抽筋，朱元璋越想越气，一怒之下决定——

还是让沈万三去修城墙吧……

没办法，人穷志短，一文钱难倒朱元璋，大明王朝创业阶段，钱能省则省。

沈万三非常高兴，以为自己咸鱼翻身了，修城墙格外卖力，最后，比官方施工队还早竣工三天。

朱元璋因此更加火大，沈万三却扬扬得意，甚至有点得意忘形，他居然又提出，要出钱替朱元璋犒劳军队！

刘伯温一听到这个消息，就知道沈万三完蛋了，再多的钱也保不住他了。

果然，朱元璋勃然大怒，修城墙也就算了，你还想用你的钱来拉拢我的军队，反了你了！朱元璋本来当场就想宰了沈万三，在马皇后的劝说下改为流放云南。

一代巨富就此陨落。但沈万三的那笔巨款确实解决了南京城建工作的融资问题。

倒下了一个伟大的商人，伫立起来的是一座伟大的城市。

当然，罗马不是一天建成的，南京城也一样，朱元璋前后历时二十一年，征调二十万户工匠，最后才建成这座气势恢宏的明朝皇城。尽管那个时候，南京城的总设计师已经看不到这座伟大的城市了。

历法是个什么玩意儿

除了建造都城，刘伯温还有一件非常重要的事情，那就是制定历法。

可能有人会说，制定历法不就是规定哪天过年，哪天是几月几日吗？真是耗子的腰子——多大个事（肾）。

但你别说，其中的学问大了去了。

举个例子，生活在尼罗河边的古埃及人很早就发现自己实在是生活在一片风水宝地上，因为定期泛滥的尼罗河水给古埃及人带来了肥沃的土壤，在尼罗河泛滥过后，只要把农作物种上，几乎不需要管理就可获得可观的收成。因此，古埃及人唯一必须做的事情就是弄清楚河水什么时候泛滥、什么时候退去。经过长时间的观察，他们认识到，每当天狼星第一次和太阳同时升起的那一天后，再过五六十天，尼罗河就开始泛滥，于是他们将这一天作为一年的开始，并得出一年的周期为365天。

古埃及的历法就这样成形，有了这样的轮廓，对古埃及来说，剩下的事情就相当简单了，没有那么多农忙时间，意味着他们有更多的时间花在其他方面，比如摆眼镜蛇pose，比如生产木乃伊，比如堆金字塔。

如果没有正确的历法，古埃及人只能抓瞎。与古埃及人同样辉煌的古巴比伦就是吃了历法的亏。

古巴比伦人在6000多年前就已经制定出太阴历，一年12个月，6个月30天，6个月29天，一年354天。

所谓太阴历，就是根据月球朔望规律所制定的历法，它的弊端是显而易见的，因为地球的公转周期是365天，所以每过一个阴历年就会比太阳年少11天，3个阴历年就会比阳历年少一个多月的天数。这样下去会发生一种奇怪的现象：今年的1月是冬天，再过个十几年1月就成夏天了，这样一来，日子就没法过了，什么时候播种什么收获都没个谱。

苏美尔人也意识到有点不对劲，可惜这帮人实在是天然呆，花了 900 年的时间才找出哪里不对劲——他们需要的是每隔几年在年历上另加一个闰月，才能准确预报季节。

苏美尔人在公元前 20 世纪开始衰落，到公元前 17 世纪就销声匿迹了。虽然不能说全是不能准确定位时间的错，但肯定多多少少吃了没有靠谱历法的亏。

现在你该知道历法的重要性了吧，不管是用朔望来记月然后从月推出年，还是用太阳来纪年然后从年推出月，多多少少都会产生误差。如何最有效地避免误差，保证无论在哪一年农民伯伯都知道该在哪一天播种哪一天收获，就成了一件非常重要的事情。

刘伯温丝毫不敢小瞧推演历法这件事，他和自己的下属高翼二人呕心沥血撰写了一部全新的历法，很不幸的是，居然被朱元璋退稿了。还在废稿上做出了最高指示："你们再给我认真点儿，千万别出岔子。（卿等推步须各尽其心，必求至当。）"朱元璋毕竟是农民出身，对历法的重视超过了刘伯温的想象。

其实刘伯温也很苦恼，他不是不认真，也不是不尽力，而是他面前实在有一座翻不过去的山，那就是元代天文学家郭守敬的《授时历》。这部历法实在太过于伟大，刘伯温根本无法超越，他想要独辟蹊径做一部自己的历法，却被朱元璋否定了思路。

如果按照《授时历》的思路制定历法，那么根本没有可能超越郭守敬，既然如此，刘伯温只能选择在《授时历》的基础上修修补补。到 1367 年冬至，刘伯温终于交稿了，跟《授时历》相比几乎换汤不换药的《戊申大统历》四卷通过了朱元璋的审核，成为明朝的官方历法。

这部历法终明一代，虽屡有修订，但并未改宪。客观而论，这一次，光荣应该属于郭守敬。

当然，任何历法都有缺点，随着年久数盈，《大统历》的精确度也开始降低。直到明末崇祯年间，徐光启随利玛窦采用西洋历法，写成《历书》，明代才有详密的历法，可惜没来得及颁布，明朝就完蛋了。

把帝国的运转带上轨道

制定历法可以说是刘伯温作为太史令的主要职责，而作为御史中丞，刘伯温接到了另一项艰巨的任务：立法。

我们常把法律叫作法度。法是一个国家的度量衡，是一个国家正常运转的轨迹，没有法律，国家机器也就没有了存在的基础。大明朝想要长治久安，必须有一套严谨完善的法律。

因此，明朝建国后，朱元璋立刻以左丞相李善长为总裁官，御史中丞刘伯温、参知政事杨宪、傅王献、翰林学士陶安等人为议律官。朱元璋又专门召台宪官章溢、周祯等人商论法律，认为纪纲法度为治国之本，而振纪纲、明法度由御史台主司其职，百司庶职都取法于台宪。因此，明朝法律的制定由中书省、御史台共同完成。而刘伯温是关键人物之一。

这是一项艰巨的工程，因为元朝的法律简直一塌糊涂，根本没有参考价值。来自草原上的苍狼打打杀杀惯了，根本没有用法律解决问题的概念。元朝早期只有一部《大札撒》可以勉强称之为法律，其实严格来说，也不过是一部社会公序良俗的总结和成吉思汗格言录，系统和严谨根本无从谈起。

后来，慢慢接受汉文化的蒙古统治者才开始认识到法律的重要性，在元英宗的主持下修订了《大元通制》。这才总算勉强有了一部法典。

但是，在实际操作层面，后来的司法者不断地把皇帝的圣旨、中央的文件，甚至很多案件的判例放进法律。比如某天皇帝突然说，走在路上不长眼睛，被马车撞死活该；可能皇帝只是无心之言，但君无戏言，马车撞死人撞了白撞，马上就会以法律形式出现在法典上。更有甚者，可能在某一次审案中，主审官头脑发昏，相信了某个小偷“上有老下有小”的哭诉，而判小偷无罪，那么在今后的司法实践中，所有有孩子和父母需要赡养的小偷都会被判无罪。

这样一来，元朝的法律就变得越来越臃肿，而且越来越混乱，到最后，即便是最精通法律的官员也不一定能够搞懂大元朝的法律。

既然没人懂，那就干脆乱来，于是，庞杂的法律变成了没有法律。这在一定程度上也可以说是为什么窦娥会冤死在元朝了。

因此，朱元璋对于建立明朝法律体系亲自做出了最高指示：“法贵简当，使人易晓，若条绪繁多，或一事两端，可轻可重，吏得因缘为奸，非法意也。夫网密则水无大鱼，法密则国无全民，卿等悉心参究，日具刑名条目以上，吾亲酌议焉。”这段话不好懂，总结出来就是两个字，一个是简，一个是严。

“简”是所有人的共识，一部好的法律有很多要素，但最关键的一点是要让人看得懂。

在这一方针指导下，刘伯温大刀阔斧地给法律来了一次抽脂手术，想让肥胖不堪的法律迅速瘦成一道闪电。当然，瘦身不是减少几个条款那么轻松的，关键是要简约而不简单。刘伯温结合当时的社会现实，把律法缩减分为六部分，分别为吏令、户令、礼令、兵令、刑令、工令，每大类下分数条，合计一百四十五条令。比起元朝法律，经过刘伯温删减的法律简直就是一味高度浓缩的浓汤宝，解决了瘦身问题。

大明法律的第二个指导方针是“严”。

严不是指严酷，而是指严格，即法网恢恢疏而不漏，绝不放过一个坏人，也不冤枉一个好人。

要做到严酷很容易，例如一人犯罪全家株连，省心省力，暴君们一直都用。但是，严酷的法律注定不能持久，秦二世之亡就是最好的前车之鉴。

因此，如何做到刚柔并济、宽严得体，刘伯温是颇下了一番心思的。最后成稿的《大明律》规定了十大恶，谋大逆、谋叛、不道、不孝、大不敬等十条“大恶”规定“就算是遇到大赦天下，也不会放过犯下这十条罪的人

（虽常赦不原）”，这就是人们常说的“十恶不赦”。

与此同时，在量刑上《大明律》也充分考虑了人性化，比如它规定：“未老疾犯罪，而事发于老疾，以老疾论；幼小犯罪，而事发于长大，以幼小论。”与现代法律精神是一致的。

经过多次修订，《大明律》终于在1373年成稿，接着，又经过一个漫长的阶段，几经更改，于1397年才正式颁行。《大明律》从条理上来看比《唐律》更为简明，从其体现精神意志上来看又比《宋律》更加严厉，是中国法制史上极其重要的一部法典。

《大明律》可以说是一部凌越前古、启迪后代的重要法律文献。著名法学家杨鸿烈曾经盛赞这部法律：

《大明律》比唐代的《永徽律》更为复杂，又新设许多篇目，虽说条数减少，而内容俱极精密，很有科学的律学的楷模，后来的《大清律》也都是大部分沿袭这部更定的《大明律》，可以见得这书实在算得中国法系最成熟时期的难得产物。

当然，《大明律》真正颁布的时候，刘伯温等人早已作古，而最后发行的《大明律》和一开始编修的法条也有很大的区别，但是无论如何，刘伯温等人的草创之功是无可抹杀的。

一定要把枪杆子稳住

刘伯温为朱元璋做的另一件大事，是替大明王朝稳住了枪杆子。

《孙子兵法》开篇就说，“兵者，国之大事，死生之地，存亡之秋，不可不察也”。纵观整个中国史，所有开国皇帝最大的心病就是军队。这些皇帝大都是靠军队抢来的天下，深知手下的军人是一柄双刃剑，今天能帮自己得天下，明天也能抢走自己的天下。

枪杆子是个非常敏感的问题，跟平衡木一样必须小心翼翼。国家军事实力如果不强，难免会被欺负，甚至亡国灭种，但国家军事实力如果太强，庞大的军费开支又会把国民经济拖垮。

有没有一个两全其美的好办法，既能维持一支庞大的军队，又能少花钱甚至不花钱？这是朱元璋一直思考的第一个问题。

困扰朱元璋的第二个问题则严重得多——如何组织这支军队？

一支军队想要有战斗力，就必须有凝聚力，士兵荣誉感和归属感强烈。兵与将、将与帅之间合作无间，相互信赖。

因此，要打造一支精锐部队，最好的方法就是给予将领足够的权限，在部队内部创造层层效忠的组织结构，以江湖兄弟会和利益共同体的形式将其凝聚起来。历史上几乎所有精锐部队都采用这样的组织结构，比如唐朝的胡兵、宋朝的岳家军、明朝的关宁铁骑、清朝的湘军。

但这种兵制的问题也是很明显的，由于统帅在军队中的威望太高，权力太大，长此以往，军人眼中只有统帅，没有皇帝，国家的军队成了统帅的私家武装。这种形式的军队，往轻里说，必然导致各自为战无法统筹，比如元朝末年的元军就处于这种状态；而最坏的情况，则是军阀割据，兵变频繁，最典型的就是唐朝中后期节度使。

因此，靠兵变起家的宋太祖赵匡胤创造性地发明了兵将分离制度，军队平时由文官管辖，一到打仗的时候国家临时指派一名将领指挥军队，打完仗立刻收回军权。

这样一来，将领只有指挥权而没有统兵权，有效杜绝了割据和兵变。但其副作用也是极其明显的。孙子说过，知己知彼，百战不殆。在宋代的军事体系下，别说知彼，连知己都做不到，因为临时委派的将领根本不可能了解自己手下的军队，谁擅长打野战，谁擅长打攻坚，谁的部队最精锐，谁的部队是银样镴枪头——这些统统不知道。

这样的军队上战场，能打胜仗才怪！

生存还是死亡，这是个问题；要忠诚还是要战斗力，这更是个问题，朱元璋很纠结。

所以，朱元璋叫来刘伯温，要刘伯温帮他想一个完美的军队治理结构：这支军队数量要足够庞大，但是不能太烧钱，要足够忠诚，但不能是草包。

这么苛刻的条件，他也真好意思跟刘伯温提。

刘伯温其实早就在思考这个问题。因为这是中国历史的一个根本问题，每一个朝代开国时期必然面临的问题。

因此，辞别了朱元璋，刘伯温的大脑立刻高速运转起来——到底存不存在这样一种制度，可以四全其美？

经过一段时间的苦思冥想，刘伯温向朱元璋递交了方案，提出了自己的设想：这个可以有。

刘伯温的计划是一个很复杂的军事组织结构，在这里我们长话短说，他的设想基本上包括四个方面，用来解决朱元璋面临的四个问题：

第一，从元军降兵、失地流民和犯罪分子中招募兵丁。这三个人群基数庞大，足够招募一支数十万的常备军。

第二，给这些军人分土地，让他们种地。农忙的时候种地，农闲的时候训练，打仗的时候出征。国家设立卫和所两级行政单位集中管理这些军户，一般是 5600 名军人为一卫，1120 人为一所。

这样一来，士兵自力更生，自给自足，还能给国家创造财富，军队规模和军费开销之间的矛盾就解决了。朱元璋对此曾得意扬扬地评价说：“吾养兵百万，不费百姓一粒米。”

第三，卫、所之上设都指挥使司，隶属于中央管辖，但是都指挥使常年和基层官兵泡在一起训练，基本属于奶爸型，谁有什么特长谁有什么脾气都知道。

第四，中央设五军都督府，分中、左、右、前、后五军都督，分别管辖京师及各地卫所，一旦战事起，由五军都督府派遣相应将领前往各地指挥使司调兵，到时候把所有指挥使司召集起来开个家长会，立刻就能了解自己麾下的部队。

这样一来，虽说不算完美，但至少有效解决了兵将问题。

细心的同学可能已经发现，刘伯温创造的军事制度和隋唐时期的府兵制很相像。的确，刘伯温就是在府兵制的基础上查漏补缺，开发出中国屯兵制度的巅峰的：卫所制度。

朱元璋对卫所制度非常满意，一拍大腿，就是这个了！当即发文全国推行。之后的两百多年里，尽管也曾与其他兵役制度相互补充，但军卫制作为大明王朝军事制度的基础，为大明帝国的赫赫武功打下了坚实的基础。

14世纪什么最贵？人才！

电影《天下无贼》中黎叔说："21世纪什么最贵？人才！"这个道理古今一般同，从朱元璋的发家史和元帝国的败家史，我们就可以看出，14世纪最宝贵的，也是人才。

不论是在创业期还是后来的守业期，朱元璋都如饥似渴地搜罗人才。朱元璋这么做有两层心态：一方面，是希望人才能够为己所用；另一方面，是不希望人才为别人所用。人才这个东西，在自己的麾下是块宝，如果没在自己的掌控下就是颗地雷。为什么我们常说乱世出英雄？因为乱世中人才的上升通道往往被堵塞，英雄只能在草莽间寻找自己的价值。而在太平盛世，人才都窝在政府机关里喝茶看报纸，谁有那闲工夫去造反？

不管朱元璋的心态是出于寻宝还是挖雷，他都竭尽所能地把所有人才聚集到自己麾下。

一开始，朱元璋采用的方法是推荐制，让人才引荐人才，或者让人才自我推荐，李善长、叶兑、宋濂、刘伯温这些人都是被这么挖过来的。

但这种做法略显粗放，一来很难达到地毯式搜索的效果，二来难免泥沙俱下，而且导致属下拉帮结派，只适合最初的发展阶段。

等朱元璋家大业大的时候，他就开始考虑开科取士，用考试的形式搜罗人才，既公平公正，又统一标准，而且不会有遗漏。

至于开科取士的具体执行环节，当仁不让地落在前大元朝进士刘伯温身上。

开科取士这种做法并不新鲜，从隋朝就有，到宋朝发展出一个小高峰。即便是在“十儒九丐”的元朝，也还是断断续续地开了几场科举考试。

但是，当时的科举考试还不成熟，每个朝代都有不同的科举制度，比如唐代的科举考试，科目非常驳杂，除了四书五经，还要考策论，甚至考诗词，而且录取率极低，几乎是千军万马走钢丝。而宋代为了把文人都养起来，科举的录取率极高，几乎是个读书人，脑子足够好使，到最后都能考上，算是千军万马过赵州桥。虽然给了很多寒门子弟出人头地的机会，也导致宋代冗官冗员，吃财政饭的人比纳税人还多的尴尬局面。

因此，刘伯温要创造的，是一个汲取前代教训，吸收前代经验的科举制度，既要保证选出来的人的确是国家需要的人才，又要保证在录取率上既不能让考生寒心，又不让官帽贬值，这些都是刘伯温面对的难点。

当然，这些都难不倒刘伯温，最后，刘伯温向朱元璋递交了一份令他满意的答卷。

刘伯温版科举的具体细节已经不可考，因为即使是在明朝的两百年历史中，科举考试也是在不断变化中的。不过我们可以知道的是，刘伯温版科举比后来培养书呆子的科举考试更加灵活，更加注重素质教育。因为在文化课考试之后，刘伯温还专门设置了骑马、射箭、书法、数学和法律五门科目，凡是能够通过这些考试的考生，必然都是些德智体美劳全面发展的好孩子，比起后来那些书呆子，不知道实用多少倍。可惜的是，发展到后来，除了武举考试中还保留了骑、射，剩下的几门考试全部被取消了。这直接导致科考脱离了实际，脱离了社会。

至少在刘伯温的时代，朱元璋可以自豪地宣称自己招入麾下的人才都是真正的实干家。

当第一场科举考试举行的时候，看着考生鱼贯进入考场，朱元璋心里别提有多美了。

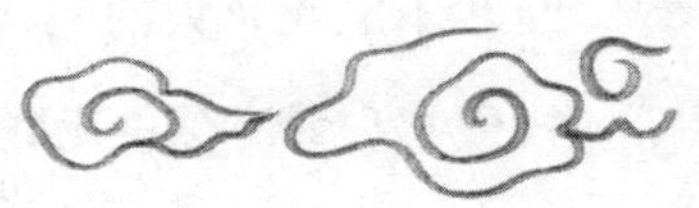

第十章　谋天下容易，谋己身难

朱八八，你变了

1368年秋，攻克北京的消息传到南京，朱元璋正舒舒服服地坐在刘伯温为他精心打造的龙椅上，享受文武群臣毕恭毕敬的朝拜，心里感慨万千。

该拥有的我都已经拥有，普天之下莫非我土，率土之滨莫非我臣，从一无所有的放牛娃到拥有一切的九五至尊，朱元璋还没有从梦幻般的人生跌宕中回过神来。

但一丝忧虑已经爬上他的心头。一旦拥有就会害怕失去，占有越多，恐惧就越多，当占有一切之后，朱元璋的恐惧已经无以复加。

他望向匍匐在脚下的群臣，这些人曾经都是忠诚的鹰犬，但瞬间也会变成龇牙的虎狼——必须在这一切发生之前，剪断所有能够威胁到自己的利爪。

只有最睿智的人才能感觉到，那一刻，朱元璋的眼神中已经透出刺骨的寒冷。

刘伯温感觉到了。

从朱元璋即位吴王的时候，刘伯温就感觉到朱元璋的变化，那个曾经和李善长、宋濂彻夜长谈，和徐达、常遇春推杯换盏，那个义气深重、宁可人负我不愿我负人的朱八八不见了，取而代之的，是猜忌心重、疑神疑鬼、手段残忍、城府深不见底的朱元璋。

刘伯温首先察觉到的，是朱元璋对李善长的态度变化。李善长主管后勤，一直以来低调务实，工作严谨负责，可自从当上丞相之后，就开始飞扬跋扈起来，公然结党营私，排斥异己。这些都是朱元璋所忌讳的，所以朱元璋私下里对他的态度已经不再那么和善。

但刘伯温知道，就算李善长依旧低调，朱元璋的态度也不会比现在好多少。

因为朱元璋的偶像是刘邦。

了解刘邦的人都知道，刘邦的人生可以分成两部分，当皇帝之前，他礼贤下士，宽厚待人，因此身边聚集了一大批当时一流的人才，最优质的莫过于被称为“蜀中三杰”的韩信、张良、萧何。

可是做了皇帝之后的刘邦，第一件事情就是剪除功臣。先是彭越和英布被诛杀，然后是“蜀中三杰”：韩信身死，萧何入狱，张良出奔。

朱元璋文化程度低，但对刘邦的研究很透彻，并且一直以刘邦自比——说到底，这还是李善长当初教给他的。

既然朱元璋已经当了皇帝，那么一直被比作当世萧何的李善长，自然不可能有善终。

而一直被比作当世张良的刘伯温，结局又能好得到哪儿去？

其实，即便是在蜜月期，刘伯温与朱元璋之间的关系也没法像三国时的刘备和诸葛亮，这和他们二人的性格有很大关系。朱元璋不如刘备宽仁，却跟曹操一样喜欢猜忌，而刘伯温也缺少诸葛亮的委婉，却和荀彧一样刚直。

在创业阶段，这些人民内部矛盾都可以内部处理，但随着朱元璋在军事上的节节胜利，他对刘伯温的态度也越来越傲慢。

刘伯温最早感觉到朱元璋对自己态度的变化是在1367年，那时刚刚平定张士诚，朱元璋、刘伯温、陶安一起讨论夺取天下的大计。

刘伯温还是像以前一样，知无不言，言无不尽：“主公现在地盘越来越大，壮丁越来越多，差不多该北上收拾元朝了，腐朽的大元根本不是咱们的对手（天下可以席卷矣）。”

陶安还没来得及插话，朱元璋就开口反驳了：“地盘大，人口多，这没什么值得倚仗的。我这些年来之所以连连打胜仗，是因为我用兵谨慎，重视对手（每临小敌亦若大敌，故制胜），元朝百足之虫死而不僵，你怎么能够如此轻视呢？”

这本来只是正常的讨论，但朱元璋这种抬杠的态度和说话的语气让刘伯温有点不爽，他心说你朱元璋明明是个赌徒，最重要的几场战役全是以小搏大的决死战，除此之外，不管是救援安丰还是围剿陈友定，还真没看出你谨慎在哪儿。

当然，可以这么想，却不能这么说，刘伯温又继续坚持己见，“主公，具体问题要具体分析，现在咱们刚刚灭了张士诚，威震天下，北方那边心慌得很呢，若是趁机长驱直入，谁敢来触咱们的兵锋？这就叫迅雷不及掩耳之势啊！”（近灭张氏，彼闻而胆落，乘胜长驱，中原孰吾御者，所谓迅雷不及掩耳。）

刘伯温说得很有道理，元王朝还没从朱元璋的实力威慑中缓过神来，而朱元璋军队此时的士气战斗力也正在巅峰状态，这是北伐中原最好的战机。

朱元璋不乐意了，又强词夺理地反驳道：“你懂什么！凡事要透过现象看本质你懂不懂（深究事情，方知通变）！现在元朝几大军阀相互之间掎角之势，我们哪里下得了手！？不要动不动就跟我说什么长驱直入，想要毕其功于一役是行不通的，一口吃不成胖子你懂不懂！？如果天下真的如你所说的那么容易打，哪里还轮得到咱们（若谓天下可以径取，他人先得之矣）！我们现在要做的是等待战机，等到大元朝自己露出破绽，我们才进攻。”

末了，朱元璋还意犹未尽地补充了一句：“打仗要谨慎，不要太骄傲，骄兵必败你懂不懂！”

没法跟他沟通了。话说到这份上，朱元璋的情绪都开始激动起来，刘伯温自然不好继续执拗下去，会场气氛一度陷入尴尬。

最后，还是刘伯温率先告退。朱元璋挥挥手，也没说什么，就把他打发走了。

而最让刘伯温郁闷的是，没过多久，朱元璋就召集全体谋士将领，讨论如何趁着大破张士诚的兵威北伐中原，一个月后，徐达带着二十万大军出征了——这一切，都是当初刘伯温谋划却被朱元璋否定的策略。

这还看不出门道来，那刘伯温干脆别混了，很明显，朱元璋已经厌倦自己像个小学生一样对刘伯温言听计从，他开始故意抬杠，他要向群臣显示自己的谋略水平不比刘伯温差。

这还不是最危险的，最危险的是，连朱元璋自己都发现，他的谋略水平就是比刘伯温差，他只能按照刘伯温谋划的套路走。

能力比领导强不一定是坏事，只要领导足够包容。可惜，刘伯温知道，朱元璋已经变了，如果说原先他的胸怀有海那么宽阔，那么现在也就只剩下鄱阳湖那么大了。

这一变化正是来源于恐惧，当朱元璋拥有权力之后，他开始对一切威胁到自己权力的人产生本能的恐惧。当恐惧填满心头，留给包容的胸怀自然所剩无几。

随着朱元璋权力的逐渐扩大，他的恐惧与日俱增，1368年，当朱元璋坐拥天下时，他已经不会再容忍刘伯温这样功高盖主的人存在了。

此时此刻，对于刘伯温来说，坏消息是，他在朱元璋眼中的地位，已经不再是当年那个无所不能的“刘先生”了。

不过好消息也是有的，那就是，他的主要对手李善长在朱元璋眼里也不再是那个亲切、值得依靠的“李先生”了。

或许有人会奇怪，李善长和刘伯温什么时候成为敌人的？这两人一个管军谋一个管后勤，似乎从来都是八竿子打不着的，哪来的矛盾？

这一切，要从明初官场的权力斗争说起。

一匹来自淮西的狼

有人的地方就有江湖，有江湖的地方就有斗争，有斗争的地方就需要人跟人抱成团。

在大明王朝长期的政治斗争实践中，逐渐形成一个强大的政治团体，后人称之为淮西集团。

所谓淮西集团，其实就是淮西老乡会。明朝官员都是来自天南海北，为什么唯独淮西集团坐大呢？

因为淮西老乡会的名誉会长是朱元璋。

朱元璋是个重乡土观念的人，尽管手下猛将如云谋士如雨，但真正能够得到他信任的，还是当初和他一起在淮西起家创业的原班人马，比如李善长、常遇春、汤和、周德兴等。

在这些人当中，李善长的功劳最大，建国后官职也最高，于是理所当然地成了淮西老乡会的执行会长。

在朱元璋的偏袒和李善长的积极运作下，朝廷几乎成了淮人的天下，机要部门全部被淮人掌控，相互之间结党营私，一时权倾朝野，以至于当时普通官员甚至以说淮西方言为荣，说一口流利的淮西话比现在说一口流利的英语还管用。

而刘伯温是被排除在淮西集团之外的，因为他既不是淮人，也不是最早跟着朱元璋起兵的人，因此，在这场政治竞跑中，刘伯温先天就输在起跑线上。

但刘伯温也不是省油的灯，他背后也有一个老乡会——由朱元璋渡江后所招浙东儒生构成的浙东集团，主要成员就是刘伯温和章溢。

不过，浙东儒生本来就不是特别受朱元璋信任，再加上刘伯温一直以幕僚身份参与朱元璋集团的核心决策，地位高，身份却不高，导致浙东集团的凝聚力也不如淮西集团，相对而言更像个松散的共同体。

如果把淮西集团比作北约，浙东集团也就相当于非盟。

这种情况直到刘伯温担任御史中丞，掌控御史台后才开始改观。

前面说过，御史是一群不受制约的骂将，理论上他们可以找任何人的茬，骂任何人，战斗力极为强悍。刘伯温掌控了言官集团，等于掌控了国之利器，瞬间就从手无寸铁的谋士变身为手握大杀器的恐怖分子。

有权不用，过期作废。终于拥有了和淮西集团抗衡的资本，刘伯温怎么会错过？于是，在他的苦心经营下，浙东集团与言官集团资源整合，一个强大到足以和淮西集团分庭抗礼的政治集团诞生了。

而朱元璋这个时候也已经有点不太喜欢李善长，自己虽然是淮西老乡会的名誉会长，但现在全中国都是他的，他自然不能坐视淮西集团一家独大，特别是淮西集团垄断了相权，一旦李善长做大，对皇权难免产生威胁。

这里涉及一个更深层次的矛盾：相权和皇权的矛盾。

理论上，皇帝是国家的最高统治者，但是皇帝本人的精力实在有限，再加上皇帝的质量本身也是良莠不齐，国家大事一个人根本管不过来，就需要有人来帮他打理。这个人就是丞相——你可以理解成国家的管家。

很早以前，皇帝和丞相相处是很融洽的，因为那时候国家的事情本来就少，很容易分权。但随着国家越来越大，机构越来越庞杂，皇帝发现他管不过来的事情越来越多，而这些他管不过来的事情，都成了丞相的权责，丞相所担负的责任越大，相权也就越来越大。

权力总量是守恒的，相权坐大，就意味着皇权旁落，历史上许多皇帝都意识到这个问题，努力削减相权，但是鲜有成效——原因很简单，一个几十口人的大家族都得请个管家，有着几千万人口的国家怎么可能不设丞相？这是客观规律，没有办法的。

但朱元璋就是要人定胜天，打定主意要跟延续三千年的相权死磕。

为了这个目的，他当然不能眼看着丞相李善长的势力日益庞大，而刘伯温和浙东集团正是制约淮西集团的一粒棋子。因此，两大集团明争暗斗，朱元璋很乐意搬把椅子看热闹。

李善长也逐渐感觉到来自浙东集团的威胁。行军打仗，他不如刘伯温，后勤保障，刘伯温不如他，但要说起搞政治，两个老狐狸正好棋逢对手，酒逢知己。

在这场你死我活的斗争中，刘伯温占了先手，1368 年五月，刘伯温率先下手了。

两大集团的首轮 PK

被刘伯温拉出来开刀的倒霉蛋叫李彬。

1368 年五月，朱元璋去汴梁出差，临走之前嘱咐刘伯温一定要履行好检查职责，凡是有贪官污吏全都抓出来，就算是宫里的人也不要手软（督察奸恶以肃辇毂，虽内府之事亦宜纠举）。

受到朱元璋如此高的信任，刘伯温自然要做出一点成绩来，偏偏就在这个节点上，李善长的亲信——丞相秘书（中书省都事）李彬东窗事发，被查出严重的经济问题。

明朝初年虽然政治相对清明，但是用经济问题去查当时的官员还是一查一个准，这本来不是什么大不了的问题，李彬倒霉就倒霉在偏偏是刘伯温要大干一场的时候被捅了出来。

更重要的是，他还是淮西集团的内围成员。

那还有什么好客气的，刘伯温大笔一挥，立刻向皇太子朱标弹劾李彬。朱标派人调查结果情况属实。几天后李彬被捕，经过一番没有悬念的审问，最后判决：李彬论罪当斩。

李善长很生气，打狗还要看主人，刘伯温擅作主张要杀李彬，分明就是在跟自己过不去，用一句电影台词说就是：刘伯温打的不是李彬的屁股，而是李善长的脸。

李善长知道刘伯温的用意，因此他更要保住李彬，于是，他亲自找到刘伯温，动之以情，晓之以理，讲道理谈条件——可刘伯温就是软硬不吃。

一方面，刘伯温需要一个敲打淮西集团的机会，另一方面，他也的确痛恨贪官污吏，所以这件事情没得商量。

李善长没办法，只能退而求其次，想把这个李彬的死刑拖到朱元璋回南京再执行。明朝执行死刑非常谨慎，必须由皇帝亲自批准后才能上刑场，李善长的想法是希望用这段时间再活动活动、打点打点。

大事化小，小事化了的“拖”字诀是每一个政坛老油条的必修科目。

刘伯温当然明白李善长的想法，本着做事做绝的原则，连夜派人送信给身在汴梁的朱元璋，把李彬的种种劣迹生动形象地讲述了一遍。

朱元璋比刘伯温更恨贪官污吏，一看刘伯温的信气得哇哇叫，当即做出最高指示：“斩！”

事情到了这份上，李彬的脑袋已经离落地不远了。李善长决定打出最后的底牌——他相信，这张牌一出，刘伯温必然无法招架。

原来，当时南京地区大旱，李善长正在准备祈雨工作，于是，他找到刘伯温说：“这个时候杀人，不祥！”

事实证明，玩这种把戏，李善长还太嫩——拿封建迷信说事，这可是刘伯温的专利。在刘伯温看来，李善长放弃自己擅长的政治斗争，却要在封建迷信领域跟自己较量，这实在是班门弄斧。

刘伯温想都没多想就回话说：“武王消灭纣王之后，年景立刻好起来，卫国讨伐邢国之后，旱情立刻就缓解了——只要杀了李彬，老天必定下雨！”

李善长顿时没话说了，在刘伯温这个老牌神棍面前，他甚至都不知道该怎么反驳。

最后，李善长终于没能保住李彬，第一回合，刘伯温胜。

但刘伯温没有注意到，李彬脑袋落地的一瞬间，浮现在李善长嘴角那丝不易察觉的微笑。

李彬死了，刘伯温曾预言杀了李彬天就会下雨，许多人都相信刘伯温的预言，刘伯温无数次成功预报天气，人们相信，这一次他也不会错。

可问题是，即使气象卫星预报出来的天气都有不准的时候，更不用说刘伯温的纯人力预报了。更何况，刘伯温的那番话其实是被李善长逼出来的，他根本没有经过精确的推算。

因此，直到朱元璋回南京，传说中的雨也没有来。

这个时候，李善长出击了，狞笑着使出他真正的杀招。

他先是指示爪牙上书诋毁刘伯温，指责在这件事情上刘伯温借助天意为己谋私，等火候差不多了，李善长亲自上奏折，弹劾刘伯温借助怪力乱神的那一套理论“执法专恣”。

李善长这一手太狠了。朱元璋并不在乎李彬的死活，但他在意的是有人专权。他扶植浙东集团的目的就是要制衡淮西集团，绝不希望刘伯温成为第二个权臣。

刘伯温瞬间陷入被动，这个时候，除了见招拆招，他没有更好的选择了。

于是，刘伯温立刻上书为自己辩解，申明自己并不是假借天命专权妄为。

那么怎么解释杀了李彬天却没下雨呢？刘伯温说，这是因为做的好事还不够，光杀李彬还不足以感动上天，想要感动上天，朱元璋还必须再做三件事。

哪三件？

第一，撤销寡妇营。

第二，好生安葬在服徭役的时候死去的工人。

第三，恢复原张士诚部投降军官自由民身份。

这三件事情需要解释一下。

所谓寡妇营，是朱元璋本人出的主意，他要求把所有阵亡将士的遗孀全部集中在一个地方居住，终生不得接触其他男人。朱元璋最初定下这条法令的用意是稳定军心，让将士们没有后顾之忧地上前线卖命。但是，从人本主义的角度来看，这条法律对于阵亡军人遗孀本人来说，是极不人道的。

第二件事情好理解。第三件事情说的是打败张士诚后，朱元璋实在太痛恨张士诚了，把他本人碎尸万段，还下令将从张士诚那里投降过来的军官全部充军，发配为奴。如今明军还在和元军残部打仗，朱元璋这种做法无疑会丧失民心。

可见，刘伯温提出的每一个要求都是针对朱元璋本人做出的错误决定，刘伯温早就想进谏朱元璋废除这些苛政暴政，但一直没找到机会说，正好趁此机会，打着求雨的名义跟朱元璋提个意见。

在这个与李善长斗法的节骨眼上，刘伯温心里居然还想着寡妇营的悲苦、役工的尸体和被发配为奴的东吴降将，这不是刘伯温政治上的幼稚，而是他人格上的高尚。

听到这三件事，连李善长都蒙了。刘伯温这不是自己找死吗？且不说最后是不是真的会下雨，光提出这样的要求，就足以让朱元璋火冒三丈了。

朱元璋的确很生气，他感觉刘伯温是在抽自己的耳光，但是在天气预报这种事情上，他还是相信刘伯温的。

于是，他点头同意了。

这下李善长可以确定，刘伯温死定了。

刘伯温也知道自己死定了。他已经习惯用天气预报、星象预测那一套做幌子来发表自己的军事政治观点，但这一次真的玩大发了，他不确定自己能不能安全收场。

但有一点刘伯温可以肯定，即使最后这一招玩砸了，至少他已经为国家为百姓做了三件实事。

这就值了。

很快，朱元璋签发诏令完成了刘伯温的三个要求。这段时间，刘伯温除了请求老天破例下场雨就没干什么别的，但老天依然晴空万里。

一个月过去了，刘伯温预言中的雨还是没有出现。那些对刘伯温寄予厚望的人纷纷摇头叹息，感慨刘伯温老矣，当初的神机妙算似乎过时，连老天爷都不买账了。至于李善长则暗自得意，这一回合的较量，胜利属于淮西集团，光荣属于他李善长。

而朱元璋则陷入无尽的愤怒中，他意识到自己被刘伯温骗了，擅长举一反三、触类旁通的朱元璋甚至进一步意识到，刘伯温已经用他那套神棍理论骗了自己很久。

你可以侮辱我的人格，但不能侮辱我的智商。

朱元璋很生气，后果很严重。

蜜月期，结束了

朱元璋的愤怒像当年龙湾的那场暴雨，来得迅猛，连傻子都能看出来，朱元璋已经很不爽刘伯温了。

朝臣之间再怎么斗，最后决定胜负的裁判还得是皇帝陛下，刘伯温之所以能跟淮西集团斗法，说到底也是倚仗朱元璋撑腰，无论如何，朱元璋这根粗大腿不能丢。

这时候，正好家中传来消息，刘伯温的二夫人病逝。刘伯温决定趁此机会跑路，离开暴风雨的中心，既能化解朱元璋的愤怒，也能掩护浙东集团的主力。

于是，刘伯温向朱元璋递交了辞职申请。正在愤怒中的朱元璋非常流于表面地挽留了一番，就让刘伯温滚蛋了。

当然，刘伯温也不是善茬，他的主要目的是避祸，而不是归隐，所以卷铺盖之前，刘伯温在御史台布置了一颗小小的棋子：杨宪。

杨宪这个人之前露过几次脸，参与修订法律有他，举报张昶也有他，但总体而言，这还只是一颗不起眼的棋子，可正是这颗棋子，为浙东集团的反扑打下了坚实的基础。

这枚棋子还需要时间成长，在此之前，刘伯温只能韬光养晦。

1368年八月，刘伯温再次回到阔别已久的家乡。

在回乡的路上，刘伯温的心情低落到了极致。

在官场上，想做点事情真的太难。刘伯温并不热衷于玩弄权术，从年轻的时候开始，他就深深厌恶官场上的尔虞我诈。但是，为了能够施展自己的抱负，甚至仅仅是为了生存下去，他又不得不一次次被卷入政治的旋涡中。

在战场上游刃有余的刘伯温，再一次感觉到无能为力，就像回到几十年前的浙东和江西官场。二十八年前，他就是这样心灰意懒地离开官场，在家宅了整整八年。

昨日重现。唯一不同的是，今日刘伯温的处境比二十八年前凶险无数倍，因为他同时得罪了朱元璋和李善长。作为帝国的一把手和二把手，这两个人跺跺脚，亚欧板块都能抖三抖。

所以，在家的这段时间，刘伯温秉承低调低调再低调的原则，不敢言功，但求避祸，每天早上睡到自然醒，午觉睡到半下午，要么就是在家里喝闷酒，要么就是一个人出门短途旅行，要么就是坐在门口长吁短叹。

刘伯温辞职后创作的《老病叹》很能表现出他此时的心境：

我身衰朽百病加，年未六十眼已花。

……

有眼不视非我目，有齿不啮非我牙。

三黄苦心徒自療，五毒浣胃空矛戈。

……

不如闭户谢客去，有酒且饮辞喧哗。

十几年的戎马倥偬让六十多岁的刘伯温落下一身的病，而此刻官场失意，老年丧妻，再加上天威难测、每天提心吊胆的隐居生活，慢慢消磨了他的意志，也消磨了他的身体。

老子说过：“飘风不终朝，骤雨不终日。”狂风暴雨总有过去的时候。

很快，朱元璋十八级台风般的愤怒慢慢消了，冷静下来想想，刘伯温虽然骗过自己，但主要目的还是为了公利而非私权，两人毕竟同患难这么多年，况且国家也确实离不开他。

最重要的是，杨宪这枚棋子开始发挥作用了。

在杨宪的组织发动下，御史台的文官们对淮西集团发起了有组织、有预谋的口水攻击，不断搜罗李善长等人的把柄，从贪污腐败到欺男霸女，从无才无能到好吃懒做，凡是你能想到的罪名杨宪都用上了，凡是你想不到的，他也用上了。

朱元璋不蠢，他当然不会让杨宪当枪使，理都懒得理他，但杨宪锲而不舍，使出死缠烂打的功夫，时间一久，朱元璋经不住“杨唐僧”天天磨叨，对李善长的印象逐渐变得更坏了。

所以，刘伯温在家里待了不到三个月，三个月后，朱元璋下诏书，召刘伯温回南京，官复原职。

刘伯温早就过了喜怒形于色的年龄，收到诏书后并不是太激动，只是仔仔细细地把诏书读了好几遍。

诏书写得很程式化，首先肯定了刘伯温在南征北战中的功劳，然后赞扬刘伯温在帝国草创阶段所做的贡献，最后展望了一下群臣齐心、其利断金的美好前景。

朱元璋的语气非常正式，也很恭敬，但在恭敬的背后，刘伯温看到了两人的生疏，特别是诏书中朱元璋再三强调，这封信不是找枪手代笔的，而是他自己写的（言非儒造，实己诚之意），更是给人一种刻意的感觉。

而且诏书中还有一句话，“我听说，很多当年跟我打天下的人，因为有了异心，所以离我而去了（朕闻同患难而异心者，为辅）”，这话与其说是褒奖，不如说是一种警告：你不来，就是有异心。

读懂朱元璋的诏书之后，刘伯温轻轻叹了一口气。因为他知道，朱元璋和他的蜜月期，已经结束了。

前面的路，越来越难走了。

凤阳不可都，王保保未可轻

1368年十一月，跑路三个月的刘伯温再一次回到帝国权力的中心。但此时此刻，他一点都高兴不起来，相反，他对自己的未来充满担忧。

在回南京的路上，刘伯温就听说朱元璋正在大肆征集能工巧匠，打算第二年开年就建设中京凤阳。

他不禁又叹了一口气。

凤阳是朱元璋的老家，虽然这座城市没有给朱元璋带来过任何快乐的回忆，但家乡毕竟是家乡，承载了朱元璋太多的思念。

而朱元璋表达乡情的方式也很奇特：他打算把凤阳建设为第二首都。中国古代一个国家往往有好几个首都，比如汉朝就有西京长安和东京洛阳，到唐朝又加了个北都太原。明朝开国后也有两个首都，一个是应天，也就是南京，一个是汴梁，称为北京，而朱元璋则打算把凤阳规划成中京。

这个方案从一提出来就遭到刘伯温的激烈反对。

并不是每座城市都有资格被建设为首都的，在中国漫长的历史上，真正受到大家一致好评的首都城市也不会超过10个。

一座城市想要成为首都，首要条件是地势险要。

首都是国家的心脏，神圣不可侵犯，除了有足够高的城墙、足够多的军队把守，最重要的是要有名山大川把门。这方面做得最好的首都莫过于长安，这座被秦岭、崤山等大山包围的城市，真如铁桶金城一样，只要内部不出乱子，基本很难被攻克。北临燕山的北平、倚靠长江天险的南京在这方面也都做得不错。

另一个重要条件是交通发达。京城里养着一大群只吃饭不干活的达官显贵，还有全中国最能打仗——也就是说最能吃饭的禁卫军，同时还要储藏大量战略储备物资，要吞吐来自全国各地甚至全世界的客人，没有四通八达的道路网络是绝对搞不定的。

很明显，在这两个方面，凤阳都没有任何先天优势。交通网络还可以花大价钱修筑，可是天险方面的不足根本无法弥补——凤阳北边的邱湖，芦苇丛生，埋伏百万大军都不成问题。而凤阳边上的大山马鞍山非但不能提供天险，还是一处绝佳的攻城制高点，若是在马鞍山头架一门襄阳炮，整个凤阳城你想砸哪儿砸哪儿，想砸谁砸谁。

所以，刘伯温坚决反对定都凤阳，在他三个月前离开南京的时候，还以离别赠言的形式送给朱元璋一句话——“凤阳虽帝乡，非建都地也”。这一次，刘伯温倒没拿风水星象鬼神这一套来糊弄朱元璋，反正这套把戏也已经过时了。

但很明显，朱元璋根本没有把刘伯温的劝谏当回事。此时的朱元璋已经不是当年那个对他言听计从的朱重八了。

最后，朱元璋终于意识到凤阳不适合建都，不过那已经是1375年的事情，建设了6年之久的中京凤阳就这样变成一堆烂尾工程。

除了凤阳不可建都之外，离开南京之前刘伯温还送给朱元璋另一句离别赠言：

王保保未可轻。

王保保，又名扩廓帖木儿，他的父亲是汉人，姓王，他的母亲是元末名将察罕帖木儿的姐姐。

是不是觉得这个名字很耳熟？对，察罕帖木儿就是《倚天屠龙记》女主角赵敏的父亲，所以王保保是赵敏的表哥。

所以说，如果张无忌最后娶了赵敏，那么王保保就是朱元璋的老上司的大舅子。

在《倚天屠龙记》里，王保保连个便当都没领到，但是在元末的风云际会中，他却是天字第一号牛人。

有多牛？据《明史》记载，有一天朱元璋大宴众将领时突然问道：“大家觉得谁是天下第一奇男子？”众人想都不想就回答：“那还用说，肯定是常遇春啊，这小子带着不到万把人，就敢在敌人的腹地横行霸道，简直无敌了。”朱元璋却笑着说：“常遇春虽然是个豪杰，但是我能收服他，而王保保我却无法彻底收降他，这个人，堪称天下第一奇男子啊。”

连敌人都对他佩服万分，做人做到这份上也值了。当时民间凡是有人自吹自擂，边上的人就会上去讥讽一句“尝西边拿得王保保来耶”，意思就是：“哥们儿，挺牛呗，有本事去西边把王保保给我抓来呀。”被嘲讽的人立刻哑口无言。

作为大元王朝最后的名将，王保保一直是朱元璋最忌惮的心结，所以当初制订北伐计划的时候都刻意避开王保保所统辖的区域。

拿下北京之后，朱元璋不得不和王保保硬碰硬了。

由于元顺帝的瞎指挥，王保保的发挥一直不太稳定，1368 年三月和闰七月，徐达两次与王保保会战，都是大获全胜。战败的王保保集结主力割据太原，一边舔舐伤口，一边虎视中原。

这下，朱元璋信心爆棚了，当初自我标榜的谨慎不见了踪影，积极主张直取太原，防止王保保逃窜到北方沙漠中。

这个时候，刘伯温正要离职，走之前，他甩给朱元璋一句话：“王保保未可轻。”要谨慎行事，绝不能轻视王保保。

跟对待“凤阳不可都”一样，朱元璋把这句话抛在了脑后，1372 年，徐达大军以蓝玉为先锋，大军进入山西境内，与王保保决战。

名将之所以被称为名将，就在于能够审时度势，做出在当前局势下最有利于自己的战略决策。在分析了敌我双方的力量后，王保保果断决定：放弃山西根据地，在内蒙古北部设下伏击圈，用伏击战消灭明军。

为了让鱼大胆上钩，王保保在雁门关和土剌河设计了两次规模浩大的佯败。

蓝玉果然上钩了，带领先锋部队一路狂追，一直追到伏击圈边。

蓝玉鼻子灵光，嗅出了一丝阴谋的味道，于是决定等徐达的大军到齐之后再进攻。

不怕你来，怕你不来！

王保保早就在等待徐达的大军，他像一个狡猾的猎人一样，注视着即将步入自己陷阱的猎物。

五月，徐达的大军终于到齐。与蓝玉的谨慎相反，徐达被一直以来的胜利冲昏了头脑，毫不犹豫地向王保保发起了总攻。

终于来了。我从太原一路狂奔到大漠深处，等的就是这一天。王保保狞笑着挥动令旗。

早已等得不耐烦的蒙古骑兵从山区杀出，带着这些年来的屈辱，怒吼着冲向明军。前方是让他们无家可归、四处流离的中原大军，后方就是蒙古帝国的龙兴之地，他们再也没有退路，只有决一死战。成吉思汗的血液在他们体内沸腾，在这一刻，伟大的蒙古铁骑又重新伟大起来，像一把利刃刺入明军的咽喉。

战场瞬间变成了屠宰场，傲慢的明军从千里追踪的猎人变成等待宰割的猎物。

明军被突如其来的反扑惊呆了，自从北伐之后，他们从来没有见过这么生猛的蒙古大军，没有见过这么狡猾的将领。当蒙古人的弯刀扫过自己的颈部大动脉，很多人都还圆睁着惊恐的双眼——但他们再也没有机会闭上。

直到1375年王保保死去的那一天，许多人都还保留着对他的恐惧。

这是朱元璋一生以来最大的败仗，一直到1397年，一想起这场战役朱元璋的心还隐隐作痛，后悔没有听取刘伯温之言。在写给自己儿子的一封信里，他这样说道："我打了一辈子仗，从来没有输得这么惨过，这都是用兵太轻敌冒进的原因啊。"

现在才知道后悔，早干吗去了？

"凤阳不可都，王保保未可轻。"刘伯温临走之前送给朱元璋的临别赠言没有一句引起朱元璋的重视。

1368年秋天，朱元璋已经不再重视刘伯温的计谋，正如他不再重视刘伯温本人。这个时候回到南京，等待刘伯温的，是更加莫测的前途。

最后的宿敌，登场

刘伯温回到南京之前，李善长已经被杨宪骂得灰头土脸了，更重要的是，在朱元璋心里的天平上，他已经慢慢输给了刘伯温。等到刘伯温归来重新掌控御史台，淮西集团已经全面处于劣势。

李善长这才发现刘伯温的高明所在。

像他和刘伯温这样身份的人，就算掐架也要顾及自己的形象和影响，友谊第一，比赛第二。只有杨宪这样无所顾忌的小辈，才会死缠烂打，王八拳撩阴脚齐上阵，揪头发吐口水咬耳朵无所不用其极。

刘伯温这种关门放狗，让杨宪打前锋自己坐镇后方运筹帷幄的手段，高，实在是高！

在第二轮交锋中被全面压倒的李善长，决定也推出一个代理人跟杨宪死磕。

他选中了胡惟庸。

这是噩梦的开始，在刘伯温人生的最后几年里，“胡惟庸”这个名字像个挥之不去的梦魇，把他一步步逼入绝境。

胡惟庸，安徽定远人，也是朱元璋的淮西老乡。从资历来看，1353 年朱元璋还在和州创业的时候胡惟庸就追随朱元璋，陪着朱元璋住地下室，泡方便面了。

然而，作为一个元老，胡惟庸在革命年代混得相当失败，非常对得起他名字里那个“庸”字。

那段时间，他先是在朱元璋的元帅府当奏差，然后改行成为宣使，接着又被分配到宁国当主簿，又相继当了一段时间知县和通判，最后终于熬到佥事，至此事业总算稍微有了点起色。

等到朱元璋自封吴王时，胡惟庸终于熬出头，熬成太常寺卿。

说到底，这依然是个清水衙门里的芝麻绿豆官，但对于胡惟庸来说，似乎已经是职业生涯的顶峰了。

总之，当朱元璋正和陈友谅、张士诚生死搏杀的时候，胡惟庸仿佛身处这部历史大片的镜头之外，存在感连给龙套演员分盒饭的小弟都不如。

如果不是机缘巧合地卷入淮西集团和浙东集团的斗争旋涡，胡惟庸也就会这样平平淡淡熬到退休——这对于胡惟庸来说，未必是件坏事。

可惜历史不容假设，李善长看中了胡惟庸。

在李善长的保举下，胡惟庸像坐上直升机一样一路飙升，从一个清水衙门瞬间飞升到了帝国权力核心：中书省参知政事。

还没来得及坐热屁股，1370 年，李善长从台前退到幕后，而胡惟庸突然之间就成为中书右丞，一个月后又被任命为中书左丞——明朝以左为尊，左丞的地位比右丞高。

出将入相，几乎就在一夜之间。

如此令人瞠目结舌的升迁速度，自然离不开李善长的高效运作，而胡惟庸升官的速度同时也决定了他在中书省内根基浅薄，独木难支——李善长依然是淮西集团的影子首领。

李善长用这种方式来确保自己能够牢牢地把胡惟庸这颗棋子攥在手里，对抗浙东集团是胡惟庸这颗棋子唯一的使命。

可惜，事态的发展逐渐超出李善长的掌控范围。胡惟庸不是个庸人，相反，他的野心远远超过李善长的想象。

一个平庸了半辈子的人，不一定就是一个自甘平庸的人。

很快，胡惟庸就失控了，他用一种绝妙的方式摆脱了李善长的控制：小心翼翼地迎合朱元璋，讨好朱元璋，最后取代李善长成为朱元璋眼中的淮人 NO.1。

胡惟庸甩开二老板直接扑向大老板的怀抱，有了朱元璋的认可，还要李善长干吗？前浪李善长偷鸡不成蚀把米，被后浪胡惟庸拍死在沙滩上，黯然退出了权力的舞台。

胡惟庸终于独自伫立在权力舞台的巅峰。

然后，被权力迷醉的胡惟庸终于也犯了一个他的无数前辈犯过无数次的错误：他开始飞扬跋扈，目中无人。

跋扈到什么地步？

他可以不经皇帝批准私自执行死刑。

朝廷内外各官署呈上来的密封奏章，他比朱元璋先看到，而凡是他不想让朱元璋看到的内容，朱元璋就真的看不到。

各地急着升官的人以及失去官职的功臣武将，都争着托他的关系，送给他的金帛、名马、珍玩，多得数不过来。

权力欲望膨胀的胡惟庸甚至连开国元勋、大将军徐达都不放在眼里，徐达憎恨他的奸邪，他居然引诱徐达的守门人福寿企图谋杀徐达。

到 1377 年（这时候刘伯温已经死了两年），胡惟庸的癫狂达到顶峰。

上天欲使其灭亡，必先使其疯狂。

正是从这一年开始，朱元璋对胡惟庸的态度变了。他不再宠信胡惟庸，开始一步步地削弱中书省的权力。这个时候，胡惟庸根本没有感觉到危险即将降临。

直到 1380 年，屠刀落下，山巅崩塌，胡惟庸被朱元璋以谋反的罪名诛杀。

同时被牵连诛杀的，还有三万余人，李善长也不幸包括在内。

这就是明初四大案之首的“胡惟庸案”。

1368 年的李善长不会想到，他和刘伯温之间的争斗，居然会引出如此大的动荡，牵连如此多的冤魂，他只想利用胡惟庸对浙东集团发起反击。

1368 年的胡惟庸也没有想到，自己将来会以这样的方式在明朝历史上留下浓墨重彩的一笔，当时他的想法还很单纯：听李善长的话，跟浙东集团死磕。

与此同时，朱元璋也放弃了裁判身份，穿上球鞋亲自加入这场博弈中，只是在朱元璋眼里，没有浙东集团和淮西集团，在他的对手栏里只有两个字：功臣。

第十一章 神机军师与厚黑教主的不对称博弈

当年情分还剩多少

刘伯温回到南京之后，朱元璋对他的态度还是很亲密的，至少从表面上看来是如此。

刘伯温年纪大了，生活不便，又刚刚经历丧妻之痛，朱元璋便赐给他一个侍妾。这本来是件挺好的事，但除了照顾刘伯温的生活起居之外，她还有一个任务：替朱元璋“贴身”监视刘伯温。

即便明知道这是朱元璋安插在自己卧室里的耳目，刘伯温也不敢拒绝，甚至不敢把她当侍妾，而是一直以正房妻子的礼仪相待，恭恭敬敬，礼让有加。

越是在朱元璋眼皮底下，越要把戏份做足。

其实，这位章氏夫人人还是蛮好的，又细心，又温柔，人又长得漂亮，还是为刘伯温的晚年生活平添了许多生气。两人夫妻感情也不错，章氏还为刘伯温生了两个女儿。

没过多久，朱元璋发给刘伯温的第二项福利也下来了。

十一月二十九日，朱元璋连下五个文件，分别追封了刘伯温家族的五位成员。

刘伯温的爷爷刘庭槐，被封为“中奉大夫、参知政事、护军、永嘉郡公”，祖母梁氏被封为“永嘉郡夫人”。

刘伯温的父亲刘爚，被封为“资善大夫、御史中丞、上护军、永嘉郡公”，母亲富氏被封为“永嘉郡夫人”。

最后，刘伯温的妻子富氏也被封为“永嘉郡夫人”。

和谐，非常和谐。似乎，朱元璋并没有忘了当年的情分，没有忘记刘伯温的功劳。

但是且慢，朱元璋的封赐中似乎少了一个人——没错，就是刘伯温本人。

刘爷爷刘奶奶刘爸爸刘妈妈，连刘夫人都授予爵位了，可唯独没有刘伯温。

其实，朱元璋倒没有忘记刘伯温，诰书下发后没几天，朱元璋就召刘伯温入宫，告诉刘伯温，他“打算”也封刘伯温为公爵。

这一手玩得太流于表面了。这种事情哪里用得着提前征求本人的意见？更何况，当时册封刘氏家族其他人的时候，也没人问过刘伯温啊。

聪明的刘伯温，怎么可能看不出朱元璋的意思？这时候的他已经成了惊弓之鸟，别说朱元璋只是试探他，就算真的要封他公爵，他也不敢接受啊。

当下，刘伯温诚惶诚恐，坚决不敢接受爵位，“陛下，您的天下是上天白给的，我哪有什么功劳，怎么敢接受这么高的爵位？您能够让我的父亲祖父获得这样的荣耀，我已经很知足了！”

说完，咚咚咚磕头如捣蒜。

看到刘伯温的表现，朱元璋脸上的表情舒展开了。他最怕的就是手下的功臣居功自傲，野心勃勃。刘伯温原本无疑是功劳最大的一个，而如今刘伯温的态度，让他很满意。

朱元璋亲切地扶起刘伯温，又装模作样夸赞了刘伯温的功劳。刘伯温当然还是连称不敢，把功劳推得一干二净，恨不得把自己说成吃啥啥不剩，干啥啥不成的草包。

最后，会谈在友好和谐的气氛中圆满闭幕，应刘伯温的“强烈要求”，朱元璋“收回”了给刘伯温封爵的承诺。

这一轮考试，刘伯温有惊无险地及格了。

刘伯温明白，他和朱元璋之间已经没有什么情分可言，他当年为朱元璋所做的一切，现在反倒成了嫉恨的源头，朱元璋越惦记着他当年立下的汗马功劳，对刘伯温来说就越危险。

刘伯温只能够更加小心谨慎，“战战兢兢，如临深渊，如履薄冰”，这十二个字最贴切地概括了刘伯温当时的心境。

走错一步成杀局

刘伯温一身冷汗地走在万丈悬崖边，李善长的日子也不好过，他已经被疯狗杨宪咬得奄奄一息，最重要的是，朱元璋已经不“爱”他了。

在帝国的权力棋局中，李善长和刘伯温走到了死角，举着棋子满头大汗，犹豫着不敢落子。这种僵持还会继续下去，直到有一天，朱元璋迫不及待地从裁判席跳进棋台，一屁股撅开李善长，坐到刘伯温对面。

朱元璋必须确定一件事情：刘伯温到底是不是他权力的威胁。很遗憾的是，朱元璋心里已经有了自己的答案。

这一局，朱元璋先落子，却是虚晃一枪：

“伯温啊，这个李善长真是越来越不像话了，太不把我放在眼里了，这样下去还了得啊？！”

刘伯温不知道朱元璋的杀招隐藏在哪里，只能先小心翼翼地应对着。

“李善长是咱们的开国元老，能力很强的，而且，他很会团结革命群众，是个好领导。”

朱元璋看刘伯温没有接招，心说："你个滑头，干脆跟你挑明了。"

于是，朱元璋恶狠狠地摆下一粒棋子，直取刘伯温命门。

"我听说李善长三番五次要害你，你居然还能替他说好话，我看你的气量足以做宰相。"

这话一出口，刘伯温只觉得杀气扑面而来——要不要那么直接啊！？才两个回合就下杀手，存心想弄死我是吧？

刘伯温当然不能坐以待毙，只得使出保命绝招。

"陛下，您听我给您打个比方哈，比如大殿要换根柱子，咱是不是得先找根大木头，如果随便找根小木棍支着，房子不塌才怪。就算您想换丞相，首先也要找到贤才。天下那么大，肯定能找到的，至于说我，也就是个二流货色，实在是扛不起大梁啊。"

刘伯温又一次把自己埋汰得一无是处，表示自己非但没有觊觎过权力，而且根本不敢居功自傲，是个典型的自卑男。

朱元璋对刘伯温的回答还是很满意的，脸上的杀气慢慢就化开了。刘伯温长出了一口气。

在跟朱元璋的对决中，能保住命就是胜利。第一回合，刘伯温惨胜。

而李善长被朱元璋当枪使了一回，显得很无辜，不过幸运的是，刘伯温当时忙于自保，无力去落井下石。

经过短暂的中场休息，第二回合开始了。

在中场休息的这段时间里，李善长已经离职，朱元璋需要确定一个宰相人选，于是他再次找刘伯温论相。

这一局还是朱元璋先出手，不过单刀直入，

"伯温，你觉得让杨宪做宰相，如何？"

一开局就杀气腾腾！要知道杨宪是刘伯温的亲信，浙东集团的主力干将，这个问题如果处理不好，后果很严重。

刘伯温只能更加小心地应对："陛下，杨宪这个人虽然有才，但是没有气量，一个能够当宰相的人必须一碗水端平，用义理来权衡事情，而杨宪没有这个气度。”

刘伯温的回答很客观，既没有偏袒杨宪，也没有急着和杨宪撇清关系，他对杨宪的评价，本来就是朱元璋早有定论的内容。

“嗯。”朱元璋点点头，又落下第二枚棋子，“那汪广洋这个人能当宰相吗？”

汪广洋是独立于淮西集团和浙东集团之外的中立派，和刘伯温的关系不大，刘伯温略一沉吟，回答道：“汪广洋这个人更加不能一碗水端平，比杨宪还不如。”

“那胡惟庸呢？”

朱元璋落子不停，刘伯温应对逐渐上了手，“胡惟庸像一匹驽马，倒不是说不能拉车，但是一不小心就会把车拉进沟里。”

应该说刘伯温的品评还是非常到位的，而且也没露出什么破绽，朱元璋脸上露出了微笑。

朱元璋的表情感染了刘伯温，他以为这一局差不多也该结束了，松了一口气，神经不再紧绷了。

气氛顿时轻松起来，朱元璋又看似漫不经心地摆下一颗棋子——这一次，刘伯温没有发现，这才是朱元璋真正的撒手锏，“的确，朕所提的那些宰相人选，没有哪个能够比得上先生你啊。”

又来了又来了，刘伯温对这种把戏都不耐烦了，顺口回道：“我不行，我这个人太疾恶如仇，又不喜欢做烦琐的事情，实在是不适合当丞相的，天下这么大，陛下您就慢慢挑吧，总有合适的。”

话才出口，一道无声的惊雷闪过朱元璋头顶。

“疾恶如仇？”敢情你给我提意见，还跟李善长作对是“疾恶如仇”？那么谁是恶？谁是仇？朱元璋的脸色慢慢变了，刘伯温却还沉浸在一身轻松中，意犹未尽地补充了一句更要命的话：

“照我看来，陛下刚才说的那些人，没有人适合当丞相的。”

没有人适合？难道你适合？

落子无悔，覆水难收。刘伯温这番话一出口，就再也没有挽回的余地。朱元璋终于套出他想要的那句话。尽管刘伯温是所有功臣中表现最低调的人，但是这句话一出口，朱元璋相信，刘伯温和李善长、徐达、蓝玉一样，野心勃勃，时刻威胁着他的权力宝座。

朱元璋还是照例没有听刘伯温的，杨宪、汪广洋、胡惟庸相继当上了丞相，而最后的结果是杨宪身死，汪广洋碌碌无为，胡惟庸被诛杀九族——正如刘伯温所料，这几个人根本不适合当丞相。

但这些都已经不重要了，重要的是，刘伯温已经被朱元璋列入清理名单中。

一步走错，万劫不复。

呔！你这个叛徒

在这风雨飘摇的环境下，刘伯温又苦熬了一年。老天似乎还嫌刘伯温的日子不够苦，1970 年六月十五日，又让刘伯温陷入了新的困境。

这事都怪元顺帝妥懽帖睦尔，因为那年四月，这位老哥死了。

妥懽帖睦尔的一生是悲摧的一生，他其实没做过什么坏事，也就稍微贪玩了点儿，脑子稍微笨了点，但跟昏君暴君都还沾不上边。这哥们儿就是运气太差，出生在不该出生的时代，遇到不该遇到的人。

但妥懽帖睦尔跟刘伯温似乎是八竿子打不着的两个人，他死了，跟刘伯温倒霉有什么关系呢？

原来，六月份，妥懽帖睦尔之死传到南京，大家当然很高兴，纷纷上表祝贺——虽然这事听上去挺不地道的。

结果一祝贺就祝贺出问题来了。

六月十五日，一个叫刘炳的御史按照惯例也上书祝贺，谁知道朱元璋突然下诏，说:“你本来不是元朝的臣子吗？现在你的前老板死了，你有什么资格庆贺的？”

然后，他立刻下令:“以后北方的捷报传来，所有在元朝当过官的人通通不能庆贺！”

这道命令一下，可太伤人自尊了。

要知道，忠诚在中国一直是个敏感话题，虽然也有人说“良禽择木而栖，良臣择主而事”，但毕竟主流价值观还是一女不事二夫、忠臣死节那一套，投降派多多少少会被看不起。

清朝乾隆皇帝还专门修了一部《贰臣传》，把所有从明朝投降过来的臣子称作“贰臣”，其中包括祖大寿、洪承畴这种走投无路才投降，还为清朝立下赫赫战功的老将。

朱元璋的命令，等于是人为画了一个圈，把曾经在元朝当过官的人都划在圈外，钉在贰臣的耻辱柱上。

事实上，当时整个明朝朝廷，也就淮西集团的成分相对纯洁，而浙东集团的成分最不纯洁，或多或少和元王朝有些旧情。

而这些人中，最引人注目的莫过于刘伯温了。

虽然刘伯温在元朝只当了个芝麻绿豆官，但在明朝的朝廷上，身为御史中丞的刘伯温官职最高，一时间，所有目光都扫在刘伯温的老脸上。

真是无事家中坐，祸从天上来。元顺帝死了，为什么倒霉的人是我？

刘伯温感受到前所未有的屈辱。

当年朱元璋来请他的时候，他也纠结过要不要背叛元王朝，经不起朱元璋的再三邀请他才决定不纠结了。现在打完了天下，用不着这些“贰臣”了，朱元璋就把脸一翻，指着刘伯温的鼻子骂：呔！你这个叛徒！

这不是典型的过河拆桥吗？要看不起我们这些贰臣，有种当年就别用我们啊！

当然，这些话刘伯温肯定不会说，他现在已近如履薄冰，又遇到这样一场飞来横祸，他必须赶紧想办法脱离眼前的困局。

五天后，在一次朝臣会议上，朱元璋突然说："大家来聊一聊元王朝为什么会灭亡吧。"

这本来是一个普通的君臣座谈话题，但刘伯温感觉到，让自己摆脱尴尬身份的机会来了，于是，他立刻上前发表了一番长篇大论：

自古以来，"蛮夷"都是不可能长期统治中华的，但元朝居然赖在中国的土地上几百年，一股子羊臊气，连老天都厌恶了（而元以胡人入主华夏几百年，腥膻之俗，天实厌之）。更何况，元朝皇帝都是一群"废物渣渣"，老百姓都快饿死了，这样的朝代怎么可能不完蛋？

给元朝定性完了之后，刘伯温开始拍马屁：

陛下您顺应天道，非但不杀人，还把老百姓从水深火热中救出来，当然能够所向无敌，怎么可能不得天下呢？

说完这番话，刘伯温偷偷观察朱元璋的脸色。

这段话的玄机在于，刘伯温巧妙地嵌入了一个信息：元朝是"蛮夷"，明朝是华夏正统。确立了这个"华夷之辨"的理论基础后，刘伯温的身份就不再是贰臣，而是一个毅然抛弃蛮夷投入华夏民族复兴大业中的进步青年了。

刘伯温这段话有水平，可惜，没有戳中朱元璋的心窝。

朱元璋的脸色一点没变，只是平淡地点评道："其实，元王朝不是被我灭掉的，在我起兵之前，元王朝已经被自己搞垮了，我只是顺势击败了各地的逆贼，接收了天下正统。"

这个离经叛道的观点让刘伯温倒吸一口冷气，如果按照朱元璋的逻辑，那么元朝就是和秦汉唐宋一样的正统王朝，那么自己一臣事二朝的身份就被坐实了。

可能是怕刘伯温等人没有深刻领会自己的意思，朱元璋又加了一句话：

"如果元王朝的臣子能够忠心耿耿地为元朝做事，团结一致扫灭叛乱，元朝又怎么会崩溃呢？"

直到这个时候，刘伯温才明白，现在的朱元璋已经坐到和元朝皇帝一样的位子上，而他的诉求和元朝皇帝也是一样的：他希望所有人都能忠诚于他。

如果因为元朝腐败，因为元朝是“蛮夷”就可以心安理得地背叛元朝，那么有一天，是不是也可以因为某些理由心安理得地背叛大明朝，背叛他朱元璋呢？

摸透朱元璋的这个心思之后，刘伯温不再说话了，因为他无话可说。

屁股决定脑袋，坐什么位置说什么话，坐在皇帝宝座上的朱元璋不会原谅任何背叛，不管背叛的理由是什么，背叛的对象是谁。

贰臣的身份，会被永远烙刻在刘伯温的额头上。

可以说，这场风波并不是针对刘伯温的，但对刘伯温的打击是巨大的。

现在的刘伯温，是朱元璋心目中的野心家，是群臣眼中的反骨仔，当然，更是胡惟庸的眼中钉肉中刺。

离身败名裂就只有一步之遥。

失控的棋子

处在风口浪尖的刘伯温很想平平安安地熬过最后几年，但是树欲静而风不止，就在这个当口，他的亲信杨宪出事了。

前面说过，杨宪是刘伯温布下的一枚棋子，但和另一枚棋子胡惟庸一样，杨宪也有一颗骚动的心，他不甘心做棋子，而是想自己主导棋局。

比起胡惟庸来，杨宪在大革命时期的简历很不一般。

杨宪虽然是浙东集团的骨干成员，但他的籍贯是山西太原。此人 1356 年投奔朱元璋幕府，因为心思缜密，办事谨慎，所以经常以外交使节的身份被派遣出使张士诚、方国珍部，很得朱元璋信任。慢慢地，他从一名普通幕僚成长为检校的领导成员。

所谓检校，是大革命时期朱元璋直属的特务组织，大名鼎鼎的锦衣卫就是由这个组织发展而来的。换句话说，杨宪是朱元璋手下的特务头子。

作为一名特务，杨宪深受朱元璋器重。1367年，朱元璋打败大敌张士诚，随即将其地盘改称浙东行省，派外甥李文忠担任行省右丞，总管军务，而杨宪则被任命为属官随行辅佐。

说是辅佐，其实杨宪在浙江行省的主要工作是监视李文忠——自从1363年亲侄子朱文正试图叛变，朱元璋就再也不相信任何人了。

没过多久，杨宪就向朱元璋提供了一个有价值的情报：李文忠不听他的话，擅自任用儒士屠性、孙履、许元、王天锡、王橚等人干预公事。

这些儒生之前都或多或少跟张士诚有些关系，虽然如今名义上隶属朱元璋，但对这些人，朱元璋始终不太放心。一听到杨宪的报告，他立刻派人把这五个人押解进京，结果屠性、孙履被杀，其余三个人则发配充军。

在这么短的时间内杨宪就把李文忠人事任免的详细情况摸得门儿清，可见作为一个情报人员，他确实是合格的。

杨宪在情报战线上另一个骄人的战绩是曾经截获张昶企图叛逃北元的情报，而且及时举报了他，挫败了张昶的阴谋。

前面提到过，刘伯温一直怀疑张昶脚踩两条船，很不爽，可惜又扳不倒他，因此杨宪也算是帮了刘伯温一个大忙。

被刘伯温提拔为御史中丞后，杨宪更是利用自己的特务背景，发挥自己的业务专长，把李善长搞得灰头土脸。

朱元璋把杨宪的战斗力也看在眼里，很想用他来制约李善长的势力，所以刘伯温从老家回南京后不久，杨宪就被提拔为中书省参知政事。

就是从这时候开始，杨宪这枚棋子逐渐失控，他已经忘了自己几斤几两，眼睛盯上了帝国权力的巅峰：丞相。

这是一个连刘伯温都不敢觊觎的位置。

在参知政事任上，杨宪攻击李善长更加肆无忌惮，如果说原先在御史台的弹劾还有道有理有根有据，那么这会儿的杨宪已经彻底胡搅蛮缠起来，甚至多次叫嚣“李善长无大才，不堪为相”。

不管是朱元璋还是刘伯温，支持杨宪进入中书省的最初动机都是为了制衡李善长。可杨宪做得实在太过火了，论治国才能，一百个杨宪也比不上李善长，面对杨宪的指手画脚，朱元璋很下不了台。

“这个蠢货。”朱元璋暗自心想。

“老弟，过了！”刘伯温暗自着急。

最后，还是李善长主动告病退休，离开了中书左丞的位置，杨宪如愿以偿被提拔为中书右丞。

当上中书右丞的杨宪更加嚣张，短短时间内他罢免了中书省一大批旧官吏，在机要位置上大量安排自己的亲信，妄图控制中书省，大权独揽。

朱元璋对此很不满意，又提拔德高望重的汪广洋为中书左丞，用来压制杨宪。

要说朱元璋也挺不容易的，一天到晚尽为用谁制衡谁这种破事儿烦心，经常是前脚压制了老虎，后脚忠犬就变身恶狼了。

可惜特务出身的杨宪根本不把名士出身的汪广洋放在眼里，该怎么嚣张还怎么嚣张，汪广洋的存在度几乎为零。最后，杨宪居然上书弹劾汪广洋，理由竟然是汪广洋没有照顾好他老妈。

朱元璋对汪广洋失望透顶，正好借着这个由头，把他发配到海南岛度假去了。

1370 年七月，杨宪终于如愿以偿地问鼎帝国权力的巅峰：中书左丞。

也就是在这个时候，通过李善长的运作，胡惟庸被任命为中书右丞。在胡惟庸上台之前，李善长曾语重心长地对他说过一句话：“如果让杨宪当政，那么我们淮人就很难做大官了。”胡惟庸点头，心知肚明。

汪广洋是温顺的绵羊，杨宪是好斗的山羊，但胡惟庸是一只嗜血的狐狸，狐狸一上台就对山羊露出了尖锐的牙齿。

当时杨宪正在处理一起科考舞弊案，主犯恰好是他的外甥。

在古代科考作弊是非常严重的事情，轻则帮你解决吃饭问题——关进牢里吃牢饭，重则帮你解决就业问题——发配到边关当兵，最严重的直接解决“to be or not to be”（做或不做）的问题——一刀咔嚓掉，让你“be”

（做）不了（即砍头）。

朱元璋不知道主犯是杨宪的外甥，所以没有申请相关利益人回避，其他人就算知道，谁敢吱声？整个审判过程全是杨宪一个人的表演，竭尽全力包庇问题，最后虽然还是把自己的外甥判了刑，但已经轻得不能再轻。

胡惟庸正愁没机会整杨宪，谁知他自己就往刀口上撞，搜集到证据后，胡惟庸立刻向朱元璋告发了此事。

本来朱元璋就很痛恨官员徇私舞弊，再加上他对杨宪的印象糟糕到极点，一看胡惟庸的奏折，立刻火冒三丈，削了杨宪的官职，把他从天上直接拖进了天牢。

这件事情对刘伯温的震撼也不小，虽然这事跟他一毛钱关系都没有，但毕竟杨宪是他的亲信，城门失火殃及池鱼，在这个敏感的节骨眼上，还是谨慎为妙。

所以刘伯温当场决定：弃卒保车。关键的时刻要舍得弃子，更何况是一枚失控的棋子。

于是在杨宪出事的第二天，刘伯温的奏折也送到朱元璋的案台上，都是关于杨宪平时如何野心勃勃，如何大权独揽的斑斑劣迹。

这份奏折的主要作用，就是表明自己的态度：杨宪的野心，与我无关。

1370 年八月，杨宪伏诛，他在中书左丞的位子上，只坐了短短一个月，在大明政坛上，他就像一颗流星，瞬间陨落，连痕迹都没有留下。

至此，中书省被胡惟庸彻底掌控。继徐达、李善长、汪广洋、杨宪之后，胡惟庸终于登上了丞相宝座，成为大明帝国第五位丞相，也是中国历史上最后一位丞相。

而刘伯温更加势单力薄，更加战战兢兢，更加如履薄冰。这位六十多岁的老人，这位在战场中从未被击败的朱明王朝首席谋主，在权力的战场上再次被击败，他知道自己已经无力回天，承受不起任何波折了。

爵位越低越安全

1370年十月，刘伯温又得到一个职衔：弘文馆学士。

弘文馆成立于这一年年初，当时北方已经平定，元顺帝有多远跑多远，再也威胁不了中原地区，和平年代眼瞅着就要到来。为了有效开展大明朝精神文明建设，朱元璋设立了弘文馆。

弘文馆最早是在唐朝设立的，当时聚集了杜如晦、房玄龄、于志宁、陆德明、孔颖达、虞世南等一大批天下名士，堪称唐代文化的熔炉，尽管规模不太大，但集聚和造就了一批人才，为贞观之治和开元盛世输送了一大批文治人才。

致力于开创盛世的朱元璋也打算效仿李世民，连名字都不改就把唐弘文馆照搬过来。弘文馆成立之初以胡铉为学士，接着又任命刘伯温和危素、王本中、睢稼等人兼任学士职衔。

刚开始的时候，弘文馆还是很受重视的，比如弘文馆学士危素就受到“赐小车，免朝谒”的礼遇。刘伯温也正是在弘文馆学士的任期上，进一步发展和完善了明代的科举制度。

不过，朱元璋也是三分钟热度，根本不像李世民那样重视弘文馆。没过多久，这个机构就被裁撤了，直到朱元璋的太孙子朱瞻基当了皇帝才重建。

可见，对于刘伯温来说，弘文馆学士这个职位也不过是个略显尊荣的闲职而已，并不能说明朱元璋又开始重视他了。

真正能够说明朱元璋对刘伯温态度的，是当年十一月的封爵。

1370年十一月，奉命北伐的徐达和李文忠班师回朝。元顺帝死了，北元王庭被拆迁到大漠深处去了，无论如何也算一场几百年来未有的大凯旋，于是，朱元璋举办了一次隆重的庆功宴。在庆功会上，朱元璋发表了重要讲话，他指出，大明公司的创业阶段已经结束，现在正式进入守业发展阶段，为了表彰弟兄们的功劳，也为了兑现当年“跟着我有肉吃”的诺言，为在座的诸位加官晋爵！

朱元璋声音未落，庆功会上响起经久不息的掌声——大家等这一天等了好久了。

没过多久，封爵名单就下来了，大家都扯着脖子，在上面寻找自己的名字。

排在榜首的是六位公爵，分别是：韩国公李善长、魏国公徐达、曹国公李文忠、宋国公冯胜、卫国公邓愈、郑国公常茂（常遇春的儿子）。

为什么被授予郑国公的是常遇春的儿子而不是常遇春本人？因为常遇春已经在 1369 年病逝，享年四十岁。

真是天妒英才。

紧接着是侯爵，分别是：德庆侯廖永忠、南雄侯赵庸、营阳侯杨璟、临川侯胡美、江阴侯吴良、长兴侯耿炳文、武定侯郭英、淮安侯华云龙、东平侯韩政、安襄侯仇成、凤翔侯张龙、安陆侯吴复、东川侯胡海、航海侯张赫、广德侯华高、济宁侯顾时、靖海侯吴祯、永成侯薛显、巩昌侯郭兴、临江侯陈德、六安侯王志、南侯梅思祖、宣德侯金朝兴、延安侯唐胜宗、吉安侯陆仲亨、平凉侯费聚、河南侯陆聚荥、阳侯郑遇春、宜春侯黄彬、靖宁侯叶升、永嘉侯朱亮祖、江夏侯周德兴、定远侯王弼、南安侯俞通源、越嶲侯俞通渊、宣宁侯曹良臣、永平侯谢成、崇山侯李新、景川侯曹震、鹤庆侯张翼、会宁侯张温、普定侯陈桓、舳舻侯朱寿、怀远侯曹兴。

比起公爵榜，侯爵榜上打酱油的人就多起来了，虽然在那个时代他们也都是叱咤风云的英雄人物，但是经过四百年历史的大浪淘沙，他们中绝大多数都沦为路人甲。

无论如何，大明朝的开国风云人物基本上都在这里了。

且慢，似乎还少了一个人！

没错，就是本传的“传主”刘伯温——刘伯温三叉神经都看痛了，也没找到自己的名字，敢情这份名单就没自己什么事。

太欺负人了！

虽然大革命时期刘伯温一直以幕僚谋士的身份参与朱元璋的军机决策，没有独立完成过类似于北伐中原、死守洪都之类的军事项目，没有可以量化的业绩，但李善长也是文人，凭什么他是公爵第一，而刘伯温连个侯爵都名落孙山？

连隔壁邻居家的阿姨都知道朱元璋在跟刘伯温过不去。

直到二十多天后，伯爵的名单也下来了。刘伯温终于找到了自己的名字：诚意伯刘伯温，除他之外还有一个人：忠勤伯汪广洋。

这对难兄难弟尴尬地对望一眼：原来你也在这里。

杨宪死后，汪广洋结束了海南的旅行生活回到南京，虽然官复原职，但毕竟理论上是个有前科的官员，所以对于自己的爵位，汪广洋没什么意见。

但过分的是，汪广洋的爵位排名还在刘伯温前面，连工资都比刘伯温高。三十六位功臣当中，工资最高的李善长有四千多石，就属刘伯温的工资最低，只有二百四十石。而且别人的爵位可以当遗产留给儿子，只有刘伯温的诚意伯是一次性的，用完作废。

这不存心恶心人吗？

为什么大明王朝的股份大派送当中，刘伯温得到的如此之少呢？

一个重要原因当然是因为朱元璋和刘伯温的关系已经变得越来越微妙。

但是有人说了，朱元璋不也很不爽李善长吗？为什么李善长还是公爵第一，刘伯温却成了伯爵老幺？

原因很简单：李善长是淮西人，是朱元璋的老乡，是朱元璋早期创业团队的成员，而且李善长虽然跋扈，但表面上还处处顺着朱元璋。而刘伯温是浙东人，是元王朝的旧臣，而且太过于耿直，凡事都跟朱元璋作对，尤其在求雨这件事情上，更是深深伤害了朱元璋的感情。

说白了，在家乡观念浓厚的朱元璋眼里，李善长是自己人，刘伯温是外人。在帝王观念浓厚的朱元璋眼里，李善长是乖孩子，刘伯温是刺儿头。

因此，比起李善长，朱元璋更不喜欢刘伯温。

不过，郁闷一阵之后，这件事情并没有让刘伯温感觉太沮丧，多年辅弼佐谋，刘伯温对朱元璋的心态已有深刻的了解。朱元璋最担心大权旁落，对勋高爵显者提防尤甚，因此刘伯温相信，功劳越小，爵位越低，反而越安全，甚至不排除刘伯温主动要求降低封爵的可能性。因为大封功臣之前，朱元璋曾招刘伯温的好友宋濂来商量封爵的具体操作事项，几乎采纳了宋濂的全部建议，因此刘伯温想让自己爵位低一点的想法不难实现。

第二年，朱元璋又在南京鸡鸣山上建了功臣庙，功臣庙里八十几位功臣，依然没有刘伯温的份儿。

但是如果今天去看，我们会发现，被排在功臣庙里的八十余位功臣中，最后善终的不超过十个。

可见刘伯温的低调策略，至少从出发点上是正确的。

功劳越大，爵位越高，危险就越大。

可惜的是，从逻辑学的角度来讲，这个真命题的否命题——功劳不大，爵位不高，危险就小——不一定为真。

尤其是遇到朱元璋这样的领导。

刘伯温太了解朱元璋了，在建国之初，他就曾经预测大明王朝会有“三十年杀运”，到时候，功臣名单上的人一个都跑不了。

离开，必须离开，在“杀运”来临之前，躲得越远越好！

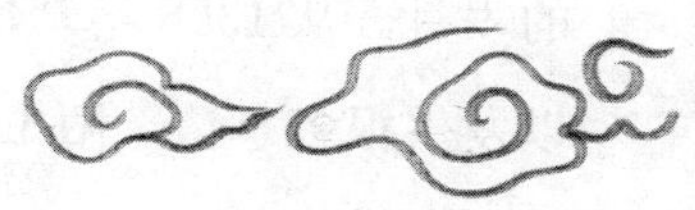

第十二章　人间万事西风过，唯有沧江日夜流

无可奈何的“山中宰相”

1370年年底，刘伯温再一次告老还乡，朱元璋也没有再强求。

第二年正月，刘伯温正式从南京出发回青田老家。临行前，朱元璋送给刘伯温一首诗——《赠刘伯温》：

妙策良才建朕都，亡吴灭汉显英谟。
不居凤阁调金鼎，却入云山炼玉炉。
事业堪同商四老，功劳卑贱管夷吾。
先生此去归何处，朝入青山暮泛湖。

在这首诗中，朱元璋对刘伯温的功业评价非常高，也流露出依依不舍的心境。

毕竟刘伯温在他最困难的时候来到他身边，跟他一起熬过那段朝不保夕的岁月。从1358年刘伯温出山，到1368年天下一统，整整十年，十年间可以发生很多事情，陌生人可以变成朋友，朋友可以变成仇人，连仇人都可以重新变回陌生人。

十年之前，我不认识你，你不属于我，我们还是一样为着不同的理想而奋斗。十年之后，我们是君臣，还可以问候，只是再也找不到信任的理由。

刘伯温走了，离开了他自己建造的南京城，头也不回。二月二十四日，他回到老家青田，柴门依旧，仿佛他从来没有离开过。

和1368年回家避风头那次不同，这一次，刘伯温是铁了心要做隐士，两耳不闻天下事，只求当个日出而作日落而息的草民，安度晚年。

但朱元璋还是没有忘记刘伯温，经常隔三岔五送信过来，主要是讨论国家法律制度并咨询一些封建迷信类的问题。

比如朱元璋有一次写信给刘伯温，说今年秋天，天上嗡嗡作响，而太阳中也出现了两三处黑子，连着好多天都这样，这是个什么征兆呢？

对于这种信，刘伯温也只能回信说些“今国威已立，宜少济以宽”之类的话，一边不能让朱元璋不开心，一边又不能让自己显得很谄媚。

在刘伯温隐居的几年里，这样的书信来往很多。在国事上，朱元璋依然仰仗着刘伯温，而刘伯温也小心翼翼地提出自己的意见，两人的关系让人联想到南梁的“山中宰相”陶弘景。

可惜刘伯温的日子比陶弘景无奈多了，见识了高调的杨宪是怎么死的之后，刘伯温更加低调，上次回家还出去旅个游开个派对，现在连家门都不出了，完全沦为宅男。

变身宅男的刘伯温尤其害怕见生人。有人的地方就有是非，他再也不想招惹任何是非了。

更何况，刘伯温现在有一个不怀好意的敌人：胡惟庸。谁知道他会见的某个客人里面，有没有胡惟庸派来套话的密探？

那就干脆谁都不见。

可是，刘伯温这些年毕竟声名在外，拥有庞大的粉丝团，尤其是在青田这种小地方，谁不想找他签个名啊。

于是，前来拜访的人络绎不绝，被拒绝了也锲而不舍。青田知县做得最绝，心想你不愿见士大夫，那我就打扮成老农来见你！果然，刘伯温当时正在洗脚，一听有个老农找他，以为是田间地头的某个老乡，没在意，就让他进来了。

知县一见刘伯温，立刻脱去伪装："哈哈，终于见到您了，其实我的真实身份是——青田县令！"

知县本以为刘伯温会为他的机智哈哈大笑，结果令他震惊的事情发生了：刘伯温一瞬间变得畏畏缩缩，起身便拜："知县大人驾到，小民有失远迎，罪该万死！罪该万死！"

知县被搞蒙了，堂堂开国元老、御史中丞居然对自己如此卑躬屈膝，一时间手足无措。

接着，刘伯温找了个借口把知县大人送出家门口，然后就再也不肯见他了。

刘伯温的小心谨慎到了这个地步！

这还不够，从1371年开始，刘伯温一反当年刚正不阿的性格，开始大张旗鼓地拍马屁。

二月四日回到家当天，他就写了一封《谢恩表》让儿子亲手呈交给朱元璋谢恩。在这封信里，刘伯温把朱元璋吹得天花乱坠，简直是三皇五帝给他提鞋都不配，然后又把自己贬得一无是处，简直给山野村夫提鞋都不配。

然后，刘伯温做出一副诚惶诚恐的样子，感谢朱元璋让他告老还乡，还给他发工资让他不饿死。

这封信写得实在是让人不忍卒读，但还有更叫人心酸的。

同年四月，明军扫除了南方最后一个钉子户：盘踞四川的大夏国。这个消息传到青田后，刘伯温知道拍马屁的机会又来了，于是连夜码字，赶出一篇《平西蜀颂》，还是让自己的儿子亲手送到南京，进献给朱元璋。

这篇文章很长，就不全文列举，光看序文第一句就会发现，其马屁之响，在刘伯温的创作史上绝无仅有：

臣刘伯温沐浴皇恩这么久，实在无法报答陛下，这次远远听到来自四川的捷报，我简直乐疯了，都忘了自己姓什么了（欢喜踊跃，不能自已），于是就写了这篇《平西蜀颂》，即使不能写出陛下您万分之一的圣明，至少也满足一下我像向日葵向往太阳一样崇拜陛下您的心境吧！

曾经运筹帷幄的头脑，却用来构思这样的文章，本应用来轻摇羽扇的手，却用来写下这样的文字。当时刘伯温的心情该有多么黯然！

可是，即便刘伯温已经如此小心谨慎，如此曲意逢迎，祸事却还是降临到他头上。

胡惟庸的致命一击

在离刘伯温老家青田十五公里的地方有一个小村子，名字叫“谈洋”。这个村子坐落在处州、温州和福建三地的交界处，是个典型的三不管地区，平时奶奶不疼爷爷不爱，出了事儿也是山阴不管会稽不收，所以三个地区的犯罪分子都喜欢往这边跑，谈洋几乎成了罪犯的天堂。

在1371年辞职的时候，刘伯温就跟朱元璋建议在谈洋设立巡检司，把三不管地区管起来。朱元璋觉得有道理，就按刘伯温所说的办了。

那时候的刘伯温已经心灰意懒，要不是谈洋离自己家乡太近，他甚至都不会提这种建议。但他没有想到的是，这简简单单的建议给他埋下了祸根。

问题不在于建议本身，而是他提建议的方式。理论上这种事情是中书省的职责范围，而刘伯温绕过中书省直接跟皇帝提建议，那不是狗拿耗子多管闲事吗？

中书省的官员非常生气。

幸运的是，当时中书左丞胡惟庸刚刚斗死了杨宪，现在正跟从海南度假回来的汪广洋较劲儿，没工夫搭理刘伯温。

这事儿咱先寄着。

就这样，刘伯温回家了，过了几年低调得不能再低调的日子。

直到 1373 年，刘伯温听说谈洋巡检司并没有让这个地方安定下来，反而有个叫周广三的私盐贩子在那块地方造反了。

在太平盛世有人造反，地方官吃不了兜着走，所以当地官员很默契地闭上了嘴，没有人把这件事情捅上去。

刘伯温可是经历过浙江平叛的人，方国珍等人的事迹还历历在目，怎么能容忍有人在自己家门口造反？

这件事关系到家乡的安危，刘伯温必须破一次例，不能继续当宅男了。于是，他再次让自己的儿子给南京的朱元璋送信，这次可不是阿谀奉承的文章，而是向他报告谈洋叛乱的实情。

或许是和朱元璋直接沟通的次数太多，刘伯温再一次忘记，这件事情的管辖权在中书省。

此时此刻的中书省，汪广洋斗败，已经卷铺盖回家了，只剩下胡惟庸一人独大，能腾出手来对付刘伯温了。

一想到刘伯温三番五次蔑视中书省，听说他当年论相的时候还我说没有宰相的气量，他还指使疯狗一样的杨宪咬我们淮西人……新仇旧恨涌上心头，胡惟庸气得咬碎钢牙，哇哇直叫。

一定要教训一下这个老东西！

可是从何下手才能弄死这个老东西呢？刘伯温辞职回家的那几年实在太低调了，一般人根本抓不到把柄。不过他胡惟庸是一般二般人吗？他立刻想到刘伯温之前绕过中书省建议在谈洋设巡检司这件事情，一丝奸诈的笑容浮上嘴角。

这种事情也能置刘伯温于死地？别人不能，胡惟庸能。确定计划之后，他立刻指示刑部尚书吴云沐上书弹劾刘伯温（现在胡惟庸早就咸鱼翻身，从被人指使的棋子升级成指使别人的棋手了），弹劾的主题匪夷所思：刘伯温侵占王气之地！

在胡惟庸的故事里，刘伯温几年前之所以建议在谈洋设立巡检司，是因为他早就看中了这块有王气的风水宝地，想给自己做墓地。但刘伯温又不敢用暴力强拆的方式抢地，怕老百姓会被激怒，于是故意让朱元璋在那里设立巡检司来镇压百姓。结果没有能够镇压住，刘伯温抢地的行为激起民愤，终于引发了武装暴动。

谈洋设司，周广三叛乱，这两个风马牛不相及的故事居然能够被胡惟庸编辑在一起，他不去搞小说创作真是明朝文坛的一大损失！

不过，在胡惟庸的故事里，真正的重点不是刘伯温抢地，也不是激起民变，而是“王气”。

给自己找一块风水好的墓地是理所当然的，可是找一块有王气的墓地……后面的话胡惟庸不用说下去，朱元璋自然就明白了。

这个故事的主角如果是其他人还好说，但偏偏是刘伯温，偏偏刘伯温又最擅长遁甲五行、风水星象，而这些也正是朱元璋一直相信的东西。

胡惟庸的故事虽然荒诞，但刘伯温根本找不到理由去反驳，因为他比任何人都更懂奇门风水之学，面对他的任何解释，对手都会抛出一句：“反正我们也不懂，你怎么说就怎么是呗。”这个时候，刘伯温还能说什么？

他打死都想不到，最后会栽在自己最擅长的领域里。在战场上，刘伯温擅长从敌人强大的背后找出薄弱点，而在政坛上，胡惟庸擅长把敌人的强大变成弱点。

高，实在是高！

果然，这份奏折击中了朱元璋心中的痛点，他几乎就相信了。

但朱元璋毕竟是政坛老狐狸，比胡惟庸更聪明，他没有立刻处置刘伯温，而是下令停发刘伯温的退休金。

这是一个很令人费解的反应，停发退休金的处分落实，就说明朱元璋已经推定刘伯温有罪，但刘伯温的罪名又实在不是停发退休金就能够处罚得了的。

这是一种警告，还是一种开恩？

胡惟庸不知道，刘伯温也不知道，但刘伯温唯一知道的是，他的人生已经走到最危难的关口，生，或者死，他只有最后一个办法来挽救自己。

最后的绝地反击

刘伯温的应对策略是主动出击。

朱元璋已经猜忌他了，今天可以罚走退休金，明天就可以摘走项上人头，甚至可能令整个家族的性命不保。

刘伯温不愿意就地等死，他当即决定：离开青田，奔赴南京。

他知道胡惟庸奈何不了他，真正决定他生死的是朱元璋。既然朱元璋担心他要造反，那么他就干脆每天在朱元璋的眼皮底子下待着。

当年离开南京是为了避祸，可是现在，刘伯温只能再次回到南京，如果这个时候不反击，他的死期指日可待。

见到朱元璋之后，刘伯温没有做任何辩驳，只是伏在地上痛哭流涕，大声责备自己。

刘伯温一点都不敢为自己辩驳，他知道，真理有时候不是越辩越明的，解释在很多时候会被当成掩饰，特别是朱元璋都罚了他的退休金，他要是说自己没错，那不等于是说朱元璋错了？

朱元璋本来对这件事情也是将信将疑，否则就不会只罚他的退休金了，现在看刘伯温的态度，又想到反正在自己眼皮子底下刘伯温也掀不起什么风浪来，终于摆摆手，这事就算揭过去了。

刘伯温满头虚汗地走出皇宫，这是他一生中遇到的最大危机，虽然已经被化解了，但谁知道下一次、下下次还能不能躲过去？不怕贼偷就怕贼惦记，刘伯温被朱元璋和胡惟庸两个大佬惦记着，总有一天会着了他们的道儿。

接下来的日子，刘伯温只能老老实实待在南京城里，此时此刻，他的心境是凄凉而落寞的。在此期间，他写了一首《尉迟杯·水仙花》，充分表明了他的心情：

凌波步，怨赤鲤、不与传缄素。
空将泪滴珠玑，脉脉含情无语。
瑶台路永。环佩冷、江皋荻花雨。
把清魂、化作孤英，满怀幽恨谁诉？

长夜送月迎风，多应被、彤闱紫殿人妒。
三岛鲸涛迷天地，欢会处、都成间阻。
凄凉对、冰壶玉井，又还怕、祁寒凋翠羽。
盼潇湘、凤杳篁枯，赏心惟有青女。

多么落寞的人才能写出这样的词句？

可落寞归落寞，刘伯温表面上丝毫不敢表现出来。虽然他现在已经是个闲散官员，但每天早朝依然一丝不苟地去打卡签到，一分钟都不敢迟到早退，只要一有机会，就会利用自己的文笔写些歌功颂德的应景文章。

总之，不求有功，但求别让人抓到把柄。

可就是这么着，刘伯温还是被朱元璋找机会好好羞辱了一顿。

1373 年八月，正好遇到祭祀孔子的典礼，当时胡惟庸和刘伯温因故没有参加，不过作为“应到人员”，还是分到了祭祀的胙肉。

可就是这一条肉干，让朱元璋心里很不舒服，他发了一则诏书：“刘伯温！你身为孔门弟子，祭孔这么大的事情居然敢翘班？你是想给天下的读书人做表率吗？”紧接着，就罚了刘伯温半个月的退休金。

可怜刘伯温刚恢复领退休金没多久，又被扣走了。更让人不爽的是，同样旷工的胡惟庸，却连口头批评都没有收到。

不公平，太不公平了！可是刘伯温又能怎么办？算了，想扣我退休金扣吧，只要能够给我全家人留下领退休金的命就成。

进入 1374 年，刘伯温预测的“三十年杀运”临近，朝堂之上的白色恐怖越来越浓，昔日朝中的权贵动不动就廷杖，甚至流放、诛杀。就连一直被称为“谦谦君子”的宋濂都没能逃脱朱元璋的猜忌。

有一次，宋濂在家里请客吃饭，朱元璋居然派人监视他，第二天又专门把宋濂找来，问他有没有喝酒，请了哪些人，炒了什么菜。宋濂流着冷汗据实回答。毫无疑问，只要他说的有一句和事实不符，那么刘伯温的今天就是宋濂的明天。

在这样的大环境下，刘伯温只能更加谨慎，像只受惊的兔子一样，一步三回头。

这样的日子，刘伯温熬了一年多，他心中的郁结是常人无法想象的。刘伯温本来年纪就大了，在这样的心情之下，他的身体更加糟糕，用他自己的话说，是“须发已白过太半，齿落十三四，左手顽不掉，耳聩，足腿蹿不能趋”。

到 1375 年正月，刘伯温终于病倒了。

生得传奇，死得离奇

1375 年正月初一刘伯温还好好的，早朝签到回来，饶有兴致地写了一首诗：

枝上鸣报嘤早春，御沟波滗碧龙鳞。
旗常影动千官肃，环佩声来万国宾。
若乳露从霄汉落，非烟云抱翠华新。
从臣才俊俱杨马，白首无能愧老身。

谁承想，这首《乙卯岁首早朝奉天殿柬翰林大本堂诸友》竟成了刘伯温的绝笔诗——几天之后，他就病了。

他得的是风露之疾，也就是感冒。对于年老体衰的刘伯温来说，感冒可不是小病，没多久，小病就变成了大病。很快刘伯温就卧床不起，没法去上早朝了。

得知刘伯温的病情后，朱元璋派了一个人来看刘伯温。

这个人是胡惟庸。

胡惟庸把刘伯温整得那么狠，两人仇深似海，本来探病这种事情也就走个形式罢了，但让刘伯温不安的是，这次胡惟庸格外热情。

他还带了一个医生过来，据说是个名医。

在胡惟庸的强烈要求下，刘伯温让名医号了脉，然后名医给刘伯温开了一帖药。

胡惟庸的药刘伯温敢吃吗？可是话又说回来，胡惟庸是朱元璋派来的，胡惟庸的药就是朱元璋的药，胡惟庸的药刘伯温不敢吃，可是朱元璋的药，刘伯温敢不吃？

胡惟庸的药果然很有效果，具体表现在刘伯温服下之后病没有减轻，反而觉得腹部产生了一个肿块，摸起来硬邦邦的，而且越来越硬。

刘伯温很不安，无论是谁肚子里长了一坨奇怪的东西都不会太淡定，于是他上书把自己这个情况跟朱元璋磨叨了一下，但朱元璋不知何故，没有理他。

没过几天，刘伯温就被病痛折磨得奄奄一息了。

他再一次向朱元璋提出回家的申请。朱元璋看刘伯温半条腿都伸进棺材里了，谅他也掀不起什么风浪，终于没有再为难他，准许了。

1375 年，刘伯温收到朱元璋下发的文件《御赐归老青田诏书》，准许他告老还乡。

刘伯温一生收到过无数诏书，但这份诏书的口气无疑是最冷漠的。

诏书的开场白是“君子绝交，恶言不出，忠臣去国，不洁其名”，一副冷冰冰的面孔。在这份诏书里，朱元璋也不再称呼刘伯温为“先生”，而是一口一个“尔刘伯温”，不睦之情跃然纸上。

但刘伯温已经不在乎，他只想回家，死在自家的床上，亲人的身边。

二月十四日，刘伯温告别了曾经的好友朱元璋，最后一次踏上回家的路。

回到家后，刘伯温又苦苦支撑了一个多月，终于感觉到来自另一个世界的召唤。刘伯温的家人知道刘伯温快不行了，聚集在床边，听他的临终遗言。

即使在弥留之际，刘伯温心里想的还是国家社稷，他打起最后的精神，口述了一份遗表：“治理国家，一定要一张一弛，宽猛相济，而现在这个时候，应该修德政了。另外，南京周围那些险要的军事要塞，一定要和南京城连成一片互为掎角，不可懈怠。”

写完之后，刘伯温让次子刘璟把遗表收起来，说：“胡惟庸这个人迟早会完蛋的，等他完蛋了，陛下一定会想起我，到时候，再把这份遗表给他。”

接着，刘伯温又把自己这一生关于天文、数术、兵法方面的著作手稿全部交给长子刘琏，等到自己发丧后再呈交给朱元璋，并且特别嘱咐，刘氏家族的后裔绝对不能够学习这些知识。

在太平年代，除了乱臣贼子，没有人会需要这些知识。

安排完后事，刘伯温用尽最后的力气打量了一番这个世界。1311 年七月一日，刚出生的刘伯温也曾这样打量过世界，只是那时候的眼神，多么清澈。

明朝洪武八年，1375 年四月十六日，刘伯温永远地闭上了眼睛，享年六十五岁。

值得一提的是，北元的王保保也死于这一年。

大元帝国的末代名将和大明帝国的开国谋主在同一年离开这个世界，标志着一个时代落下了帷幕。

而另一个时代已经降临。

就在刘伯温逝世后不久，朱元璋正式向功臣举起了屠刀，蓝玉、胡惟庸、李善长、冯胜、傅友德、汪广洋……一个个显赫的名字全都成了刀下亡魂，南京城被杀戮的恐怖所笼罩。

刘伯温预言中的“三十年杀运”，终于开启了。

可以说，刘伯温是幸运的，他和李善长，和胡惟庸，和朱元璋斗了这么多年，至少他保住了自己的名爵，保住了自己的家族，比起那些当年飞扬跋扈如今却人头落地、家破人亡的对手们，刘伯温晚年的隐忍，值了。

随着越来越多功臣的脑袋落地，朱元璋感觉到越发疲惫，越发寂寞。他又重新开始想念刘伯温，毕竟在所有功臣中，刘伯温是最低调，对他威胁最小的。

于是，刘伯温在死后，得到了生前所没能够得到的尊荣。

1390 年，朱元璋授予刘伯温的子孙们世袭诚意伯，同时把工资福利从二百四十石增加到五百石。

即使在朱元璋驾崩后，刘伯温的平反工作也依然在继续。

1513 年，正德皇帝朱厚照再度加封刘伯温，追赠他为太师，谥号文成。

1551 年，嘉靖皇帝朱厚熜把刘伯温的灵位请进皇家祠堂，和徐达等开国功臣并处一室。

作为那个时代最伟大的谋略大师、术数大师，同时作为伟大的军事家、政治家、文学家，作为能与吕尚、张良、诸葛亮并称的传奇智者，刘伯温当之无愧这样的荣耀。

刘伯温的升仙之路

刘伯温的人生到此已经落下帷幕，但关于他的传说还留在江湖，并且越传越广，越传越离谱，直到天书一出，谁与争锋，曾经的刘伯温渡劫成功，飞升仙界。

那么，刘伯温究竟是怎样从一个深谋远虑的策士、政治家，华丽变身为神通广大、法力无边的神棍、阴阳家的？

下面，让我们一起走进科学，走进刘伯温的修真世界。

刘伯温的升仙之路可以分为三个过程——筑基、元婴和渡劫，共计修炼了六百年之久。

第一个过程“筑基期”，是由刘伯温独立完成的。

在1358年投奔朱元璋之前，刘伯温从来没有过装神弄鬼的经历。虽然他从小读过很多天文、星象、算命这类封建迷信速成指南书，但他也是看着玩，根本没指望靠这些糊口。年轻的时候自己打方国珍也好，跟着石抹宜孙剿匪也好，从来没见他使用过超自然力量。

但跟了朱元璋之后就不一样了，开口闭口都是日月星象、天人感应那一套，跟个“神棍”一样。

难道是1358年刘伯温独自进山捡到修真秘籍了？

当然不可能，根本原因在于，朱元璋相信这些玩意儿，而刘伯温也发现，只要把自己的谋略用“神棍理论”一包装，被朱元璋采纳的概率会高无数倍。

于是，他开始有意营造自己的“神棍形象”，一个良家儒生就这样活活给变成江湖术士了。

其实不光是刘伯温，把自己伪装成“神棍”是当时朱元璋谋士中风行一时的潮流，刘伯温是演得最逼真的人，但不是最早这么演的人。那位提出“高筑墙，广积粮，缓称王”的朱升，早就无师自通地学会用算卦的形式给朱元璋出主意了。

朱元璋喜欢把儒生当作术士用，刘伯温也没办法，只好顺着领导的思路走，可惜他演得太逼真，人们只记得他演的角色，忘了演员本人了。

所以当刘伯温去世，有人记得他是策士，有人记得他是学士，但大多数人只记得他是会算命会预测会看星象的术士。

可以说，刘伯温生前就亲手为自己的“神棍形象”打下了坚实的基础，但他的飞升之路并没有因为他的去世而终止。在刘伯温死后，他进入升仙之路的第二个阶段——进阶修炼：元神化婴。

这一过程的主要任务由刘伯温的后人来完成，主要修炼方式就是在刘伯温的传记中植入一些怪力乱神的故事。

最典型的是记载在刘伯温后人编撰的传记《诚意伯刘公行状》一书中的《西湖望云》故事。

故事是这样的，说某年某月的某一天（根据刘伯温的行迹应该是在1349年），刘伯温来到杭州西湖边玩耍，突然看到西北角有一团云朵长得十分奇怪，跟刘伯温一起游西湖的那些玩伴顿时文人病发作了，非要给那朵云写首诗。

唯独刘伯温不肯写诗，只是看着云一杯杯在那里喝酒。别人就问他："刘兄啊，你为啥不写诗歌颂一下这朵云，你跟云有意见吗？"刘伯温却回答说："你有没有文化？这不是云，这是传说中的'王气'。我看王气的源头就在南京，十年之后那里肯定会出个王者，到时候我一定要去投奔他（此天子气也，应在金陵，十年有后王者起其下，我当辅之）。"

那个时候江南各行省都还一片繁华的景象，那些人一听刘伯温的话吓得脸都绿了，压低声音让刘伯温住嘴："你想害得我们全家都被杀头吗！？"

后面的历史大家都知道了。十年后，朱元璋占据了南京，刘伯温投奔了朱元璋，又过了十年，朱元璋果然当了天子。

刘伯温是不是很神？看看云朵就能知道二十年后的皇帝会出在哪里？

可惜，这个故事胡扯的痕迹太严重。抛开唯物主义世界观不提，从杭州回来后刘伯温又忠心耿耿地投入石抹宜孙的剿匪大业中，为元王朝的统治添砖加瓦，还因为被降职哭着喊着要上吊，一点都没有露出十年后就要跳槽的反骨仔形象。

很明显，这个故事是编的，或许编故事的人本意是想说明刘伯温其实早就"身在大元心在明"，但是这一类故事无形中给刘伯温又披上一层更加神通广大的外衣。

生前，刘伯温要对自己的话负责，所以他再怎么编也不敢编得太离谱。但是死后，刘伯温的子孙不用担心有人从坟墓里跳出来反驳，所以他们可以尽情地发挥想象力，尽情地编。

于是，到大明朝中叶，刘伯温已经完成了从筑基到元婴的飞跃。

但刘伯温的后人终归也是士大夫，士大夫编起故事来总归有很多顾虑，这些故事中的刘伯温还是“多智而近妖”，却没有真正地变成“妖”，所以直到广大劳动人民也都加入神化刘伯温的行列中，刘伯温才顺利完成升仙的第三个阶段：渡劫，光荣地成为一名神仙。

民间传说中的刘伯温可不得了，据说刘伯温能够上知天文下知地理，前知五百年，后知五百年，是因为他年轻的时候得到过一本天书。

人民群众就是这么朴素，凡是解决不了的问题通通推给天书——反正老天是个筐，什么都能往里装。

在人民群众的想象中，刘伯温的天书是这么来的。

当年刘伯温在青田读大学的时候，有一天发现山崖边有个山洞。和所有好奇的少年一样，他怀疑里面有武功秘籍，于是就走进去了。

果然，山洞里有个石门，石门边刻着两个神，神的手里握着一副金牌，金牌上写着：卯金刀，持石敲。

卯金刀不就是“刘”字吗，受到鼓励的刘伯温怀着激动的心情捡起一颗石头就在门上咚咚咚敲起来，石门应声而开，正如刘伯温所料，石门里面有本武林秘籍。

这本秘籍就是传说中的“天书”。

于是，得了天书的刘伯温就像捡到《九阳真经》的张无忌一样，瞬间厉害起来，最后靠着天书上的法术，辅佐朱元璋取得了天下。

这位淳朴的故事作者显然不知道，从青田大学毕业后的刘伯温过了十多年的苦日子，他更加不知道的是，修炼了天书的刘伯温最后居然被胡惟庸害死了。

看来胡惟庸也捡到过天书。

在有些版本里，这个故事更加曲折，刘伯温打开的石门里面不单有天书，还有一只成了精的白猿，刘伯温在杀死白猿之后，才得到了那本天书。

这个故事，和张无忌在山洞里从猴肚子里剖出《九阳真经》已经很接近了。

这样的故事还有很多，在这些故事中，刘伯温跟九天玄女谈过一段时间的恋爱，跟诸葛亮有一段人鬼情未了，等等。

在这些天马行空的故事包装下，刘伯温的品牌形象立刻就从一个“神棍”升级为神仙，直到清朝末年托名刘伯温的《烧饼歌》问世，刘伯温已经彻底修炼得道，飞升仙界了。

其实，我只是一个文人

从1375年刘伯温逝世的那天起，加在刘伯温身上的荣耀就像滚雪球一样越滚越大，这些殊荣有来自官方的，有来自士林的，更多是来自民间的。其中有本就应当属于刘伯温的，但更多的殊荣本不当属于刘伯温。

比如那些在署名栏上印着作者刘伯温的百年超级畅销书：预言书《烧饼歌》、算命书《滴天髓》、火器教材《火龙神器阵法》、兵法书《百战奇略》，等等。如果单从这串书单来看，刘伯温简直无所不通，无所不能，说是文曲星下凡都不为过。可惜的是，这些书无一例外都是后人假托刘伯温之名而作的“伪书”，刘伯温真正流传于后世的只有一些诗词集和散文集以及那本用寓言故事写政治思想的《郁离子》。

其实，刘伯温真正的身份，只是一个熟知阴阳术数、精通战略战术，一心建功立业，怀着一腔正义的文人而已。

是的，不管刘伯温在语言行为上多么像一个术士，不管刘伯温在战场上如何运筹帷幄，在本质上，他是一个文人——学识渊博，文采斐然，性格执拗，拙于世故，圣人之言铭记于胸，天下苍生长挂心头。

这样的身份决定了刘伯温不会像无数民间传说里的那样嬉笑怒骂，玩世不恭。相反，真实的刘伯温一生中充满压抑，为求功名自小苦学，悬梁刺股，发奋读书，根本没有时间用他所谓的机智去戏弄地主老财和官老爷；青年时期在元朝官场上事事不如意，处处不顺心，最后终于在苦闷中放弃仕途；即使在跟着朱元璋打拼的那十年，刘伯温也不得不处处小心、事事谨慎，因为他面对的敌人都是那个时代最强大的军阀；而在朱元璋称帝后，他更是步步惊心，周旋在淮西集团和朱元璋之间，苟全性命。

刘伯温的性格太过耿直，有时候耿直到不近人情的地步，所以他不懂得长袖善舞，也不会左右逢源。这样的性格似乎和他神机妙算的谋划能力并不统一，但他就是这样的一个人，一个执拗的书生。

这样的性格让他吃了太多的亏，很多时候性格决定命运，即便是再过人的智慧也拯救不了他。因为人和人的战场太精妙、太复杂，方正的性格永远磨不过人性的险恶。

这是刘伯温的不幸，但也是他最可爱的地方。

一个太过于理智的人，大概不会太可爱。吴起杀妻求将，韩信卖友求荣，曹操“宁可我负天下，不可天下负我”，张仪、苏秦为自己的荣华富贵把天下百姓当棋子——这些人都是理智的人，永远都能做出最理性的抉择，做事情永远游刃有余，他们因此得到了很多，但也会失去很多人性的闪光点。

而刘伯温，他聪明却又迂腐，在战场上他诡计多端，阴谋不断，但是在正义是非面前，他光明磊落，明知不可为而为之。

因为刘伯温的本质不是阴谋家，不是厚黑教中人，而是一个书生，一个文人。

所以终其一生，他只是朱元璋麾下的首席幕僚，大明帝国的一位普通官员，因为他身上没有枭雄的气质。

幸亏他身上没有这种气质。

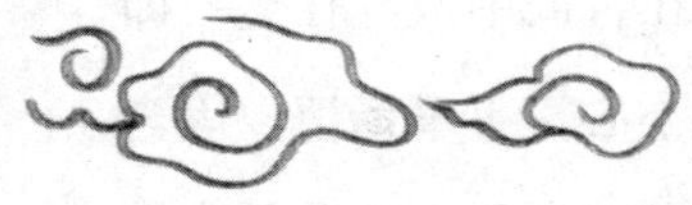

附　谁杀死了刘伯温

逝者已逝。

刘伯温一生留下了无数传奇故事，但他的死更是离奇。

他究竟死于什么原因？胡惟庸的药是怎么回事？谁是杀害刘伯温的真正凶手？

让我们透过层层迷雾，穿越历史，模拟一次庭审，来探究刘伯温之死的真相。

（本故事情节皆为虚构，如有雷同，实属巧合）

首先，请公诉人入席……你问公诉人是谁？他是个打酱油的，别管他。

接着，我们请上两位嫌疑人：

一号嫌疑人：胡惟庸（嫌犯自白：我是冤枉的。）

二号嫌疑人：朱元璋（嫌犯自白：大胆！）

这两位嫌疑人分别代表关于刘伯温死因的两种猜测：胡惟庸毒杀说；朱元璋指示胡惟庸毒杀说。（反正胡惟庸逃不了干系）

我们首先来看第一位嫌疑人胡惟庸。

公诉人发言："胡惟庸此人心胸狭窄，手段狠毒，他与刘伯温一向有公仇，论相之时刘伯温说了他的坏话，于是又新增了私仇，在谈洋设司和州官叛乱案上刘伯温绕开中书省上疏进一步触怒了胡惟庸，所以，胡惟庸毒杀刘伯温，是有充分的犯罪动机的！”

（胡惟庸：跟我有仇的人多了去了……）

公诉人打断道：“更何况，胡惟庸还有前科在先：他曾因徐达弹劾他，就想刺杀徐达。他能杀徐达，也能杀刘伯温！我的发言完了，谢谢。”

接下来，请证人发言。有请证人：刘伯温次子刘璟。

刘璟发言：“尊敬的审判长、陪审员、公诉人，您好！我认定杀害我父亲的凶手就是胡惟庸。证据主要来自1389年到1391年朱元璋陛下和我的几次谈话。”（向朱元璋欠欠身，朱元璋用眼神回礼。）

“1389年正月十八，皇帝陛下曾与我说：‘这刘伯温是个好秀才，吃胡、陈蛊了。’原话如此，因为已经很接近白话，所以我就不做翻译了。

“1390年正月初四，皇帝陛下又与我说：‘刘伯温他父子两人都吃那歹臣的害了。我只道他老病，原来吃蛊了。’

“1390年六月初六，皇帝陛下又与我说：‘我到婺州时得了处州，他那里东边有方国珍，南边有陈友谅，西边有张家，刘伯温那时挺身来随着我。他的天文别人看不着，他只把秀才的理来断。鄱阳湖里到处厮杀，他都有功。后来胡家结党，他吃他下的蛊。只见一日来和我说，上位，臣如今肚内一块硬结，怛谅着不好。我着人送他回去家里死了。后来宣得他儿子来问，说道胀起来紧紧的，后来泻得瘪瘪的，却死了。这正是着了蛊。他大儿子在江西，也吃他药杀了。如今把尔袭了老子爵，与他五百石俸。’”

刘璟继续发言：“皇帝陛下说这些话的时候，胡深之子胡伯机、章溢之子章允载、叶琛之孙叶永道都在场可以做证！”

接着，刘璟突然从衣袖里掏出一本书，挥舞着大声吼道：“而且《明实录》上也是这么记载的，你们不相信我，还不相信正史吗？凶手就是胡惟庸！就是他！”

接着庭审现场出现了一阵骚动，直到法警把刘璟架出庭外才平息下来。

刘璟发言完毕，轮到最后一个环节：胡惟庸自我辩护阶段。

胡惟庸：“我只说一句话，就算刘伯温真的是被我毒死的，没有某人的命令我敢这么做吗？我活腻味了？（说着拿眼睛直瞅朱元璋，朱元璋怒目而视。）更何况，刘伯温是不是被毒死的还很难说。”

说完，胡惟庸又补充了一句：“所有说我毒杀刘伯温的证据都来自朱元璋的口述，大家再想想，自从1380年那场大案（指胡惟庸案——画外音）之后，朱元璋这厮在我身上泼了多少脏水！”

朱元璋气得跳起来要和胡惟庸拼命，被法警死死按住，庭审现场又陷入了短暂的混乱。

请朱元璋同志冷静一下，现在我们把目光转向朱元璋，照例还是请公诉人先发言。

公诉人：“朱元璋的动机就更不用说了，李善长何辜？蓝玉何辜？就算是胡惟庸，他又哪里造反了？你还不是说杀就杀了？你要杀功臣，刘伯温是最大的功臣，这就是你最大的动机。”

（朱元璋：刘伯温死的那阵我还没开始杀功臣呢……）

公诉人打断：“况且刚才胡惟庸说得对，没有你的默许，他敢下手吗？我的发言完了，谢谢。”

接下来，还是需要一位证明朱元璋指示的证人……

什么？没有证人？（朱元璋得意扬扬地跷着二郎腿：无图无真相你说个屁呀！）

庭审陷入了尴尬的沉默，从情理上讲大家都相信主谋是朱元璋，可惜所有证据都指向胡惟庸。

既然是法治社会，只能以法律为依据，以事实为准绳。法官正要敲法槌，宣布胡惟庸有罪，突然法庭的大门被一脚踹开，无数记者蜂拥一位儒生杀进庭审现场：

“我有新的证据，证明谁才是凶手！”那位儒生大喊。

这位儒生是谁？不是别人，乃是刘伯温生前好友、浙东大儒宋濂。

经过短暂的讨论，法官决定让宋濂坐上证人席发言。

宋濂发言：“大家好！我叫宋濂。众所周知，我是明初一代大儒，要说起学问功底，我甩开刘伯温八条街……”

（众人起哄：说重点！）

宋濂尴尬一笑，转向朱元璋说：“我所掌握的证据表明，杀死刘伯温的主谋……不是胡惟庸。”（宋濂还刻意强调了一下“主谋”二字，朱元璋瞬间脸就绿了。）

宋濂继续发言：“我的证据主要来自1374年二月和朱元璋陛下的一次谈话。那天陛下在乾清宫特别把我喊去，问我刘伯温什么时候回老家，我说快了。他又问刘伯温的病情怎么样了，还能自己回家吗？我也都据实相告了。这件事情充分表明陛下您是很重视刘伯温的病情的，但为什么刘伯温跟你说吃胡惟庸的药之后肚子里长了东西您却不闻不问？而且，当时您还说您的《朱元璋文集》出版了，要送给我、胡惟庸和李善长各一本，唯独不给刘伯温——可见您其实没有真的那么关心他吧！”

宋濂的话一说完，大家都长出一口气。因为所有人都觉得主谋应该是朱元璋，现在宋濂的证词也证明了这一点，既然如此，那就宣判吧！

且慢，宣判之前还有一个流程：犯罪嫌疑人自辩。那就先让朱元璋说完再判，看他能说出什么花来。

朱元璋也从大家的眼神里看出自己恐怕已经被做了有罪推定了。没办法，只有使出最后一招，险中求胜了！

朱元璋长叹一口气，说出了一个骇人听闻的真相：“其实，刘伯温根本不是被胡惟庸毒死的——当然，也不是被我毒死，他压根儿就是自己病死的！”

此言一出，举座震惊！不过让人更震惊的话还在后面。

朱元璋继续发言：“其实，说刘伯温被胡惟庸毒死根本就是我编的，反正我编这个的时候胡惟庸死了快十年了，他也没法爬出来说话——是吧，老胡？（胡惟庸气哼哼地没理他）至于刚才刘璟同志说的《明实录》上记载的问题，那简直就不是问题，我让史官怎么写，史官敢不按我的意思写吗？”

朱元璋看看大家目瞪口呆的样子，继续说：“有人问，我为什么要编造刘伯温被毒死的谎言呢？其实刚才胡惟庸已经说了——为了给他泼脏水呗，反正我都捏造了胡惟庸造反的事实，也不在乎给他多安几个罪名，对不对？

“最重要的是，大家想过没有，刘伯温是二月离开南京的，他四月才死……什么毒药能够让他熬上两个月？那会儿又不是21世纪，哪来这么先进的化学产品？

“说实话，我这是偷鸡不成反蚀把米。我本来想坑老胡的，结果把我自己给坑了。

“我的讲话完了，大家看着办吧。”

说完，朱元璋回到自己的座位上，回去的时候瞟了胡惟庸一眼，胡惟庸还是一副老僧入定的样子，没搭理他。

朱元璋总是这么不按常理出牌，他这一番话让庭审又陷入僵局，本来审的是朱元璋和胡惟庸，结果凶手多出一个感冒病毒来，实在让人无从下手。

谁说的都有道理，谁都没有证据证明谁是真正的凶手。

最后，法官只能宣布草草休庭，择日再议。

那么，究竟是胡惟庸自作主张毒杀了刘伯温，还是朱元璋指示胡惟庸毒杀了刘伯温，还是刘伯温真的只是死于风露之疾？

真相往往只有一个……

可惜暂时没人能知道真相了。

生前神机妙算的刘伯温，到最后居然连怎么死的都成了一个谜，实在是令人觉得讽刺无比。

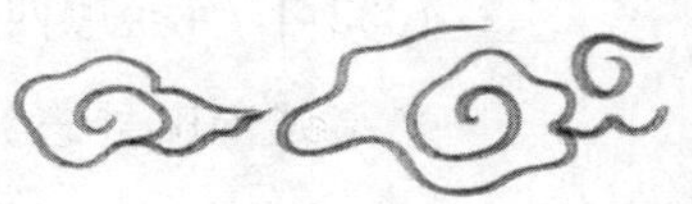

刘伯温年表

1311 年 元至大四年辛亥 1 岁

六月十五日生于江浙行省处州路青田县九都南田山武阳村。

宋濂 2 岁。

1324 年 元泰定元年甲子 14 岁

黄伯生《行状》:“年十四，入郡庠，从师受《春秋经》。人未尝见其执经读诵，而默识无遗。习举业，为文有奇气。决疑义皆出人意表。凡天文兵法诸书，过目洞识其要。讲理性于复初郑先生，闻濂洛心法，即得其旨归。”

1328 年 元泰定五年戊辰 18 岁

在石门书院读书。

朱元璋出生。

1332 年 元至顺三年壬申 22 岁

光绪《青田县志》卷九:“至顺三年壬申科：叶岘（癸酉进士）、刘伯温（癸酉进士）、徐祖德（癸酉进士）。”中第十四名举人。

1333年 元至顺四年癸酉 23岁

光绪《青田县志》卷九:“至顺四年癸酉科李齐榜:刘伯温(九都南田人)、叶岘(十一都富川人)、徐祖德(十八都石帆人)。”中第二十六名进士,汉人、南人第三甲第二十名。

在京会试作《龙虎台赋并序》。

1336年 元至元二年丙子 26岁

赴江西,任瑞州高安县丞。

张时彻《神道碑》:“甫弱冠,举元进士,授江西高安县丞。”与李爟、郑希道、黄伯善兄弟交契甚笃。

高启出生。

1339年 元至元五年己卯 29岁

辟为江西行省职官掾史。《行状》:“新昌州有人命狱,府委公覆检案,核得其故杀状,初检官得罢职罪,其家众倚蒙古根脚,欲害公以复仇。江西行省大臣素知公,遂辟为职官掾史。”

1340年 元至元六年庚辰 30岁

仍为职官掾史,已而投劾去,隐居力学。

1346年 元至正六年丙戌 36岁

赴京,作《丙戌岁赴京师途中送徐明德归镇江》。长诗《北上感怀》约作于此时。

1348年 元至正八年戊子 38岁

寓居杭州,为江浙行省儒学副提举、行省考试官。基撰《刘显仁墓志铭》云:“至正八年,予初寓临安。”长子刘琏生。

方国珍起海上。

1349 年 元至正九年己丑 39 岁

《行状》:“建言监察御史失职事，为台宪所沮，遂移文决去。”

1350 年 元至正十年庚寅 40 岁

寓居杭州。次子刘璟生。

1351 年 元至正十一年辛卯 41 岁

寓居杭州。红巾军起义爆发。年底，徐寿辉兵锋东向，遂离杭归里。

作《沙班子中兴义塾诗序》《送海宁张知州满任去管序》《送月忽难明德江浙府总管去官序》及《杭州富阳县重修文庙学宫记》《辛卯仲冬雨中作二首》等。

1352 年 元至正十二年壬辰 42 岁

自里返杭，任浙东元帅府都事。复自杭赴浙东，在台州一带参与军机。

三月，台州路达鲁花赤泰不华与方国珍战于澄江，阵亡。作《吊泰不华元帅赋》。

七月，徐寿辉克杭州。

八月，方国珍攻台州，未克。

1353 年 元至正十三年癸巳 43 岁

年初在杭，任行省都事。

十月，因建议捕杀方国珍，与朝廷抚绥政策相左，被羁管于绍兴。

张士诚起兵高邮，称诚王，国号大周，建元天祐。

1354 ～ 1355 年 元至正十四、十五年 44 ～ 45 岁

仍羁管于绍兴，广游山水，诗文甚多。京畿大饥，人相食。

刘福通等立韩林儿为帝，号小明王，建都亳州，国号宋，改元龙凤。

1356 年 元至正十六年丙申 46 岁

复为行省都事，自募义兵，招捕吴成七义军。

朱元璋下集庆，改称应天府。徐寿辉迁都汉阳，张士诚下平江，改称隆平府，为国都。

朱元璋为吴国公。

1357 年 元至正十七年丁酉 47 岁

任行省枢密院经历，与枢密院判官石抹宜孙等同守处州，赋诗酬唱，赠答甚多。

1358 年 元至正十八年戊戌 48 岁

任行省郎中。经略使李谷凤巡抚江南诸道，采守臣功绩上奏朝廷。执政右方氏，置刘伯温军功不录，乃愤而辞官归里。

刘福通率部克汴梁，迎韩林儿入居之，定为国都。朱元璋自将大军拔婺州，改称宁越府。

1359 年 元至正十九年己亥 49 岁

隐居故里，著《郁离子》。

胡大海、耿再成合兵攻处州，石抹宜孙战败弃城走。

1360 年 元至正二十年庚子 50 岁

因朱元璋遣使固邀，与宋濂、章溢、叶琛赴金陵，陈时务十八策，佐命军中。

陈友谅引兵东下，应天大震，基力主抗击，陈友谅败。

石抹宜孙战死。

1362 年 元至正二十二年壬寅 52 岁

助朱元璋受陈友谅部将胡廷瑞降，遂得龙兴，改称洪都府。

回乡葬母，协助平定金华、处州苗军之乱。

1363 年 元至正二十三年癸卯 53 岁

自家返应天，途中助李文忠击退张士诚军。

张士诚围安丰，刘福通请兵救援。基力阻未果，朱元璋亲率大军驰援。安丰城已破，刘福通被杀。

陈友谅统军东下，围洪都。朱元璋率军南向，与陈友谅大战于鄱阳湖。陈友谅中矢死。基与朱元璋同舟督战。

1364 年 元至正二十四年甲辰 54 岁

基与朱元璋共同密谋取张士诚，定中原。

陈友谅子陈理降。朱元璋自立为吴王。

1366 年 元至正二十六年丙午 56 岁

卜地定作新宫。

小明王沉江身亡。

1367 年 元至正二十七年丁未 57 岁

任太史令，授御史中丞。与李善长等共同议定律令。上《戊申大统历》。新宫筑成。

吴亡。方国珍降。徐达等下山东诸郡。

1368 年 明洪武元年戊申 58 岁

朱元璋称帝，国号大明，建元洪武。基任太史院使、资善大夫御史中丞。

奏立军卫法。

朱元璋赴汴梁，基与李善长居守应天。斩李彬、忤李善长。

朱元璋问生息之道，基对曰：“生民之道，在于宽仁。”

定处州税粮，朱元璋特命青田县粮止五合起科，曰：“令伯温乡里世世为美谈也。”

朱元璋赐《御史中丞诰》。

徐达等入大都，改称北平府。

1369 年 明洪武二年己酉 59 岁

宋濂等修《元史》，同年修成。

朱元璋以临濠为中都，群臣称善，唯基曰：“凤阳虽帝乡，非建都地也。”

常遇春克开平，元顺帝奔和林，常遇春卒。

1370 年 明洪武三年庚戌 60 岁

兼弘文官学士，封开国翊运守正文臣、资善大夫护军、诚意伯。朱元璋颁《诚意伯诰》。

1371 年 明洪武四年辛亥 61 岁

致仕归里。朱元璋手书问天象，基悉条答，大要言：“今国威已立，宜以宽。”

李善长罪，以汪广洋为右丞，胡惟庸为左丞。

明昇降，夏亡。

1372 年 明洪武五年壬子 62 岁

韬光敛迹，屏居山中。

建言设谈洋巡检司。

徐达为征虏大将军，征扩廓帖木儿，徐达败绩。

1373 年　明洪武六年癸丑　63 岁

因谈洋事遭胡惟庸、吴云沐构陷，朱元璋夺基禄，基惧，入京谢罪，不敢归。

颁《大明律》。

1374 年　明洪武七年甲寅　64 岁

羁留京师，体弱病衰，赋诗叹老。

李文忠、蓝玉大败北元军。

1375 年　明洪武八年乙卯　65 岁

居京病笃，归里而卒。

元将扩廓帖木儿卒。